30일 만에
무조건 첫 수익 내는
블로그 전략 150

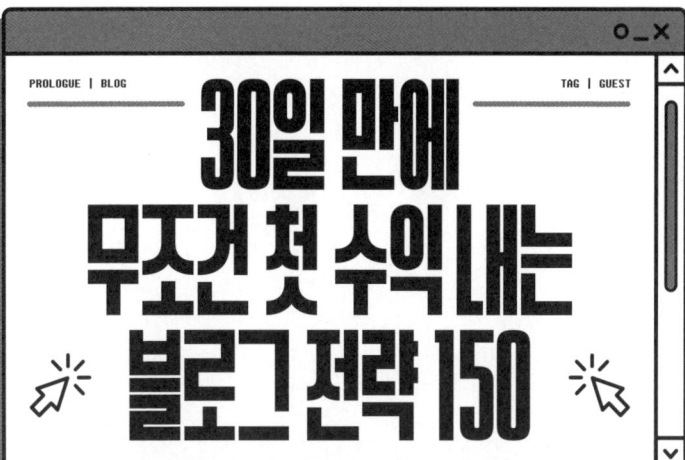

30일 만에 무조건 첫 수익 내는 블로그 전략 150

PROLOGUE | BLOG　　　　　　　　　　　　　　　TAG | GUEST

이균재_다퍼주는남자 지음
EDIT PROFILE

- ENTERTAINMENT(456)
- ARTS(1389)
- LIVING(2521)
- HOBBY(987)
- TRAVEL(3470)
- KNOWLEDGE(737)

TODAY 38920

Q&A로 완성하는 수익형 블로그의 모든 것

네이버 블로그 **수익화 1위**　　누적 수강생·강의 **평점 1위**　　다퍼주는남자 **최신간!**

위너스북

프롤로그

"몰라서"가 아닌,
"알려주는 이가 없어서" 힘들었습니다

블로그를 처음 시작한 지 벌써 11년이라는 시간이 흘렀습니다. 11년이라는 시간이 길다면 길고, 짧다면 짧다고도 할 수 있겠지만 지나고 나서 돌아보니 마치 한 편의 영화처럼 스쳐 지나가는 느낌입니다. 처음 블로그라는 것을 접했을 때는 그냥 사진을 기록하고 좋았던 곳들을 소개하고 싶다는 단순한 마음뿐이었습니다. 하지만 그 단순한 시작이 이렇게 오랜 시간 동안 저의 일상이자 직업이 될 줄은 그 당시에는 전혀 알지 못했죠.

최근 책을 집필하면서 아주 오랜만에 블로그 초창기 글들을 꺼내봤습니다. 솔직히 말씀드리자면 조금 부끄럽기도 했어요. 문장 구성도 흐트러져 있었고 지금이라면 절대 하지 않을 행동이나 방식들도 얼마나 많이 했는지 모를 정도로 엉망이었습니다. 그런데도 그 글들을 읽다 보니 어쩐지 마음이 먹먹해지더라고요. 그 시절의 저는 정말 간절했고 진심이었고 무엇보다도 절박하게 배우고 싶었던 사람이었습니다.

그땐 지금처럼 블로그 교육이 체계적으로 이루어지지도 않았고 어디서부터 어떻게 시작해야 할지도 몰랐습니다. 검색을 해도 명확한 답도 없었고 무작정 글을 써 올리면서 시행착오를 통해 하나하나 배워 나갔습니다. 아무도 "이건 하지 말아야 한다", "이렇게 하면 더 좋다"고 말해주지 않았기에 지금 생각해보면 정말 많은 시간과 에너지를 허비하면서 운영을 했습니다. 그래도 그런 시간들이 쌓이면서 어느새 블로그는 제 삶을 바꾸는 하나의 중요한 전환점이 되었고 그 과정을 통해 저는 단단해질 수 있었습니다.

그래서 이런 생각이 들었습니다. "그때 누군가가 이렇게 하라고 알려줬다면, 나는 얼마나 더 빨리 성장할 수 있었을까?" "아무 생각 없이 열심히 운영했던 그 시간들도 몇 배는 더 절약할 수 있지 않았을까?"

이런 생각은 제가 처음으로 출간했던 『0원으로 시작해서 월 1,000만원 버는 블로그』라는 책의 출발점이 되었습니다. 하나부터 열까지, 블로그를 처음 시작하는 사람에게 꼭 필요한 이야기를 해주고 싶었습니다.
모두가 쉽게 따라올 수 있도록 시행착오를 최소화하고 효율적인 방법을 알려주고 싶었어요. 그리고 그 책을 통해 정말 많은 분들께 따뜻한 피드백을 받았습니다.

"정말 이런 책을 원하고 있었어요."
"그동안 막막했는데 이제야 방향이 보입니다."
이런 말들을 들을 때마다 저 역시 큰 위로와 책임감을 느꼈습니다.

그 후, 다시금 질문이 생겼습니다. "블로그의 시작은 도와줬지만 그 이후에 겪게 되는 문제들은 어떻게 도울 수 있을까?"
생각보다 많은 분들이 블로그를 어느 정도 하다가 벽에 부딪히고 좌절하십니다. 노출이 안 되기 시작하고, 조회수가 떨어지고, 아무리 써도 반응이 없고, 이게 맞는 방향인지 확신도 사라집니다. 이쯤 되면 대부분이 블로그를 포기하거나 열정을 잃게 됩니다. 그리고 그 순간엔 대부분이 같은 고민을 하고 같은 질문을 던지죠.

"왜 갑자기 방문자가 줄었지?"
"이 키워드는 분명 예전에는 잘 됐는데 왜 지금은 안 먹히지?"
"혹시 내 블로그 저품질 걸린 거 아니야?"

저는 오랜 시간 블로그를 하면서 이런 질문을 수도 없이 받아왔고, 그때마다 "이건 이렇게 하면 됩니다"라고 간단히 말할 수 없는 문제들이 많다는 걸 절실히 깨달았습니다. 그래서 이번에는 그런 실전 문제들을 해결해 줄 해결서를 만들고자 마음을 먹었습니다. 어떤 문제든 발생했을 때 당황하지 않고 스스로 진단하고 바로 해결할 수 있도록, 정확한 원인과 대응 방법을 세세하게 정리해 둔 책이 필요하다고 느꼈습니다. 단순 인터넷에 떠도는 '카더라'에 의존한 정보가 아닌 네이버 공식입장과 팩트를 기반으로 한 해결책 말이죠.

이 책은 단순히 "이렇게 하면 수익이 납니다"라는 유혹적인 말을 던지지 않습니다. 대신, 수익을 내기 위해 반드시 지나야 하는 현실적인 난관과 문제점들을 다룹니다. 누구나 한 번쯤은 겪게 되는, 그리고 겪고 나서야 깨닫게 되는 그런 상황들을 미리 알려 드림으로써 독자 여러분이 불필요한 시간 낭비나 시행착오 없이 정확한 방향으로 나아갈 수 있도록 돕는 것이 이 책의 목표입니다.

블로그는 결코 쉬운 길이 아닙니다. 겉으로 보기엔 단순히 글만 잘 쓰면 되는 것 같지만, 실제로는 키워드 분석, 콘텐츠 기획, 독자 반응 예측, 검색 알고리즘 이해 등 다양한 공부가 필요한 분야입니다. 하지만 현실은 어떨까요? 그 정도까지 시간을 투자하길 원하는 분은 드물고 막막함 속에서 결국 포기하는 분들이 많습니다.

그래서 저는 이 책을 통해 공부하는 시간을 줄이고 시행착오를 줄이고 갈증을 해소할 수 있도록 도와드리고 싶었습니다. 언제든 문제에 부딪혔을 때 바로 펼쳐볼 수 있는 블로그 운영자에게 꼭 필요한 실전 해결 매뉴얼 같은 책 말이죠.

이 책이 여러분에게 블로그 운영의 오아시스처럼 언제든 갈증을 해소해 줄 수 있기를 바랍니다. 그리고 지금 이 글을 읽고 계신 당신이 블로그라는 세계 속에서 다시 한 번 성장의 계기를 얻을 수 있었으면 좋겠습니다.

꼭 지금 당장 읽지 않으셔도 괜찮습니다. 하지만 언젠가 분명히 도움이 될 날이 올 겁니다. 그럴 때 이 책이 곁에 있어 마치 119처럼 여러분의 문제를 정확히 진단하고 빠르게 해결해드릴 수 있다면 그것만으로도 저는 이 책을 쓴 보람이 충분하다고 생각합니다.

이 책이 모든 블로거의 필독서가 되었으면 좋겠습니다. 단순한 정보가 아닌, 실현 가능한 방향을 제시하는 진짜 책, 제가 원했던 그런 책을 만들었습니다. 지금보다 더 나아가고 싶은 분이라면 이 책이 그 첫걸음이 되어줄 것입니다.

블로그라는 길 위에서 다시 만나기를 바라며 진심을 담아 인사드립니다. 감사합니다.

-다퍼주는남자 이균재

CONTENTS

프롤로그   "몰라서"가 아닌, "알려주는 이가 없어서" 힘들었습니다   004

CHAPTER 01
블로그 시작 & 기본 설정

Q.001 네이버 블로그 개설은 어떻게 하나요?   023

Q.002 블로그 프로필 이미지를 어떻게 변경하나요?   025

Q.003 소개글은 어떻게 써야 클릭을 유도할 수 있을까요?   026

Q.004 블로그 방문자 수는 어떻게 확인하나요?   027

Q.005 블로그 이름을 바꾸면 검색 노출에 영향이 있을까요?   028

Q.006 글 작성 중 실수로 종료되었을 때, 내용을 복구할 수 있는 방법이 있나요?   030

Q.007 블로그 주제를 정할 때 고려해야 할 점은?   032

Q.008 지금 시작하기 좋은 블로그 주제는 어떤 게 있을까요?   034

Q.009 네이버 블로그 앱과 PC 버전, 어떤 차이가 있을까?   044

Q.010 블로그를 꾸준히 운영하기 위한 노하우는 무엇인가요?   045

Q.011 초보 블로거들이 자주 하는 실수에는 어떤 것들이 있나요?   049

Q.012	바쁜 직장인이 블로그를 효율적으로 운영하려면 어떻게 시간 관리를 해야 하나요?	055
Q.013	블로그 글쓰기는 매일 해야 할까요?	058
Q.014	블로그를 운영할 때 반드시 피해야 할 행동은?	060
Q.015	블로그를 하면서 얻을 수 있는 가장 큰 장점은?	066
Q.016	블로그를 통해 실제로 인맥을 넓히는 것이 가능할까요?	069
Q.017	블로그에서 카테고리를 효율적으로 구성하는 방법은?	072
Q.018	첫 글은 어떤 내용으로 작성해야 방문자의 눈길을 끌 수 있을까요?	076
Q.019	개인 블로그와 사업용 블로그는 분리해서 운영하는 것이 좋을까요?	078
Q.020	해시태그를 많이 사용하면 검색 노출에 유리할까요?	080
Q.021	오래된 블로그를 다시 운영해도 될까요? 아니면 새로 만드는 게 나을까요?	084

CHAPTER 02

글쓰기 & 콘텐츠 제작

Q.022	네이버가 좋아하는 SEO 최적화 글쓰기 방식은 무엇인가요?	089
Q.023	글을 비공개하거나 자주 삭제하면 블로그 지수에 어떤 영향이 있나요?	097

Q.024 블로그에 사진을 첨부할 때 권장되는 이미지 크기는?   098

Q.025 블로그 글을 쉽고 빠르게 작성하는 방법이 있을까?   100

Q.026 글 하나에 사진과 동영상은 몇 개 정도가 적당한가요?   104

Q.027 가독성이 좋은 글을 쓰려면 문단 배치는 어떻게 구성해야 하나요?   108

Q.028 클릭율 높이는 블로그 글 제목 짓는 방법은?   113

Q.029 정보성 포스팅 시 저작권 문제 없이 사진을 사용하는 방법은?   116

Q.030 제목 키워드 띄어쓰기는 검색 노출에 영향을 주나요?   119

Q.031 블로그 제목과 내용 글자 수는 어느 정도가 적당한가요?   121

Q.032 블로그 포스팅에서 첫 문장이 중요한 이유가 있나요?   123

Q.033 요즘 블로그 글은 얼마나 자주 써야 할까요?   126

Q.034 블로그에 움짤(gif)을 넣으면 어떤 효과가 있나요?   128

Q.035 블로그에 링크를 많이 넣으면 검색 순위에 어떤 영향을 주나요?   131

Q.036 블로그 글을 쓸 때 오타가 많으면 노출에 영향이 있을까요?   135

Q.037 이미지에 워터마크를 넣는 게 좋은가요?   137

Q.038 PC에서 작성한 글이 모바일에서도 잘 보이도록 하려면 어떻게 해야 하나요?   141

Q.039 블로그 글을 AI로 작성해도 괜찮을까요?   143

Q.040 블로그에 경쟁업체 제품 비교글을 올리면 안 좋을까요?   145

Q.041 블로그에서 소설(도서)을 연재해도 되나요?   146

Q.042 연예인 사진을 사용해 리뷰를 남겨도 괜찮을까요? 148

Q.043 하루에 수십 개의 글을 올려도 괜찮나요? 149

CHAPTER 03
검색 노출 최적화 (SEO)

Q.044 SEO 최적화(상위노출) 최소 기준은 무엇인가요? 151

Q.045 최근 로직에 맞는 제목 작성 방법은? 153

Q.046 블로그 글에 소제목을 넣는 게 유리한가요? 156

Q.047 스마트블록 키워드 상위 노출 방법은 어떻게 해야 하나요? 158

Q.048 스마트블록 노출과 일반 검색 상위 노출은 어떤 관련이 있을까요? 162

Q.049 글 작성 후 검색 노출에 반영되는 시간은 얼마나 걸리나요? 165

Q.050 블로그 제목 키워드와 본문 키워드가 꼭 일치해야 하나요? 167

Q.051 네이버 블로그에서 검색 유입이 잘되는 시간대가 따로 있을까요? 169

Q.052 글이 오래될수록 검색 순위가 떨어지는 이유는 무엇인가요? 172

Q.053 글 검색 순위가 급격히 떨어지는 이유는? 174

Q.054 글을 삭제하면 블로그 전체 검색 순위에 영향을 줄 수 있나요? 177

Q.055 오래된 글을 업데이트하면 다시 상위노출될 가능성이 있나요? 180

Q.056 요즘 인기 있는 블로그 트렌드는 어떻게 확인하고 182
       활용해야 할까요?

CHAPTER 04
전략적 이웃 관리

Q.057 블로그 운영에서 '이웃'이 얼마나 중요한가요? 187

Q.058 이웃 신청은 내가 먼저 해야 하나요? 190
       상대방이 해주길 기다려야 하나요?

Q.059 블로그 이웃을 늘리는 가장 좋은 방법은 어떤 건가요? 192

Q.060 이웃을 맺은 후, 댓글이나 공감을 자주 달아야 하나요? 195

Q.061 서로이웃과 그냥 이웃의 차이는 무엇인가요? 199

Q.062 이웃 수가 많아도 블로그 방문자가 적은 이유는 뭘까요? 201

Q.063 이웃 추가 시, 나와 같은 주제 블로그만 추가하는 것이 203
       좋을까요?

Q.064 서로이웃 맺기는 하루에 몇 명까지 할 수 있나요? 205

Q.065 이웃을 많이 맺으면 블로그 지수가 올라가나요? 207

Q.066 이웃의 블로그 글을 자주 보면 내 블로그에도 도움이 되나요? 209

Q.067 서로이웃을 맺은 상대방이 내 블로그와 서로이웃을 끊었는지 211
       확인할 수 있나요?

CHAPTER 05

블로그 수익화 실전

Q.068	네이버 블로그 수익화 종류는 어떤 것들이 있나요?	215
Q.069	애드포스트가 뭐예요? 어떻게 시작하나요?	224
Q.070	애드포스트 승인받으려면 어떤 조건이 필요한가요?	227
Q.071	애드포스트 수입이 지급되지 않습니다. 왜 그런가요?	229
Q.072	블로그 광고 배너 위치는 직접 설정할 수 있나요?	232
Q.073	애드포스트 광고 배너 수익은 얼마인가요? 광고 수익을 올리려면 어떻게 해야 하나요?	234
Q.074	애드포스트 이용제한에 걸렸습니다. 예방하는 방법이 있나요?	238
Q.075	CPA 방식으로 블로그 수익을 내는 것이 실제로 가능할까요?	242
Q.076	체험단으로 추가적인 수익 연결이 어떤 식으로 만들어지나요?	244
Q.077	블로그로 발생한 수익도 세금 신고를 해야 하나요?	247

CHAPTER 06

블로그 슬럼프 극복하기

Q.078	3년 이상 꾸준히 블로그를 운영한 사람들의 노하우가 있나요?	251

Q. 079	블태기(블로그 권태기)가 왔을 때 극복 방법은 무엇인가요?	257
Q. 080	블로그 운영 시간은 어떻게 관리해야 지치지 않을까요?	261

CHAPTER 07
블로그 문제 해결 가이드

Q. 081	건강·의학 블로그 운영 시 금칙어를 피해서 안전하게 글을 쓰려면 어떻게 해야 하나요?	265
Q. 082	티스토리나 네이버 카페에 동일한 글을 올리면 검색 노출에 문제가 생기나요?	269
Q. 083	블로그 운영 중 주제를 바꾸면 위험한 건가요?	272
Q. 084	체험단 글만 계속 작성하면 저품질이 올 수 있나요?	275
Q. 085	네이버 고객센터에 문의하는 방법은?	278
Q. 086	블로그를 대여나 양도하면 돈을 준다는 쪽지가 자주 오는데 판매를 해도 되나요?	282
Q. 087	네이버 블로그 내돈내산 기능은 뭔가요?	285
Q. 088	블로그 계정을 여러 개 만들어도 괜찮을까요?	291
Q. 089	내 글이 검색 결과에 노출되는 기준은 무엇인가요?	293
Q. 090	블로그를 초기화하면 어떤 데이터가 사라지고 어떤 것이 유지되나요?	296

Q.091	블로그 저품질 후 초기화를 해도 저품질이 그대로 유지가 되나요?	299
Q.092	블로그에 악성 댓글이 달리면 어떻게 대처해야 할까요?	301
Q.093	블로그 계정이 해킹됐을 때 즉시 취해야 할 조치와 예방법은 무엇인가요?	306
Q.094	블로그 사진이 안 보일 때 해결 방법은?	311

CHAPTER 08
블로그 주제별 운영 전략

Q.095	맛집 블로그는 어떤 점을 신경 써야 신뢰를 얻을 수 있을까요?	315
Q.096	여행 블로그를 다시 찾고 싶게 만드는 패턴과 전략은?	321
Q.097	IT 블로그는 기술 변화에 민감한데, 어떻게 운영하면 지속 가능할까요?	326
Q.098	패션·뷰티 블로그는 수많은 리뷰 속에서 어떻게 차별화할 수 있을까요?	331
Q.099	건강·다이어트 블로그는 정보의 신뢰성을 어떻게 확보해야 하나요?	337
Q.100	연예·방송 블로그는 저작권 문제 없이 조회수를 높이는 전략이 있을까요?	341
Q.101	문학·책 블로그는 작가의 마음을 잘 전달하는 서평을 어떻게 써야 하나요?	347

Q.102 육아 블로그는 부모들의 공감을 얻으려면 어떤 컨셉이 좋을까요? 351

Q.103 요리·레시피 블로그는 사진과 설명을 어떤 비율로 구성하면 좋을까요? 355

Q.104 게임 블로그는 유저 충성도를 높이려면 어떤 정보 제공 방식이 효과적인가요? 359

Q.105 경제·비즈니스 블로그의 전문성을 높이기 위한 데이터 활용법은? 363

Q.106 반려동물 블로그가 집사들의 공감과 클릭을 부르는 콘텐츠 전략은? 368

Q.107 가구·인테리어 블로그는 시각적 매력과 실용성을 함께 전달하려면 어떻게 해야 하나요? 373

CHAPTER 09
블로거들이 가장 많이 하는 실전 질문 BEST

Q.108 사업용 블로그인데 홍보성 글만 누락됩니다. 이유와 해결 방법은 무엇인가요? 379

Q.109 내 블로그 글 링크를 다른 글에 삽입해도 괜찮을까요? 381

Q.110 예전에 올린 글의 주제 설정(예: 일상, 생각)을 바꾸면(예: 맛집) 검색에 영향을 줄 수 있을까요? 383

Q.111 AI로 생성한 이미지를 사용하면 검색에서 누락되는 이유가 뭘까요? 384

Q.112 네이버 플레이스를 통해 예전 글에 방문자가 급증했는데 괜찮은 현상일까요?   387

Q.113 이웃 관리를 대행사에 맡겨도 될까요? 효과와 위험성은 어떤가요?   388

Q.114 업체 블로그를 맡았을 때 월 20회 발행, 100만 원은 적정 금액일까요?   391

Q.115 체험단 진행 시 업체와 계약서를 꼭 써야 하나요?   393

Q.116 체험단 업체 운영 시 세금 문제로 사업자 등록은 꼭 해야 하나요?   395

Q.117 홍보성 내용을 이미지로만 담으면 네이버가 감지할 수 있나요? 저품질 위험은 없을까요?   397

Q.118 웨이즈포스트에선 'BAD'라고 뜨는데 실제 검색창에선 잘 노출됩니다. 어떤 게 맞는 걸까요?   400

Q.119 이웃 소통은 답방만 해도 되나요? 효과적인 소통 범위는 어느 정도인가요?   402

Q.120 선구매 후 주문번호 제공 시 수고비 준다는 제안, 신뢰해도 될까요?   404

Q.121 광고재단에서 시정 요청 메일을 받았는데, 어떻게 대응해야 하나요?   405

Q.122 오래된 글을 수정해도 검색 노출에는 문제가 없을까요?   407

Q.123 글을 삭제한 후 사진만 재업로드하면 유사문서로 감지될 수 있나요?   409

Q.124 1년 동안 쉬었던 블로그 지수가 준5인데 검색 노출이 안 되는 원인은 무엇인가요?   410

Q.125	비밀 댓글로 온 체험단 제안, 신뢰해도 될까요?	411
Q.126	하나의 IP에서 여러 블로그로 자기 글에 댓글을 달면 어뷰징으로 걸릴 수 있나요?	413
Q.127	네이버 검색광고 키워드 조회 시 경쟁 정도는 어디를 기준으로 판단해야 하나요?	415
Q.128	제목에 같은 키워드를 두 번 반복해도 괜찮을까요?	417
Q.129	기존 블로그가 저품질이라 새 블로그로 옮기고 싶은데, 유사문서 문제는 없을까요?	418
Q.130	캘리그라피 블로그인데 체험단 신청 시 연관 없는 제품도 괜찮을까요? 카테고리는 어떻게 설정해야 할까요?	421
Q.131	연예 방송 리뷰에 쓰는 사진은 어디서 구하나요? 저작권 문제는 없을까요?	423
Q.132	협찬 제안이 왔는데 사기인지 어떻게 구별할 수 있을까요?	425
Q.133	지방분해 주사 체험단 진행 시 주의할 점은 무엇인가요?	427
Q.134	여러 블로그 계정 중 하나가 저품질이 되면 다른 계정에도 영향이 있나요?	430
Q.135	관심 분야가 없고 얼굴 노출도 어려운데, 어떤 주제로 블로그를 시작하면 좋을까요?	432
Q.136	골프, 캠핑, 여행, 육아 등 다양한 주제로 쓰고 있는데 블로그를 분리하는 게 좋을까요?	433
Q.137	CPA, CPC, CPS의 차이점은 무엇인가요?	436
Q.138	체험단 위주로 하다 보니 블로그가 잡블로그처럼 변하는데 어떻게 해야 할까요?	438

Q.139	실수로 글을 발행했다가 비공개로 돌리고 여러 번 수정해도 문제 없을까요?	440
Q.140	지역명 키워드를 반복해서 써도 괜찮은가요? (예: 천안맛집, 천안미용실 등)	441
Q.141	애드포스트 수익이 날마다 다르게 들어오는 이유는 무엇인가요?	442
Q.142	같은 글을 블로그와 카페에 함께 올려도 괜찮을까요?	444
Q.143	부동산 키워드로 하루에 여러 개의 글을 올려도 될까요? 시간 간격을 두는 게 좋을까요?	447
Q.144	글을 발행했는데 이미지가 누락되는 현상이 반복됩니다. 이유는 뭔가요?	451
Q.145	8~9개월동안 준최5에 머물러 있는데 어떻게 지수를 높일 수 있을까요?	455
Q.146	기자단으로 외부 원고를 받아 복붙해서 글을 올려도 괜찮을까요? 저품질 위험은 없을까요?	456
Q.147	블로그 글자 수가 4,000자 이상이면 저품질 판정을 받을 수 있나요?	458
Q.148	하루만 쉬어도 이웃 새글이 300개 넘게 쌓이는데, 모두 소통해야 하나요?	459
Q.149	클립 영상은 조회수가 많은데, 애드포스트 수익은 왜 그대로인가요?	460
Q.150	서로이웃 신청이 들어오는데 내 주제와 전혀 관련 없는 홍보성 블로그입니다. 가리지 않고 서로이웃을 다 수락하는 게 좋을까요?	463

CHAPTER 01

블로그 시작
& 기본 설정

Q. 001 네이버 블로그 개설은 어떻게 하나요?

A. 　　　　네이버 블로그 개설 방법은 간단하지만, 몇 가지 중요한 포인트를 잘 알고 시작하면 더 효과적으로 운영할 수 있습니다. 아래 순서대로 따라오시면 금방 블로그를 만들고 시작할 수 있어요.

1. 네이버 계정 만들기

네이버 블로그를 개설하려면 먼저 네이버 계정이 필요합니다. 이미 계정이 있다면 그대로 로그인하시면 되고, 없다면 네이버 회원가입페이지에서 계정을 만드세요.

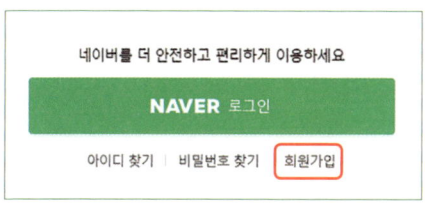

2. 블로그 개설하기

네이버에 로그인한 뒤, 상단 메뉴에서 "블로그"를 클릭합니다. 이후 "내 블로그 만들기" 버튼을 누르면 블로그 개설이 시작됩니다. 블로그 아이디를 설정하는 단계가 나오는데, 원하는 아이디를 입력하면 됩니다. 한 번 설정하면 바꿀 수 없으니 신중히 선택하세요.

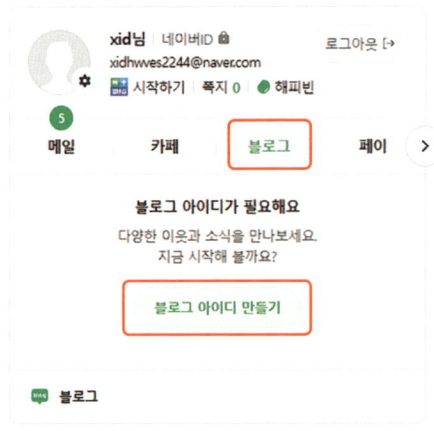

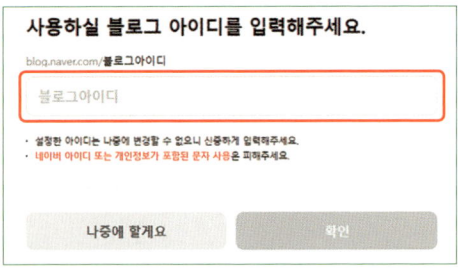

Q. 002 블로그 프로필 이미지를 어떻게 변경하나요?

A. 네이버 블로그에서는 PC 기준으로 [블로그 홈] → [관리] → [프로필 관리]로 들어가면 프로필 이미지를 변경할 수 있습니다. 이미지를 업로드하기 전에 가로 161px, 세로 161px 정도로 사이즈를 맞추고, JPG나 PNG 형식으로 저장하면 깔끔하게 적용됩니다.

블로그 프로필 이미지 설정 예시

Q. 003 소개 글은 어떻게 써야 클릭을 유도할 수 있을까요?

A. 블로그 주제를 명확하게 표현하는 것이 중요합니다. 핵심 키워드를 포함하고 방문자가 한눈에 블로그 성격을 파악할 수 있도록 작성합니다.

[소개글은 (관리) → (블로그 정보)에서 수정 가능]

[소개글 예시]

"IT 트렌드와 블로그 운영 노하우를 공유하는 블로그입니다. 협찬이나 협업 문의는 이메일 ○○○@○○○○.com 로 남겨 주세요"

"🍴 맛집, 여행, 일상 속 특별한 순간들! ✈

숨겨진 맛집부터 알짜배기 여행 정보까지, 재미와 유익함이 가득한 콘텐츠를 만나보세요! 협찬이나 협업 문의는 이메일 ○○○@○○○○.com 로 남겨 주세요"

PC 버전에서 보이는 소개글 예시

Q. 004 블로그 방문자 수는 어떻게 확인하나요?

A. 방문자 수는 PC에서는 [관리] → [내 블로그 통계] 메뉴에서 확인할 수 있고, 모바일에서는 블로그 관리자 앱에서 통계 버튼을 눌러 확인 가능합니다. 이곳에서 일별, 주별, 월별 방문자 수와 인기 글도 확인할 수 있습니다.

PC 방문자 통계

Q. 005 블로그 이름을 바꾸면 검색 노출에 영향이 있을까요?

A. 블로그 이름은 [관리] → [블로그 정보]에서 변경할 수 있습니다. 이름을 변경해도 기존 게시글이나 방문자 수에는 영향을 미치지 않지만, 기존 방문자들에게 혼란을 줄 수 있으므로 변경 후에는 공지 글을 통해 변경의 이유를 알려주는 것이 좋습니다. 블로그명을 변경할 때 고려해야 할 점은, 기존 블로그명으로 작성된 글들이 누적된 검색 지수를 가지고 있기 때문에 새로운 블로그명으로 변경하면, 다시 검색 지수를 쌓아야 하므로 블로그명이 검색 결과에 노출되는 데 시간이 걸릴 수 있습니다.

PC 관리페이지에 있는 블로그명 설정 창

따라서 블로그명을 활용해 홍보하고 있는 경우라면 신중하게 선택해야 합니다. 그래서 빠른 블로그명 노출을 위해서는 남들이 사용하지 않는 고유한 블로그명을 선택하는 것이 가장 중요합니다. 유사한 이름이 많으면 검색 경쟁력이 떨어질 수 있으므로, 띄어쓰기와 단어 선택을 신중하게 고려하는 것이 좋습니다.

Q. 006 글 작성 중 실수로 종료되었을 때, 내용을 복구할 수 있는 방법이 있나요?

A. 네이버 블로그는 자동 저장 기능이 있어서 글 작성 중 실수로 닫아도 초안으로 저장됩니다. 다시 [글쓰기] 버튼을 눌러 들어가면 방금까지 작성했던 글을 불러올 수 있습니다.

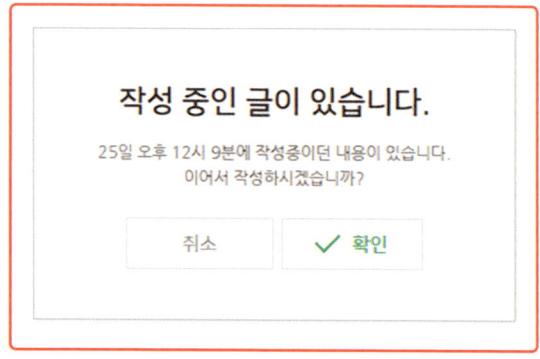

글 작성 중 실수로 나갔다가 다시 글쓰기를 들어가면 이전 작성 글 불러오기 적용

저장버튼을 눌러 발행 전 글을 임시저장 해둘 수 있습니다

그리고 [저장] 버튼을 눌러 직접 저장할 수도 있으며, 저장된 초안은 [글쓰기] → [저장]에서 확인 가능합니다. 이 기능을 활용하면 발행 전 시간이 날 때마다 조금씩 글을 작성할 수 있어 글쓰기에 대한 부담 없이 운영할 수 있을 겁니다. 자투리 시간을 활용하는 좋은 방법 중 하나입니다.

Q. 007 블로그 주제를 정할 때 고려해야 할 점은?

A. ───

1. 관심과 지속성: 꾸준히 글을 쓸 수 있는가?

블로그 운영은 길게 봐야 하는 장기전입니다. 흥미가 없는 주제는 금방 지치고, 글을 계속 작성하기 어려워집니다. 자신이 관심 있고 지속적으로 다룰 수 있는 주제인지가 첫번째가 되어야 하고, 그게 아니라면 여러가지를 해보고 나와 가장 잘 어울리는 주제를 찾는 게 중요합니다. 시작 전 "이 주제에 대해 1년 이상 꾸준히 글을 쓸 수 있을까?"를 한번 생각해보세요.

2. 수익성: 수익화 가능성이 있는가?

블로그 운영 목적이 취미인지, 수익을 위한 것인지에 따라 주제 선정 방식이 달라질 수 있습니다. 수익화를 고려한다면, 광고·제휴 마케팅이 가능한 주제가 유리할 수 있겠죠.

- 네이버 애드포스트 수익을 연결할 수 있는지 확인
- 체험단, 협찬, 광고 등의 기회가 있는 주제인지 체크

상업성이 높은 주제 → 건강, 맛집, 뷰티, IT, 리빙, 여행, 육아, 패션
애드포스트를 위한 주제 → 방송, 스타, 연예인, 영화, 드라마

3. 연관성과 확장성: 주제를 확장할 수 있는가?

블로그는 하나의 주제를 계속 깊이 있게 다룰 수도 있고, 관련 분야를 다양하게 확장할 수도 있습니다.

처음에는 좁게 시작해도, 점차 다양한 카테고리로 확장할 수 있어야 운영이 수월해집니다.

[주제 확장 예시]

- 골프 블로그 → "골프 용품 리뷰", "골프 스윙 팁", "골프 여행" 등으로 확장
- 육아 블로그 → "유아 교육", "장난감 추천", "키즈카페 후기" 등으로 확장

주제를 선택할 때는 다양성을 두고 선택하는 게 가장 좋습니다. 처음 시작 시에는 주제 설정에 너무 고민하지 말고 다양한 걸 시도해 보고 나에게 가장 잘 맞는 걸로 선택하는 게 베스트입니다. 처음부터 모든 걸 완벽히 갖추고 시작하려고 하지 마세요. 그 시간에 글하나 더 작성하는 게 훨씬 더 블로그 성장에 도움이 됩니다.

Q. 008 지금 시작하기 좋은 블로그 주제는 어떤 게 있을까요?

A. 블로그 운영을 하면 가장 빠르게 체감할 수 있는 수익화 방법 중 하나가 체험단입니다. 운영 한 달 만에도 시작할 수 있는 일이기 때문에 공급이 많은 주제가 최우선이 되어야 합니다. 따라서 체험단과 협찬 기회가 많으면서 조회수까지 많은 주제가 가장 적합합니다. 아래는 초보들도 빠르게 수익화를 이룰 수 있는 주제들만 정리한 목록입니다.

1. 맛집 & 카페 리뷰

검색 수요가 많고, SNS 확산력이 강한 주제입니다. 체험단 및 협찬 기회가 가장 많은 주제라 빠르게 수익화가 가능합니다. 다만 맛집 영역은 인플루언서 주제에 포함되지 않아 장기적으로 전문성을 유지하기 어렵습니다. 여행 주제의 부주제로 가져가는 것이 가장 좋습니다.

랍스터 코스 협찬을 받아 작성한 리뷰 사진

[주제 관련 글 예시]

"서울 핫플 카페 추천"

"강남 스테이크 맛집 BEST 5"

"부산 감성 카페 BEST 3"

2. 여행 & 숙박 리뷰

1박 60만 풀빌라 협찬으로 작성된 리뷰 사진

국내/해외 여행 정보는 꾸준한 검색량을 유지하는 주제입니다. 숙박, 맛집, 캠핑 등 다양한 주제로 확장 가능하며, 체험단 및 협찬 기회도 꾸준합니다. 특히 숙박의 경우 1박에 수십만 원 하는 풀빌라나 펜션 등의 협찬을 받을 수 있어 여행을 자주 다니는 사람들에게 적합한 주제입니다. 숙박 예약, 여행 관련 제품 등과 제휴 마케팅이 가능하여 추가 수익화가 가능합니다.

[주제 관련 글 예시]

"제주도 2박 3일 여행 코스"

"일본 오사카 가성비 호텔 추천"

"부산 감천문화마을 사진 명소"

3. IT & 전자기기 리뷰

스마트폰, 노트북, 태블릿 등 IT 제품 리뷰는 검색 유입이 꾸준한 주제입니다. 쿠팡 파트너스, 스마트스토어 등 제휴 마케팅을 활용할 수 있으며, 협찬을 통해 고가의 제품을 받을 수 있습니다. 특히 노트북, 태블릿 등 신제품이 출시되면 협찬 제안을 가장 먼저 받을 수 있지만, 퀄리티 높은 글을 작성해야 경쟁력이 있어 시간 투자가 필요합니다.

[주제 관련 글 예시]

"아이폰 15 vs 갤럭시 S24 비교"

"가성비 노트북 추천 2024"

"아이패드 프로 활용 꿀팁"

160만원 노트북 협찬 받아 작성한 리뷰 사진

4. 자기계발 & 공부법

영어, 시험 준비, 시간 관리 등 자기계발 관련 콘텐츠는 높은 관심을 받는 주제입니다. 하지만 체험단이나 협찬을 받기 어려운 주제이므로, 수익화를 다른 방식으로 확장해야 합니다. 블로그에 전문성을 갖춘 글을 꾸준히 올리면서 전자책, 강의 판매 등으로 확장하는 것이 좋습니다.

[주제 관련 글 예시]

"효율적인 공부법 5가지"

"영어 회화 쉽게 배우는 방법"

"공무원 시험 공부 루틴 공개"

도서 구매자들을 위한 혜택 | 클래스유 블로그 수익화 온라인 강의 5% 할인 QR 코드

도서 구매자들을 위한 혜택 | 클래스유 블로그 자동화 온라인 강의 5% 할인 QR 코드

블로그를 통해 온라인 강의로 확장 | 클래스101 강의

5. 재테크 & 부업

주식, 코인, 부동산 등 검색량이 높은 주제입니다. 협찬 광고 단가가 높지만, 블로그에서 작성하기 까다로운 협찬이 많아 주의가 필요합니다. 무턱대고 협찬을 받았다가 저품질 블로그로 전락할 가능성이 있기 때문에 신중한 판단이 필요합니다.

[주제 관련 글 예시]

"2024년 재테크 추천 방법"

"주식 초보자가 꼭 알아야 할 개념"

"블로그로 월 100만원 버는 방법"

정보성 협찬을 받아 작성한 리뷰

6. 다이어트 & 건강 관리

건강, 운동, 다이어트 관련 정보는 연령대별로 폭넓은 관심을 받을 수 있습니다. 건강기능식품 & 홈트 용품과 제휴 마케팅이 가능하며, 체험단 및 협찬을 꾸준히 받을 수 있는 주제입니다. 다만, 건강기능식품 관련 글을 작성할 때는 의료법을 준수해야 하므로, 전문적인 지식이 필요합니다.

[주제 관련 글 예시]

"하루 10분 홈트 운동 루틴"

"단기간 5kg 감량 성공 후기"

"가성비 좋은 단백질 보충제 추천"

단백질 보충제 협찬을 받아 작성한 리뷰 사진

7. 패션 & 뷰티

화장품, 스타일링 팁, 명품 리뷰 등은 검색 유입이 많고 협찬 기회가 많은 주제입니다. 특히 뷰티는 전체 주제 중에서도 협찬 공급이 맛집 다음으로 많은 분야입니다. 나만의 특징을 살려 운영하면 충분히 수익화가 가능한 주제입니다.

[주제 관련 글 예시]

"2024 봄 트렌드 패션 스타일"

"건성 피부에 좋은 수분크림 추천"

"나에게 어울리는 퍼스널 컬러 테스트"

모자 협찬을 받아 작성된 리뷰 사진

8. 육아 & 교육

부모들을 타겟으로 하는 콘텐츠는 꾸준한 검색 수요와 장기적인 트래픽을 확보할 수 있습니다. 체험단 및 협찬이 맛집, 패션, 뷰티만큼 많은 분야이므로, 아이를 키우는 사람들에게 매우 좋은 주제입니다. 육아 비용을 절감할 수 있는 점도 큰 장점입니다.

[주제 관련 글 예시]

"아기 두뇌 발달 장난감 추천"

"유치원 입학 전 준비해야 할 것들"

"신생아 유모차 추천"

키즈 킥보드 협찬을 받아 작성한 리뷰 사진

9. 반려동물

반려견, 반려묘 관련 정보는 꾸준한 검색량을 확보할 수 있으며, 애견용품과 제휴 마케팅이 가능한 주제입니다. 하지만 체험단 및 협찬을 받기가 쉽지 않기 때문에, 업체와 직접 계약을 맺어 수익화를 이루는 것이 중요합니다.

[주제 관련 글 예시]

"강아지 첫 예방접종 비용 & 주의사항"

"고양이 털 관리 꿀팁"

"반려동물 동반 가능한 여행지"

강아지 백팩 협찬 받아 작성한 리뷰 사진

10. 문화 & 엔터테인먼트

영화, 드라마, 음악, 콘서트 후기 등은 트렌드에 민감한 주제로 검색량이 많습니다. 항상 새로운 키워드가 생겨서 압도적인 조회수를 만들 수 있는 주제이지만, 경쟁이 치열합니다. 최근에는 모바일 메인과 클립 기능이 추가되면서 더 많은 조회수를 얻을 수 있는 주제가 되었습니다. 하지만 경쟁이 심해 남들보다 빠른 최근 이슈에 대한 빠른 대응 속도가 중요합니다.

[주제 관련 글 예시]

"나는 솔로 21기 인스타"

"2024년 기대되는 K-드라마"

"BTS 콘서트 예매 꿀팁"

연예방송 쪽 글 작성 후 글 하나로 받은 실제 누적 조회수

이 주제들은 참고용이며, 반드시 이 중에서 선택할 필요는 없습니다. 자신에게 잘 맞을 것 같은 주제를 골라 블로그를 운영해 보세요!

Q. 009 네이버 블로그 앱과 PC 버전, 어떤 차이가 있을까?

A.

블로그 기능	네이버 블로그앱	PC 버전
글 작성 & 편집	글 작성 가능, 편집 기능 제한	상세한 글 작성 및 편집 가능
사진 & 동영상 업로드	스마트폰 촬영 후 바로 업로드 가능	고화질 이미지 & 동영상 첨부 가능
블로그 디자인 변경	불가능	가능 (스킨,레이아웃 설정)
이웃 소통 (댓글 & 공감)	실시간 가능 (푸시 알림 지원)	가능하지만 실시간 반응 X
통계 확인	가능	가능
클립 업로드	모바일앱에서만 가능	지원 안됨

Q. 010 블로그를 꾸준히 운영하기 위한 노하우는 무엇인가요?

A. 블로그는 시작하는 것보다 꾸준히 운영하는 것이 더 어렵습니다. 처음에는 열정적으로 시작하지만, 시간이 지나면서 글감이 부족하거나 방문자가 적어 동기부여가 떨어지는 경우가 많아요. 그래서 블로그는 단기적인 목표도 중요하지만 장기적인 목표 설정이 있어야 꾸준한 운영이 가능해집니다. 다음과 같이 목표와 글쓰기 루틴 설정을 만들어 보세요.

1. 명확한 목표 설정하기

"나는 왜 블로그를 운영하는가?"를 스스로에게 질문해보세요.

- 취미로 운영할 것인가?
- 기록용으로 사용할 것인가?
- 수익을 목표로 할 것인가?
- 내 전문성을 쌓기 위한 포트폴리오로 활용할 것인가?

목표가 명확하면 꾸준히 운영할 수 있는 동기부여가 됩니다.

2. 글쓰기 루틴 만들기 (꾸준함이 생명!)

한 번에 많은 글을 쓰려 하지 말고, 일정한 주기로 꾸준히 글을 쓰는 습관을 들이세요.

- 주 2~3회 포스팅 같은 현실적인 목표 설정
- 매일 30분~1시간 정도 블로그 글쓰기에 투자
- "아침에 30분, 점심시간에 15분" 처럼 시간을 정해놓고 작성
- 타이머를 켜두고 30분 안에 글 작성 연습

시간이 날 때마다 틈틈이 작성하고 저장을 해두면 자투리 시간을 이용해서도 글 발행을 할 수 있습니다. 시간 활용을 잘 해보세요.

3. 글감 미리 준비하기

블로그를 운영하다 보면 "오늘은 무슨 글을 써야 하지?" 하고 고민하는 순간이 옵니다. 이를 대비해 미리 글감을 확보해 두세요. 일상을 블로그 시점으로 보면 다양한 글감이 생깁니다. 예를 들어 "시외버스 터

키워드매니저 어플로 키워드 조회한 예시

미널"에서 "버스 시간표"를 사진으로 찍어와도 글감이 될 수 있습니다. 사진만 있다면 어떻게든 조회수가 있는 글로 만들 수 있습니다. 평소 다음과 같은 습관을 항상 가지세요.

- 메모장이나 노트 앱에 떠오르는 아이디어 기록
- 내가 관심 있는 분야+사람들이 궁금해할 내용 찾기
- 키워드 조회 사이트를 활용해 검색량 높은 주제 찾아두기(블랙키위, 키자드, 블로그 스탠다드, 네이버 검색 광고 등)
- "키워드매니저" 앱 다운 후 장소 구분 없이 조회수 확인

블로그 초반에는 경험담, 후기, 정보성 글을 섞어 쓰는 것이 좋아요.

4. 재미 있게 운영하는 방법 찾기

블로그가 의무적으로 해야 하는 일처럼 느껴지면 금방 지칩니다. 그래서 자신이 흥미를 느끼는 방식으로 운영하는 것이 중요합니다. 누구에게나 블로그는 지칠 수 밖에 없는 대상입니다. 그렇다면 재미를 가지고 해야 꾸준한 운영이 가능하겠죠.

- 다양한 걸 해보고 자신에게 딱 맞는 주제 정하기
- 글뿐만 아니라 사진, 영상, 카드뉴스 등 다양한 포맷 활용
- 다른 블로거와 소통하며 블로그 운영을 즐기기

블로그 이웃과 활발하게 소통하면 동기부여와 방문자 증가라는 두 마리 토끼를 다 잡을 수 있어요.

5. 블로그 운영 성과 체크하기

- 방문자 수 & 유입 키워드 확인 (통계를 매일 보는 습관 들이기)
- 어떤 글이 반응이 좋은지 분석해서 유입 키워드로 비슷한 글 추가 작성
- 검색 유입이 없는 글은 제목과 내용을 각색해서 다시 도전(기존 글 유지)

조회수가 많은 글이 한번이라도 생기면 블로그 운영을 어떻게 해야 하는지 생각이 바뀌게 될겁니다. 빠르게 방문자가 늘어나는 경험을 할 수 있도록 초반에는 집중해서 글 작성을 자주 해주는 게 좋습니다.

블로그 성장이 느리다고 실망하지 마세요! 꾸준히 운영하면 네이버 블로그는 반드시 성장합니다. 이 다섯 가지만 실천해도 블로그를 오래, 꾸준히 운영할 수 있습니다! 지금부터 한 걸음씩 실천해보세요!

Q. 011 초보 블로거들이 자주 하는 실수에는 어떤 것들이 있나요?

A. 블로그를 처음 시작하면 "이렇게 하면 되겠지?"하고 막연하게 운영하다가 몇 가지 실수를 하게 됩니다. 특히, 초반에 잘못된 습관이 쌓이면 검색 노출이 어렵고 방문자 유입이 줄어들어 포기하는 원인이 될 수 있습니다. 아래 내용을 보면 한 번쯤은 겪어봤을 실수들일 겁니다. 이제부터라도 주의하면서 올바르게 운영해보세요!

1. 뚜렷한 키워드 없이 무작정 글쓰기

블로그를 시작하자마자 아무 주제나 떠오르는 대로 글을 작성하는 경우가 많습니다. 오늘은 일기 쓰고, 내일은 일주일 동안 내가 먹은 거, 그 다음 날은 일상 글. 이렇게 하면 방문자 유입이 거의 불가능하고, 검색 노출도 어려워집니다. 네이버에서도 "10개의 일상 글보다 1개의 명확한 정보가 담긴 글이 좋은 글이다." 라고 공식적으로 밝힌 바 있습니다. 즉, 네이버는 내가 하고 싶은 대로 글을 작성하는 곳이 아니라는 겁니다. 그렇게 할 거면 굳이 블로그가 아니라 일기장에 작성하는 게 나은 겁니다.

[해결 방법]

내가 먹은 음식, 사용한 제품이라도 키워드를 적용하여 정보성 글로 작성하세요. 키워드 찾는 게 힘들다면 내가 먹거나 사용한 식품명(제품명), 내가 방문한 상호명(관광지명)이라도 명확히 제목에 넣어서 작성하세요.

2. 글을 쓰자마자 수정 & 삭제 반복하기

블로그 글을 올린 후, 검색 노출이 잘 안 된다고 계속 수정하거나 삭제하는 경우가 많습니다. 하지만 네이버는 수정/삭제가 잦은 글을 비정상적인 활동으로 인식할 수 있습니다. 특히, 글을 올렸다가 삭제 후 같은 내용으로 다시 작성하는 것은 검색에 굉장히 안 좋은 방법입니다.

[해결 방법]

한번 작성한 글은 신중하게 수정하고, 가능하면 삭제는 최소화하세요. 수정이 꼭 필요하다면 한번에 수정할 부분을 모아서 진행하는 것이 좋습니다. 단, 제목 키워드는 가급적 수정하지 마세요(순위 조작을 위한 어뷰징으로 간주될 수 있음)! 어뷰징은 네이버에서 강력히 제지하는 부분입니다.

3. 너무 짧거나 너무 긴 글 작성하기

블로그 글을 너무 짧게(300자 미만) 쓰거나, 반대로 너무 길게 (3,000자 이상) 쓰는 경우가 있습니다. 너무 짧으면 내용이 부족해서 검색이 안될 확률이 높고, 방문자 유입도 낮아질 가능성이 높습니다. 반대로 너무 길면 가독성이 떨어져서 방문자가 중간에 이탈할 수도 있고 필요 없는 내용을 많이 포함할 수도 있습니다.

[해결 방법]

최소 800~1,500자 정도의 글을 작성하는 것이 가장 적당합니다. 문단을 짧게 나누고, 사진과 소제목을 적절히 활용하세요. 이미지 역시 1장~2장 이렇게 넣지 말고 최소 8장은 넣는다는 생각으로 운영하면 됩니다.

4. 제목을 감성적으로 짓기

"내가 정말 좋아하는 곳♥" / "오늘 하루 너무 행복했다♥" 이런 감성적인 제목은 검색 노출이 어렵습니다. 특히 제목에 이모지를 넣으면 노출이 안 될 확률이 상당히 높아집니다. 네이버 검색은 사용자가 궁금해할 만한 키워드가 포함된 제목을 선호합니다.

[해결 방법]

제목에 검색 키워드(예: "서울 가볼 만한 곳", "맛집 추천")를 포함하세요.

예를 들어, "오늘 다녀온 카페" → "서울 한강 뷰 감성 카페 추천" 이렇게 키워드를 적용 하면 됩니다.

5. 사진이나 동영상 너무 많이 넣기

블로그를 더 예쁘게 보이게 하려고 사진을 너무 많이 넣는 경우가 있습니다. 하지만 사진이 너무 많으면 로딩 속도가 느려지고, 오히려 이미지 누락이 많이 생겨 노출이 불리할 수 있습니다. 또한, 텍스트보다 사진 비중이 지나치게 높으면 검색 알고리즘이 내용을 제대로 분석하지 못할 수도 있습니다(누락의 원인).

[해결 방법]

적절한 개수의 사진을 사용하세요! 보통 15장~20장 정도가 적절합니다. 파일 크기를 줄여서 업로드하면 속도 저하를 방지할 수 있습니다. 스마트폰이나 카메라 설정에서 사진 용량을 중간정도로 설정 하고 찍으면 딱 좋습니다.

6. 키워드 남용 & 과도한 해시태그 사용

많이 검색이 될 줄 알고 키워드를 너무 많이 반복하는 경우가 있습니다. 예를 들어, "서울 맛집 추천! 오늘 다녀온 서울 맛집 정말 맛있어요. 서울 맛집 찾는다면 여기!" 이런 방식은 "서울 맛집" 키워드 과도한 삽입으로 네이버 검색에서 패널티를 받을 수 있습니다. 또한, 해시태그를 너무 많이 넣으면 오히려 검색에 불리할 수 있습니다.

[해결 방법]

자연스럽게 키워드를 배치하세요. 반복하지 않고 문맥에 맞게 활용하고, 2번 정도 반복하는 건 큰 문제 없습니다. 해시태그는 5~10개 정도가 적당합니다.

7. 방문자 수에 집착하기

블로그 초반에는 방문자가 당연히 많지 않습니다. 그런데 초기부터 방문자 수에 너무 집착하면 쉽게 지치고 포기하게 됩니다. 특히, 하루 방문자가 몇 명인지 계속 확인하는 것은 블로그를 가장 빨리 그만두게 하는 안 좋은 습관입니다.

[해결 방법]

초기에는 방문자보다 '양질의 콘텐츠'에 집중하세요. 원활한 검색 노출까지 최소 1~2개월 정도 걸릴 수 있으니 인내심을 가지세요!

[요약]

블로그 초반에 방향을 잘 잡아야 검색 노출과 방문자가 꾸준히 늘어납니다. 가장 중요한 것은 "키워드 설정 + 꾸준한 운영 + 검색 친화적인 글쓰기"입니다. 초반 실수를 피하고 올바른 방향으로 운영하면 블로그가 성장하는 속도가 훨씬 빨라질 겁니다. 지금부터라도 올바르게 블로그를 운영해보세요!

Q. 012 바쁜 직장인이 블로그를 효율적으로 운영하려면 어떻게 시간 관리를 해야 하나요?

A. 블로그 운영은 꾸준함이 가장 중요한 요소입니다. 글 쓰는 시간을 비효율적으로 사용하면 매일 글을 작성하는 것이 부담스럽고 블로그 운영이 피로해지며 결국 중도 포기하게 될 가능성이 커집니다. 나는 안 그럴 거라 생각하지 마세요. 누구나 겪는 일입니다. 아래에서 시간을 아끼면서도 효과적으로 블로그를 운영하는 방법을 알려드리겠습니다.

1. 한 번에 여러 개의 콘텐츠 기획 & 초안 작성

[비효율적인 운영 방식]

- 매일 키워드를 고민하고, 글을 처음부터 끝까지 작성하는 방식
- 그날그날 주제를 찾고 글을 쓰다 보니 시간이 오래 걸림

[효율적인 운영 방식]

- 주 1~2회 시간을 정해 블로그 글의 전체적인 구조를 한번에 기획
- 키워드 선정 → 제목 정하기 → 소제목(목차) 정리까지 미리 해두기
- 초안 작성은 한번에 2~3개씩 진행
- 체험단은 먼저 사진을 찍은 순서로 사진까지 정리해두기

- 시간 될 때 글만 작성

2. 예약 발행을 활용하여 꾸준한 운영 유지

[비효율적인 운영 방식]

- 하루에 2~3개 글을 몰아서 올리고, 며칠 동안 쉬는 패턴
- 불규칙적인 발행으로 인해 블로그 운영 의지 감소

[효율적인 운영 방식]

- 한 번에 2~3개 글을 작성하고 예약 발행 활용
- 예를 들어, 주말에 3개 글 작성 후 월/수/금 예약 발행
- 일정한 패턴으로 글이 올라가면 블로그 지수에도 긍정적 영향
- 단, 매일 똑같은 시간에 예약을 걸어두고 발행하는 건 좋지 않습니다. 기계적인 패턴으로 읽혀 안 좋은 영향이 올 수 있습니다.
- 예약발행 하는 방법 [글쓰기→발행→예약→날짜, 시간 설정→발행]

시간을 효율적으로 관리하면 최소한의 노력으로도 블로그를 꾸준히 성장시킬 수 있습니다. 꾸준함을 위해 일정한 패턴을 가지고 운영하면 가장 좋은 방법이 될 수 있습니다.

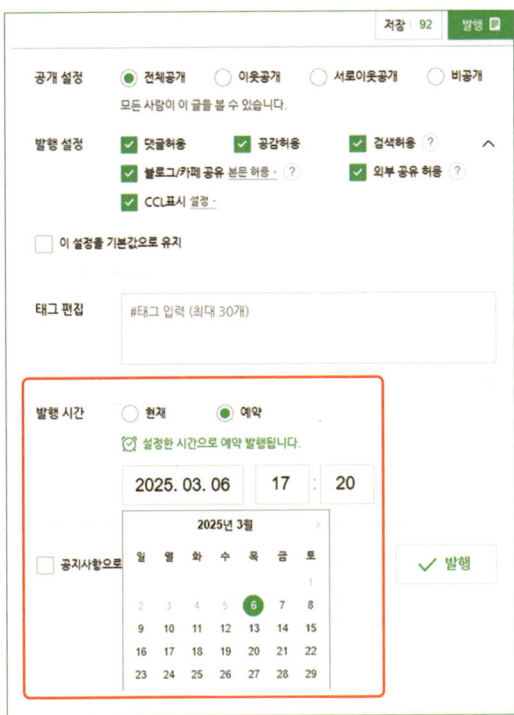

예약 발행 예시

Q. 013 블로그 글쓰기는 매일 해야 할까요?

A. 블로그 글을 매일 써야 하느냐, 아니면 일정 간격을 두고 써야 하느냐는 목표와 지속 가능성에 따라 다릅니다. 만약 블로그를 빠르게 성장시키고 싶다면, 초반 1~2개월 동안은 최대한 자주, 가능하면 매일 글을 쓰는 게 좋아요. 이렇게 하면 검색엔진에서 더 빨리 인식되고, 독자들이나 광고주에게 '활성화된 블로그'라는 신뢰를 줄 수 있죠. 하지만 꾸준함이 가장 중요하기 때문에 무리해서 매일 쓰다가 지치는 것보다는, 현실적으로 유지할 수 있는 주기를 정하는 게 좋습니다.

예를 들어, 주 3~4회 글을 쓰면 한 달에 12~16개의 글이 쌓이는데, 이 정도면 충분히 검색 유입을 기대할 수 있고 체험단도 얼마든지 신청 가능합니다. 핵심은 글 퀄리티입니다. 매일 글을 쓰는 것이 좋긴 하지만, 질 낮은 글을 작성하는 것보다는 일정 간격을 두고 제대로 된 글을 쓰는 게 더 효과적이죠. 아무도 궁금해 하지 않는 나의 일상 글이 아닌 정확한 정보를 전달하는 퀄리티 높은 글을 작성하세요. 분명히 말씀드릴 수 있는 건, 블로그는 글이 자주 올라와야 체험단을 하든 수익화로 확장을 하든 뭔가를 할 수 있습니다. 한 달에 3~4번 글 작성하면서 뭔가를 바라는 건 욕심입니다. 블로그로 작은 수익화라도 원한다면 귀찮게 생각 하지 말고 최소한의 글은 작성하시길 바랍니다.

[글쓰기 패턴 요약]

매일 글을 쓰는 것이 이상적이지만, 꾸준하고 일정한 업로드 주기를 유지하는 것이 더 중요!

- 초반(1~2개월)은 가능하면 매일 발행이 유리
- 이후에는 주 3~4회 규칙적인 패턴 유지

"블로그는 꾸준함이 가장 중요합니다!"

Q. 014 블로그를 운영할 때 반드시 피해야 할 행동은?

A. 블로그를 운영하면서 잘못된 방식으로 운영하면 검색 노출이 줄어들고, 방문자 수가 감소하며, 심한 경우 저품질 블로그로 판정될 수도 있습니다. 이런 실수를 하면 블로그 성장에 큰 타격을 입을 수 있으니 반드시 피해야 합니다. 네이버가 싫어하는 행동, 블로그 운영 시 주의할 점을 정리해 드릴게요.

1. 다른 사람 글 복사 붙여넣기 금지

다른 사람의 글을 복사/붙여넣기(무단 복사)는 정말 하면 안됩니다. 다른 블로그나 사이트의 글을 그대로 가져오면 검색엔진이 중복 콘텐츠로 판단해서 저품질 블로그로 낙인 찍힐 위험이 있습니다. 편집을 위한 메모장이나 워드에 글 작성 후 복사 붙여넣기는 네이버에서 권장하는 방식이지만, 남의 글을 그대로 카피해서 오는 건 절대로 하면 안되는 행위입니다. 유사문서뿐만 아니라 저작권 위반이 될 수 있습니다.

2. 같은 키워드 반복

같은 키워드로 계속해서 글을 발행하면 안 됩니다. 네이버에 글 노출이 되면 똑같은 키워드로 글 작성 시 다른 글로 인식되어서 또 다시 노출이 되는 게 아니라 같은 키워드를 작성한 글과 지수를 판단해서 더 낮은 지수를 가진 글이 글 밑에 꼬리달기 식으로 달려버립니다. 즉 검색자들에게 노출로 인한 이득을 볼 수 없게 되는 겁니다. 예를 들어,

- "다이어트 식단 추천!"
- "최고의 다이어트 식단을 소개합니다."
- "다이어트 식단으로 꼭 성공하세요!""

이런 식으로 같은 키워드로 연속해서 글을 발행하면 3개의 글 중 지수가 낮은 2개의 글이 지수가 높은 글 밑에 꼬리글처럼 붙어버리는 현상이 발생할 수 있습니다. 힘들게 작성한 글이 아무 필요 없는 글이 되어 버리는 겁니다. 같은 글이라도 제목을 아래와 같이 작성하면 모두 다른 글로 인식되어 노출이 됩니다.

- "다이어트 초보자를 위한 맞춤 식단!"
- "체중 감량에 효과적인 건강한 식단 공개"
- "칼로리 걱정 없는 다이어트 레시피 모음"

같은 키워드로 글을 작성할 때에는 항상 먼저 작성한 글 노출이 10위권 밖으로 밀려났을 때 작성하는 걸 추천 드립니다.

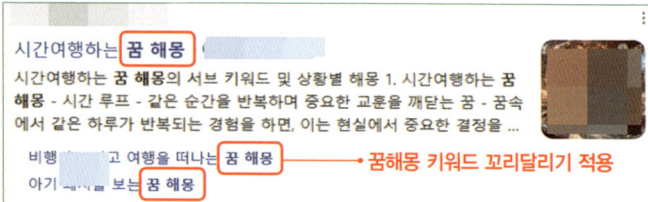

같은 키워드 꼬리달리기 현상 예시

3. 제목에 날짜나 닉네임을 반복

블로그를 운영하다 보면 '기록형 블로그'처럼 시리즈 형태로 글을 발행하는 경우가 있습니다. 하지만 제목에 날짜나 닉네임을 반복적으로 넣으면 검색 노출에 악영향을 줄 확률이 상당히 커집니다.

[잘못된 예시]

1. 날짜를 반복해서 넣는 경우

- DAY1. 2025년 3월 1일 다이어트 식단 공개
- DAY2. 2025년 3월 2일 눈바디 체크
- DAY3. 2025년 3월 3일 체중 변화 업데이트

2. 닉네임을 반복해서 넣는 경우

- [다퍼주는남자] 여자가 좋아하는 향수 추천
- [다퍼주는남자] 5만원대 남자 선물 추천

- [다퍼주는남자] 가성비 좋은 운동화 리뷰

이런 방식으로 제목을 작성하면 검색 알고리즘이 같은 패턴의 글로 인식하고, 최악의 경우 저품질도 올 수 있습니다.

[올바른 제목 작성 방법]
1. 날짜를 넣지 않고도 자연스럽게 시리즈 느낌 살리기
- 다이어트 식단 첫날 무엇을 먹어야 할까?
- 눈바디 체크 다이어트 2일차 변화는?
- 체중 감량 과정 3일차부터 달라지는 점

2. 닉네임을 제목에 반복하지 않고도 전문성 강조하기
- 여자가 좋아하는 남자 향수 추천 베스트 5
- 5만 원대 남자 선물 추천 가성비 좋은 브랜드 정리
- 가성비 좋은 운동화 추천 트렌디한 디자인까지!

이렇게 하면 검색 노출에도 유리하고 방문자들에게도 더 자연스럽게 전달할 수 있습니다.

4. 제목에 과도한 특수문자 삽입
블로그 제목을 눈에 띄게 만들기 위해 특수문자와 이모지를 과

도하게 사용하는 경우가 있습니다. 하지만 이런 방식은 검색 노출이 안되거나 안 좋은 영향을 줄 수 있습니다.

[잘못된 예시]
- [강남 맛집 추천] 꼭 가봐야 할 곳 TOP5, "내돈내산 후기!!"
- 데이트 코스 추천♥ | 서울에서 분위기 좋은 곳은?"
- #제주도 렌터카 할인!!! 꿀팁!! (최대 50% 할인)

이런 식으로 과도한 특수문자는 검색엔진의 인식률을 떨어트려 누락의 가장 큰 원인이 됩니다.

[올바른 제목 작성 방법]
개인적으로 제목에 특수문자를 넣어야 한다면 마지막에만 넣는 걸 추천합니다.

- 강남 맛집 추천 꼭 가봐야 할 곳 TOP 5 내돈내산 후기!
- 데이트 코스 추천 서울에서 분위기 좋은 곳은?
- 제주도 렌터카 할인 꿀팁 최대 50% 할인

제목에 특수문자를 넣게 되면 누락이 정말 자주 됩니다. 검색자들은 키워드로 검색을 하기 때문에 특수문자 여부에 상관 없이 글을 찾게 됩니다. 그러니 제목에는 특수문자 넣지 마세요. 안 넣으면 아무 일도 일어나질 않습니다. 넣기 때문에 누락이 생기고 다른 현상이 생기는 겁니다.

Q. 015 블로그를 하면서 얻을 수 있는 가장 큰 장점은?

A. 블로그를 운영하면서 얻을 수 있는 가장 큰 장점은 시간이 지날수록 자산이 쌓인다는 점입니다. 블로그는 단순한 기록이 아니라, 꾸준히 글을 쓸수록 콘텐츠가 쌓이고, 방문자가 늘어나며, 수익화까지 연결되는 강력한 자산이 될 수 있어요.

1. 나만의 콘텐츠 자산 구축

블로그에 작성한 글은 시간이 지나도 검색을 통해 꾸준히 유입이 발생합니다. 한번 정성스럽게 쓴 글이 몇 달 후에도 가치를 만들어주죠. 특히 정보성 콘텐츠나 리뷰 글은 시간이 지나도 계속 검색되면서 꾸준한 트래픽을 발생시키는 자산이 됩니다.

2. 수익 창출 기회

블로그를 통해 애드포스트, 제휴 마케팅, 체험단, 협찬, 강의, 전자책 판매 등 다양한 방식으로 수익을 창출할 수 있어요. 또한, 블로그 글을 꾸준히 쌓아두면 기업이나 브랜드에서 협업 제안이 들어오기도 합니다.

3. 개인 브랜딩 강화

블로그를 운영하면서 특정 주제에 대한 글을 지속적으로 작성하면 자연스럽게 전문가로 인식됩니다. 예를 들어 여행 블로그를 꾸준히 운영하면 여행 전문가로 보이게 되고, 재테크 블로그를 하면 금융·투자 전문가로 신뢰를 쌓을 수 있어요. 이를 통해 강의 요청, 컨설팅, 출판 등의 기회가 생기기도 하죠.

4. 새로운 기회와 네트워크

블로그를 운영하다 보면 비슷한 관심사를 가진 사람들과 교류할 수 있는 기회가 많아집니다. 블로그 이웃, 댓글, 협업 등을 통해 좋은 인맥을 만들 수 있고, 이를 통해 새로운 일자리나 비즈니스 기회로도 연결될 수 있어요. 실제로 블로그를 계기로 사업을 시작하거나, 새로운 커리어를 찾는 경우도 많습니다.

5. 사고력·글쓰기 실력 향상

꾸준히 블로그를 운영하면 자연스럽게 글쓰기 능력이 향상됩니다. 처음에는 단순한 리뷰나 일상 기록을 남기지만, 점점 더 논리적으로 정리하고, 가독성 좋은 글을 쓰는 능력이 길러져요. 이건 블로그뿐만 아니라 업무, SNS, 이메일 작성 등 다양한 분야에서 큰 도움이 되는 스킬이 됩니다.

저 같은 경우도 이런 글쓰기 능력 향상을 통해 지금 글을 적고 있는 겁니다. 누구나 할 수 있는 일입니다. 블로그는 단순한 취미가 아니라, 시간을 투자할수록 쌓이고 성장하는 강력한 자산입니다.

Q. 016 블로그를 통해 실제로 인맥을 넓히는 것이 가능할까요?

A. 블로그는 단순한 글쓰기 플랫폼이 아니라, 사람들과 연결될 수 있는 강력한 네트워크 도구입니다. 꾸준히 운영하다 보면 비슷한 관심사를 가진 사람들과 자연스럽게 교류하게 되고, 이를 통해 새로운 인맥과 기회가 생기는 경우가 많아요. 네이버 블로그에서는 이웃 추가 기능을 활용해 블로거들과 쉽게 소통할 수 있습니다. 이웃이 되면 서로의 글에 댓글을 남기거나 공감을 누르면서 친밀도를 쌓을 수 있죠. 특정 주제(예: 여행, 재테크, 자기계발, 육아 등)에 대한 글을 꾸준히 쓰다 보면 같은 관심사를 가진 사람들이 자연스럽게 모이게 됩니다. 이 과정에서 같은 분야에 관심 있는 사람들과 소통하면서 좋은 인연을 만들 수 있어요. 특히 정보성 콘텐츠를 공유하면 전문가로 인식되면서 더 많은 사람들이 찾아오게 됩니다.

체험단 활동을 하면서 다른 블로거들과 직접 만나게 되는 경우도 많습니다. 브랜드 행사, 같은 지역 블로거와 함께 하는 체험단 모임 등을 통해 블로거들과 소통하면서 인맥을 확장할 수 있죠. 실제로 체험단 활동을 통해 협업이 이어지면서 함께 프로젝트를 진행하거나, 사업적인 기회로 연결되는 경우도 많습니다. 블로그가 성장하면 브랜드나 기업에서 협업 제안이 들어오기도 합니다.

블로그 모임에서 받은 선물

블로그 모임에서 함께 먹은 김밥

특히 특정 분야에서 꾸준히 글을 작성하면 관련 업계의 전문가나 브랜드 관계자들과 연결될 수 있어요. 이를 통해 강의, 컨설팅, 공동 프로젝트 등의 기회를 얻을 수 있고, 여행 블로그를 운영하다가 여행사와 협업하거나 직접 여행 플랫폼을 제작하는 경우도 있습니다. 재테크 블로그를 통해 금융 관련 강의 요청을 받는 경우도 대표적입니다.

블로그를 통해 형성된 인맥은 자연스럽게 오프라인 모임이나 네트워크 행사로 확장될 수도 있습니다. 블로거들이 자체적으로 모임을 만들거나, 특정 브랜드에서 블로거 대상 이벤트를 진행하는 경우도 많아요. 이런 자리에 참석하면 더 많은 사람들과 직접 만나면서 유용한 정보와 기회를 공유할 수 있습니다. 저 같은 경우 블로그 모임을 자주 가졌는데 다양한 직종의 사람들과의 교류는 잊을 수 없는 추억입니다. 지금도 계속해서 연락하고 만남을 지속하고 있습니다.

Q. 017 블로그에서 카테고리를 효율적으로 구성하는 방법은?

A. 블로그에서 카테고리는 블로그 글을 체계적으로 정리하고 방문자의 편의를 높이는 핵심 요소입니다. 잘 구성된 카테고리는 방문자와 광고주에게 전문성을 어필할 수 있는 중요한 부분입니다. 내 블로그 주제를 전문성 있게 보일 수 있도록 깔끔하게 정리 하는 방법을 알려드리겠습니다.

1. 카테고리를 효율적으로 구성할 때 고려해야 할 점

1) 블로그 주제에 맞는 핵심 카테고리 선정
- 블로그의 메인 주제와 일관되게 카테고리를 구성
- 너무 많은 카테고리는 피하고, 핵심적인 주제로 정리하는 것이 중요

2) 카테고리는 4~7개 정도가 적당
- 방문자가 한눈에 알아볼 수 있도록 4~7개 정도로 구성
- 너무 많으면 복잡하고, 너무 적으면 콘텐츠 정리가 어려움

3) '대분류 → 세부 카테고리' 구조 활용
- 대분류(메인 카테고리) → 세부 카테고리(서브 카테고리)로 나누면 가독성 UP
- 예) [맛집] → [서울 맛집], [부산 맛집], [해외 맛집]

4) 방문자의 동선을 고려한 구성

- 방문자가 원하는 정보를 쉽게 찾을 수 있도록 카테고리를 배치
- 예) 여행 블로그라면, '국내 여행 / 해외 여행 / 여행 팁' 등으로 구분

5) 주제 지수 최적화(검색에 유리한 메인 주제 키워드 포함)

- 카테고리명에 검색 노출이 잘되는 키워드를 포함하면 해당 주제 지수 상승
- 예) '골프 이야기'(X) → '골프 스윙 꿀팁'(O)

2. 블로그 주제별 카테고리 구성 예시

📍 맛집 블로그 예시
📁 [맛집투어]
  📁 서울 맛집 추천
  📁 부산 맛집 투어
  📁 그외 맛집 투어
  📁 해외 맛집 탐방
📁 [추천 핫 플레이스]
  📁 카페 & 디저트
  📁 이색 빵집 추천

📍 여행 블로그 예시
📁 [국내 여행]
  📁 서울 여행 코스
  📁 부산 여행 가이드
  📁 제주도 핫플레이스
📁 [해외 여행]
  📁 해외 여행 핫플
  📁 일본 여행 추천
  📁 유럽 여행 추천
  📁 동남아 여행 추천

📍 IT & 전자기기 리뷰 블로그 예시
📁 [스마트폰 리뷰]
  📁 아이폰 최신 정보
  📁 갤럭시 기능 정리
📁 [노트북&태블릿]
  📁 가성비 노트북 추천
  📁 아이패드 활용법

- '일상', '기타', '잡담' 같은 애매한 카테고리는 지양하고 명확한 키워드로 구성
- 방문자가 원하는 정보를 쉽게 찾을 수 있도록 깔끔하게 배치

3. 카테고리 구성 시 유의해야 할 점

1) 너무 많은 카테고리는 오히려 복잡함

- 초반에는 4~7개로 운영하고, 이후 콘텐츠가 많아지면 세부 카테고리 추가

2) '기타' 카테고리 남발 금지

- 모든 글을 '기타' 카테고리에 넣으면 검색에도 불리하고 방문자가 혼란스러움

3) 한 카테고리에 너무 많은 글이 몰리지 않도록 분배(자주 글 작성이 힘든 카테고리는 생성 금지)

- 예) '국내 여행' 카테고리에 100개 글, '해외 여행'에 3개 글 → 해외 여행 카테고리 굳이 필요 없음

4) 카테고리명은 직관적으로 이해할 수 있도록 설정

- 'My Story' (X) → '일상 & 브이로그' (O)

[블로그 카테고리 구성 핵심 정리]

- 블로그 주제에 맞는 핵심 카테고리 4~7개 선정
- 대분류 → 세부 카테고리로 정리 (방문자가 쉽게 찾을 수 있도록)
- SEO 최적화를 고려하여 검색 키워드 포함
- '기타' 카테고리 남발하지 않고, 논리적인 구성 유지

체계적인 카테고리는 방문자 만족도 & 주제 지수 상승을 위해서 운영 초기에 설정하는 것이 좋습니다.

Q. 018 첫 글은 어떤 내용으로 작성해야 방문자의 눈길을 끌 수 있을까요?

A. 블로그를 처음 시작할 때 어떤 글을 써야 할지 고민하는 분들이 많습니다. 유튜브라면 채널 소개 영상을 올릴 수 있지만, 블로그에서는 그런 소개글이 큰 의미가 없습니다. 왜냐하면 네이버 블로그는 유튜브처럼 알고리즘이 추천해주는 방식이 아니라, 키워드 검색을 기반으로 노출되기 때문이죠. 따라서 첫 글을 작성할 때는 정확한 키워드가 들어간 글을 쓰는 것이 중요합니다. 사실 집 안을 둘러보면 이미 사용 중인 제품도 많고, 다녀온 맛집이나 카페 등 리뷰할 수 있는 소재는 무궁무진해요. 너무 부담 갖지 말고, 가벼운 마음으로 첫 글을 작성해보세요.

[초반 글 작성 TIP]

- 새 블로그라면 바로 노출이 되지 않으므로, 최소 3일 정도 기다려야 해요.
- 첫 글을 작성한 후, 빠르게 3개 정도 연속으로 발행하는 것이 효과적!
- 작성 후, 하루 정도 지난 뒤 제목을 그대로 네이버 검색창에 복사+붙여넣기 해서 노출 여부 확인

[키워드 찾는 게 어렵다면 이렇게 해보세요]

- 사용 중인 전기면도기를 리뷰한다면 → "40대 전기면도기 추천 ㅇㅇ 한 달

사용 후기"
- 다녀온 맛집이나 카페 리뷰라면 → "부산 기장 카페 추천 ○○오션뷰 가득한 곳"
- 제품이라면 → 나이+추천+제품명
- 장소 리뷰라면 → 지역+추천+상호명을 조합하면 복잡하게 찾을 필요 없이 글 작성이 가능합니다.

그리고 제목에 작성한 키워드를 본문에도 3번 정도 자연스럽게 넣어야 검색 노출 확률이 높아집니다. 무엇보다 중요한 것은 고민만 하다가 시간을 보내지 않는 것! 키워드를 활용해서 빠르게 첫 글을 작성해보세요. 의미 없는 일상글을 올리면 노출 확인이 어려울 수 있으니, 검색될 수 있는 키워드 중심으로 글을 쓰는 것이 블로그 시작의 핵심입니다.

Q. 019 개인 블로그와 사업용 블로그는 분리해서 운영하는 것이 좋을까요?

A. 결론부터 말하면, 하나의 블로그에 집중하는 것이 가장 좋은 선택입니다. 그동안 많은 수강생들을 지켜본 결과, 사업 블로그를 운영하는 분들 대부분이 결국 개인 블로그도 함께 운영하고 싶어 하는 경우가 많았어요.

하지만 현실적으로 두 개의 블로그를 동시에 관리하는 것은 쉽지 않습니다. 글을 꾸준히 작성하는 것도 힘들고, 시간이 부족해지면서 결국 둘 다 제대로 운영하지 못하는 경우가 많죠.

[그럼 어떻게 운영하는 게 좋을까?]

한 개의 블로그를 제대로 성장시키는 것이 가장 효과적입니다. 만약 사업 블로그지만 개인 블로그처럼 체험단도 받고 싶다면, 카테고리를 하나 추가해서 다양한 체험단 사이트에서 신청해 함께 운영하면 됩니다. 많은 사람들이 "사업자 블로그에 체험단 글을 올리면 전문성이 떨어져 보이지 않을까?" 하고 걱정하지만, 사실 내 블로그를 그렇게 세심하게 신경 써서 보는 사람은 거의 없습니다.

오히려 다양한 콘텐츠가 있는 블로그가 더 자연스럽고, 방문자 유입도 늘릴 수 있는 장점이 있는 거죠. 초반부터 욕심내서 여러 개의 블로그를 운영하려 하기보다는, 하나를 제대로 성장시키는 것에 집중하세요! 꾸준히 운영하다 보면 자연스럽게 원하는 방향으로 블로그를 발전시킬 수 있을 거예요.

Q. 020 해시태그를 많이 사용하면 검색 노출에 유리할까요?

A. 해시태그도 하나의 검색 루트이므로 매우 중요합니다! 많은 사람들이 해시태그가 어디에서 노출되는지 잘 모르지만, 실제로 우리는 다른 사람의 글을 통해 해시태그로 연결되는 경우가 많아요. 즉, 해시태그를 잘 활용하면 내 글이 예상치 못한 곳에서 노출될 수 있기 때문에 전략적으로 사용하는 것이 중요합니다. 하지만 해시태그를 무조건 많이 넣는다고 좋은 것은 아닙니다.

가장 중요한 것은 내 글과 연관성이 있는 키워드만 넣는 것! 일부 사업 블로그에서는 자신의 제품을 홍보하기 위해 전혀 관련 없는 글(예: 맛집 후기)에 자신의 제품을 홍보 한다고 글 내용과 관련도 없는 해시태그를 마구 넣는 경우가 있는데, 이렇게 하면 네이버에서 연관성 점수가 낮게 평가되고, 과도하게 사용하면 저품질 블로그이 될수도 있습니다. 그럼 해시태그는 어떻게 사용해야 할까요? 개인 블로그와 사업자 블로그는 해시태그를 다르게 작성해야 합니다.

[개인 블로그의 해시태그 활용법]
- 노출시키기 어려운 키워드를 해시태그로 활용!

예를 들어 "부산 맛집" 같은 키워드는 경쟁이 심해서 상위 노출이 어렵죠. 하지만 부산 맛집을 소개하는 글이라면, 해시태그에 '부산 맛집'을 넣어서 간접적인 검색 유입을 노릴 수 있어요. 즉, 평소에 상위 노출이 힘든 인기 키워드를 해시태그로 넣으면, 다양한 글에서 추천을 받을 가능성이 높아집니다.

[사업 블로그의 해시태그 활용법]
- 경쟁업체로 유입이 빠져나가지 않도록 신중하게 사용해야 합니다!

개인 블로그와 달리, 사업 블로그에서는 해시태그를 잘못 사용하면 경쟁 업체로 고객을 보내버릴 수 있습니다. 제목에 사용한 핵심 키워드는 해시태그에 넣지 않는 게 좋습니다. 예를 들어, "대연동 스팀세차"가 제목에 들어간 키워드라면 해시태그에는 대연동 스팀세차를 제외하고 "부산 스팀세차", "부산 대연동 손세차", "대연동 세차" 등 연관 키워드를 넣는 것이 좋습니다. 그럼 내 글을 검색해서 들어온 사람을 해시태그를 통해 경쟁업체 글로 보내는 일을 막을 수 있는 거죠. 반대로, 내가 해시태그에 넣은 키워드가 경쟁 업체의 글에 걸려서, 그 글을 본 사람이 다시 내 블로그로 유입될 가능성이 생깁니다. 즉 나에게 들어온 사람은 같은 키워드로 보내질 않지만 해시태그에 작성한 키워드로는 유입을 받는 겁니다.

[가장 효과적인 해시태그 전략]

글을 작성 한 뒤 노출된 키워드를 확인한 후, 해당 키워드는 제외하고 관련 해시태그를 작성하는 것! 이 방법을 사용하면 해시태그가 강력한 홍보 도구로 작용하고, 검색 유입을 극대화할 수 있습니다. 해시태그는 잘 활용하면 블로그 유입을 늘릴 수 있는 강력한 도구입니다. 하지만 무작정 많이 넣는 것이 아니라, 연관성 있는 키워드를 선별해 넣는 것이 핵심! 개인 블로그와 사업 블로그의 해시태그 전략을 다르게 가져가면서, 검색 유입을 극대화할 수 있도록 스마트하게 활용해보세요.

[본문 내 해시태그 과도한 사용 금지!]

본문에 해시태그를 지나치게 많이 넣으면, 방문자가 글을 읽다가 해시태그를 눌러 다른 곳으로 이동할 수 있습니다. 해시태그는 본문 글씨 색상과 달라 눈에 잘 들어 오기 때문에 이탈 확률이 상당히 높습니다. 이렇게 되면 체류 시간이 줄어들어 블로그 지수에 부정적인 영향을 줄 수 있어요. 따라서 해시태그는 본문 내에 무분별하게 삽입하기보다는, 네이버에서 제공하는 해시태그 입력란에만 작성하는 것이 가장 좋은 방법입니다.

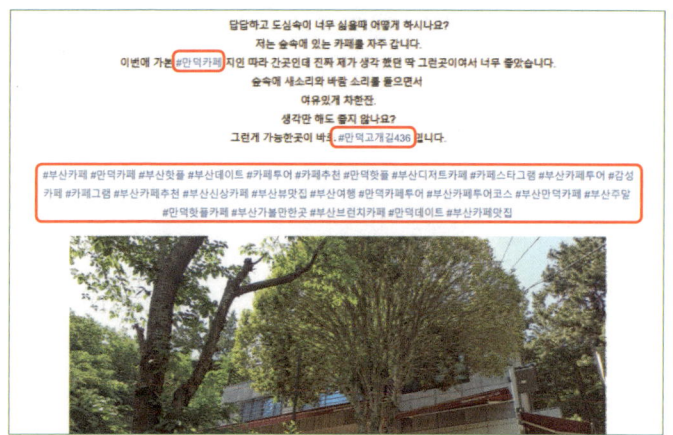

본문 내용에 해시태그를 과도하게 많은 넣은 예시 | 색상이 달라 클릭 확률이 높다

태그 편집 란에 해시태그 입력 후 발행이 베스트

Chapter 01 블로그 시작 & 기본 설정

Q. 021 오래된 블로그를 다시 운영해도 될까? 아니면 새로 만드는 게 나을까?

A. 블로그를 다시 운영하기 전에 가장 중요한 것은 현재 블로그의 상태를 점검하는 겁니다. 오래전에 운영했던 블로그라고 해서 무조건 다시 운영하는 것이 좋은 것은 아니고, 그렇다고 무조건 새로 만드는 것이 정답도 아닙니다.

1. 블로그 상태 점검이 먼저!

블로그가 정상적으로 검색 노출이 되는지 확인하려면, 최근(일주일 이내) 글을 작성한 후 3일 정도 기다려보세요. 작성한 글이 블로그 탭에 노출된다면, 계속 운영해도 되는 블로그입니다. 하지만 시간이 지나도 전혀 노출되지 않는다면, 해당 블로그는 노출이 막힌 상태일 가능성이 큽니다.

[노출 확인 방법]

제일 쉬운 방법은 작성한 글 제목 전체를 쌍따옴표("제목")로 감싸서 검색창에 직접 입력하는 거예요. 이렇게 검색했는데도 내 글이 나오지 않는다면, 더 이상 운영할 가치가 없는 블로그일 가능성이 높아요. 하지만 글 하나로만 판단하지 말고, 최소 2~3개 글을 작성한 후 확인해야 더 정확한 결과를 알 수 있습니다.

노출 확인을 할 때 글 작성 후 바로 하는 게 아니라 최소 3일 뒤 노출 확인을 하는 게 좋습니다.

제목 전체를 쌍따옴표 안에 넣고 검색하면 내 글이 나와야 한다

2. 오래된 블로그가 무조건 유리한 것은 아니다!

많이들 오해하는 부분이, 오래된 블로그가 검색 노출에 유리할 거라고 생각하는 겁니다. 하지만 몇 년 동안 방치된 블로그는 사실상 휴면 계정과 같아요. 블로그 지수가 살아 있더라도 기존 글이 검색에서 사라지면 누락으로 표기됩니다. 그렇다면, 이런 블로그가 저품질 블로그일까요? 아닙니다! 단순히 오랜 기간 글을 작성하지 않아서 누락된 것일 뿐, 무조건 저품질이라고 단정할 수는 없는 겁니다.

3. 그럼 어떻게 해야 할까?

[기존 블로그를 유지하는 게 좋을 때]

- 최근 작성한 글이 블로그 탭에서 정상적으로 노출될 때
- 방문자가 꾸준히 들어오고, 검색에서도 기존 글이 살아 있을 때

[새로운 블로그를 만드는 게 좋을 때]

- 새로 작성한 글이 검색에 전혀 노출되지 않을 때!
- 방문자가 늘지 않고, 블로그 스탠다드나 블덱스 등 지수 파악 사이트에서 블로그 등급이 일반이나 준최1 이하가 나올 때!

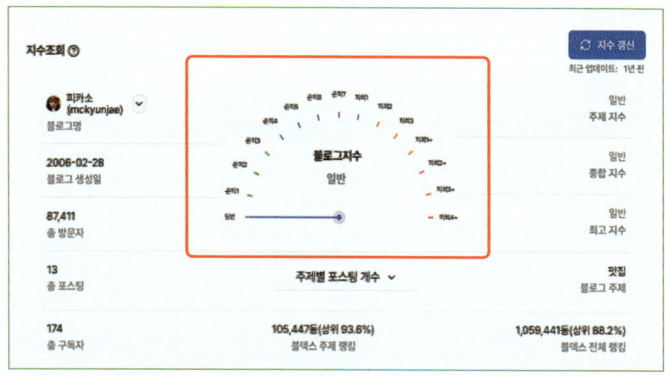

블덱스 지수 파악 후 등급이 일반[저품질]이 나온 예시

결론은 블로그가 단순히 오래되었다고 무조건 유지할 필요도 없고, 무턱대고 새로 만들 필요도 없습니다. 최근 글을 작성해보고, 검색 노출 여부를 확인한 후 판단하세요!

CHAPTER 02

글쓰기 &
콘텐츠 제작

Q. 022 네이버가 좋아하는 SEO 최적화 글쓰기 방식은 무엇인가요?

A. 블로그 글 작성 시 중요한 기본적인 요소는 무엇일까요? 블로그 글을 작성할 때 검색 최적화(SEO), 가독성, 정보 전달력을 고려해야 합니다. 아래의 핵심 요소를 신경 쓰면 방문자 유입 & 체류 시간을 늘릴 수 있습니다. 아주 자세히 설명드릴 테니 기본 구조는 익히고 글을 발행하기를 추천합니다.

1. 제목 – 키워드를 포함하고 클릭을 유도하는 문구
- 제목에 핵심 키워드를 포함해야 검색 노출이 유리함
- 너무 길거나 과도한 특수문자 사용은 피하고, 간결하면서 흥미로운 제목이 효과적
- 제목에 이모티콘 사용 절대 금지
- 방문자의 궁금증을 자극하는 형태가 유리함
- 질문형, 숫자 포함, 감성 키워드 활용하면 클릭률 증가

[안 좋은 예시]

"강남역 맛집 다녀왔어요~" → (일반적이고 클릭을 유도하지 못함)

[좋은 예시]

"강남역 현지인 찐맛집 감성 가득한 수제버거 먹어본 후기"
"강남역 3대 스테이크 맛집 미슐랭급 비주얼 & 가성비 레스토랑 추천"
"홍대 분위기 좋은 브런치 맛집 BEST 3 데이트하기 딱 좋아요!"

- 제목은 29자 이내로 작성 (길어도 괜찮지만 너무 길면 검색 결과에서 잘릴 수 있음)
- 핵심 키워드+감성 표현+방문자를 위한 정보 포함

2. 도입부 – 방문자의 관심을 끄는 핵심 포인트

- 이 글이 어떤 내용인지 명확히 전달
- 방문자가 왜 이 글을 읽어야 하는지에 대한 이유를 제시
- 흥미로운 질문 or 경험담을 포함하면 효과적

[안 좋은 예시]

"오늘은 강남역에 있는 맛집에 다녀왔어요. 위치도 좋고 분위기도 괜찮았어요."

[좋은 예시]

"강남역에서 데이트할 때, 분위기 좋고 가성비 좋은 스테이크 맛집 찾고 계신가요?
오늘 소개할 곳은 현지인들 사이에서도 찐 맛집으로 소문난 스테이크 전문점입니다!
가성비, 분위기, 맛까지 모두 만족했던 곳이라 솔직한 후기로 공유해 드릴게요."

- 방문자가 이 글을 읽어야 하는 이유를 강조 (예: 가성비, 데이트 추천, 현지인 맛집)
- 질문형 문장 활용 → "이런 고민 있으신가요?"

3. 본문 구성 – 읽기 쉽게 & 핵심 정보 전달
- 소제목 활용하여 내용 구조화
- 사진 & 간단한 설명 조합하여 가독성 높이기
- 목차 또는 리스트 활용하면 정보 전달력 UP!

[좋은 본문 글쓰기 예시]

📍 강남역 현지인 찐 맛집, '○○○ 스테이크'

- 위치: 강남역 11번 출구 도보 5분
- 영업시간: 11:00~22:00 (라스트 오더 21:30)
- 대표 메뉴: 트러플 스테이크, 파스타, 하우스 와인

🍴 감성 넘치는 인테리어 & 분위기

"강남역에서 흔히 볼 수 없는 빈티지 유럽풍 인테리어가 인상적이었어요. 테이블 간격이 넓어서 데이트하기에도 좋고, 조명도 은은해서 고급 레스토랑 느낌이 납니다."

🍽 대표 메뉴 & 솔직한 맛 평가

"제가 주문한 메뉴는 트러플 스테이크+페퍼크림 파스타입니다. 스테이크는 미디움 레어로 주문했는데, 부드럽고 육즙이 살아있어서 너무 만족스러웠어요! 페퍼크림 파스타는 고소한 크림소스

와 톡 쏘는 후추의 조화가 일품이었습니다."

[본문 글쓰기 핵심 요소]

- 핵심 정보 (위치 지도, 가격, 영업시간)를 요약하여 상단에 배치
- 소제목 활용하여 가독성 높이기
- 사진 & 설명을 함께 배치하여 직관적인 정보 제공

4. 키워드 활용 (SEO 최적화) - 검색 노출을 위한 필수 요소!

- 제목, 본문, 소제목에 키워드를 자연스럽게 포함
- 키워드는 너무 많지 않게 전체 내용속, 3~5회 정도 적당히 사용
- 연관검색어를 활용하여 키워드 최적화 가능

[키워드 활용 예시]

"강남역 맛집을 찾고 있다면, 이곳을 추천드려요!

특히 트러플 스테이크가 유명한 강남역 스테이크 맛집이라 데이트하기에도 완벽한 장소예요.
가성비 좋은 강남역 레스토랑을 찾는다면 한번 방문해 보세요!"

[연관 검색어 활용: 본문에 넣어 주면 좋은 본문 키워드]

강남역 맛집 스테이크 맛집, 강남역 맛집 내돈 내산, 강남역 맛집 점심

연관검색어는 메인 키워드 검색 시 오른쪽에 자동 생성됨

- 키워드는 과하지 않게 자연스럽게 배치해야 함 (과도한 반복 시 검색 누락 가능)
- 태그는 5~7개 정도가 적당

#강남역맛집 #강남역스테이크 #가성비레스토랑 #데이트맛집 #분위기좋은맛집

5. 마무리 (결론 & 행동 유도)

- 본문 내용을 요약하고 핵심 포인트 다시 강조
- 방문자와 소통을 위한 CTA(Call To Action) 삽입

- 질문형 마무리 → 댓글 유도 효과 있음

[좋은 예시]

"오늘 소개해드린 '○○○ 스테이크'는 강남역에서 분위기 좋은 스테이크 맛집을 찾는 분들께 강력 추천합니다!
특히 가성비 좋은 트러플 스테이크 & 크림 파스타 조합은 꼭 드셔보세요!
여러분은 강남역에서 가장 좋아하는 맛집이 어디인가요? 댓글로 공유해 주세요!"

- "도움이 되셨다면 공감 & 댓글 부탁드립니다!" → (이웃 소통 효과)
- "다음에는 홍대 브런치 맛집 BEST 3을 소개할게요!" → (다음 글 예고 효과)

[블로그 글 작성 핵심 정리]

- 제목 → 핵심 키워드 포함+방문자 궁금증 유발
- 도입부 → 방문자가 글을 읽어야 할 이유 강조
- 본문 구성 → 소제목 & 리스트 활용하여 가독성 높이기
- 이미지 & 설명 → 시각적 정보 추가하여 방문자 만족도 UP
- 키워드 활용 → 자연스럽게 제목 & 본문 & 태그에 삽입
- 마무리 → 요약+댓글 유도+다음 글 예고

블로그 글쓰기 방식 중 가장 기본적이면서도 SEO에 적합한 방법이니, 항상 위 내용과 같이 글을 작성하도록 노력하시기 바랍니다.

Q. 023 글을 비공개하거나 자주 삭제하면 블로그 지수에 어떤 영향이 있나요?

A. 블로그에서 글을 비공개하거나 삭제하는 행위는 어느 정도 영향을 미칠 수 있습니다. 이미 검색 노출이 되고 있던 글을 삭제하거나 비공개로 전환하면 블로그 조회수에도 영향을 줄 수 있기 때문에 꼭 필요한 경우가 아니라면 신중히 결정하는 것이 좋습니다.

특히 한두 개가 아니라 10개 이상 대량으로 비공개 또는 삭제할 경우, 심한 경우에는 블로그 품질 저하(저품질 블로그 판정)로 이어질 수 있어요. 그러니 불필요한 글을 정리할 때는 한번에 대량 삭제하는 것보다 점진적으로 조정하는 것을 추천합니다.

Q. 024 블로그에 사진을 첨부할 때 권장되는 이미지 크기는?

A. 블로그 글쓰기 용도로만 사용할 거라면 너무 좋은 화질로 찍을 필요가 없습니다. 너무 큰 화질은 오히려 블로그에는 좋지 않으니 화질을 적절하게 맞추는 게 중요하죠. 네이버 블로그 본문에 삽입하는 이미지 사이즈는 가로 800~1000px 정도가 가장 최적입니다.

네이버 블로그 본문 폭이 약 740px이기 때문에, 800px 이상으로 업로드하면 적절한 크기로 자동 조정이 됩니다. 하지만 너무 큰 이미지는 로딩 속도를 느리게 할 수 있기 때문에 최대 1000px 정도가 적당해요. 해상도도 중요해서 가급적 고화질(최소 72dpi 이상) 이미지를 사용하면 됩니다.

네이버 블로그 썸네일(대표 이미지) 크기는 최소 450×450px 이상을 권장합니다. 가장 최적화된 사이즈는 3:2 비율의 900×600px입니다. 네이버 검색 결과에 뜨는 썸네일은 정사각형(1:1 비율)으로 자동적으로 잘려서 노출되기 때문에, 중요한 요소가 중앙에 배치되도록 편집하는 게 중요합니다.

예를 들어, 900×600px로 업로드하더라도 썸네일로 보일 때는 600×600px로 잘릴 수 있기 때문에, 좌우 가장자리 부분에 중요한 텍스트나 요소가 있으면 잘려서 보이게 되는 겁니다.

[이상적인 썸네일]

- 썸네일(대표 이미지): 최소 450×450px 이상 권장 (네이버 검색에 적합)
- 본문 삽입 이미지: 800~1000px (가로 기준)
- 파일 형식: JPEG, PNG 권장
- 파일명에 키워드 포함하면 검색 최적화에 유리함

  (네이버에 최적화된 썸네일 사이즈 예시: 가로 1080×세로 1080px)

네이버에 최적화된 썸네일 사이즈 예시: 가로 1080×세로 1080px

Q. 025 블로그 글을 쉽고 빠르게 작성하는 방법이 있을까?

A. 블로그 글쓰기, 처음엔 막막하죠? "뭐부터 써야 하지?", "어떻게 하면 전문적으로 보일까?" 고민되실 겁니다. 하지만 네이버 블로그 '템플릿 기능' 하나만 잘 활용해도 글쓰기 속도가 훨씬 빨라지고, 보다 전문적인 글을 작성할 수 있습니다.

[블로그 템플릿 기능이 왜 좋을까?]

- 글을 보다 체계적으로 작성할 수 있음
- 매거진 스타일의 깔끔한 구조 제공
- 반복적으로 비슷한 글을 쓸 때 엄청난 시간 절약 가능

네이버에서 기본 제공하는 템플릿만 19가지로 부분 템플릿까지 합치면 총 30개의 템플릿을 활용할 수 있는 옵션이 있습니다. 이 기능을 활용하면 매번 새로운 글을 처음부터 고민하며 작성할 필요 없이, 기본 틀을 유지한 상태에서 내용과 사진만 바꿔 넣으면 글이 완성됩니다! 즉, 글쓰기 속도는 몇 배 빨라지고, 보다 전문적인 글을 쉽게 만들 수 있는 거죠.

[블로그 템플릿 기능 사용 방법]

네이버 블로그에서 템플릿 기능을 활용하는 방법(PC 기준)

1. 블로그 글쓰기 창으로 이동

2. 오른쪽 상단 '템플릿' 버튼 클릭

3. 추천 템플릿이나 부분 템플릿 중 원하는 스타일 선택

4. 적용 후, 사진과 글 내용만 수정하면 완성!

특히 리뷰, 맛집, 여행기, 제품 비교 등 일정한 형식을 유지해야 하는 글에서 더욱 유용하게 사용할 수 있습니다

글쓰기에서 템플릿 적용 화면 | 왼쪽 영화 템플릿 적용

[템플릿 기능, 이렇게 활용하세요]

- 리뷰, 맛집, 여행기, 제품 비교 같은 글은 템플릿 필수!
- 자주 쓰는 패턴이면 내 템플릿으로 저장해두고 불러오기만 하기!
- 템플릿만 잘 활용해도 블로그 퀄리티가 확 달라진다!

네이버 블로그, 템플릿 기능 하나만 잘 써도 글쓰기 속도는 몇배 더 빨라지고 퀄리티까지 상승할 수 있습니다. 사용 안 할 이유가 없겠죠. 처음부터 완벽한 글을 써야 한다는 부담은 내려놓고, 템플릿 기능을 적극 활용해 쉽고 빠르게 블로그 운영을 시작해 보세요!

Specification

크기 : 72mm x 72mm x 170.3mm (장식품) / 72mm x 72mm x 166mm (캡)
무게 : 378g
스피커 : 10W Class D Amp, 45mm Full Range, 60x45 mm Passive Radiator
정격입력전압 : 5V
정격출력전압 : 3.8V
블루투스버전 : Bluetooth 4.2
블루투스 프로파일 : AVRCP, A2DP, SPP
와이파이 지원 규격 : 802.11a/b/g/n
사용 주파수 : 2.4 GHz / 5 GHz
입력 : 2개의 내장 마이크를 통한 음성인식
배터리 : 2,850mAh 내장배터리
오디오 재생시간 : 최대 9시간
USB규격 : Type-C

한 손에 쏙 들어오는 컴팩트 사이즈.

378g 무게, 2,850mAh의 내장 배터리. 클로바 프렌즈의 큰 특징 중 하나는 휴대가능한 인공지능 스피커라는 점 입니다. 지금도 많은 인공지능 스피커들이 존재하지만, 클로바 프렌즈처럼 집 밖으로 가지고 다니기에 부담스럽지 않은 크기와 무게, 전원선을 연결하지 않은 상태에서 휴대하여 사용할 수 있는 스마트 스피커는 그리 많지 않죠.

10W Class D Amp를 탑재한 스피커. 클로바 프렌즈는 휴대라는 특성에 알맞게 풍부한 출력의 스피커가 적용되어 있습니다. 360도 어느방향에서나 퍼쿠앱이 들을 수 있다는 점은 캠핑, 피크닉 등 아웃도어 활동에서 스피커를 사용하는 많은 분들에게 도움이 될 것 입니다.

* iOS 호스팅 테더링 기능이 업데이트 되었습니다

네이버 템플릿을 활용한 글쓰기 예시 | 출처 : 네이버 템플릿

Q. 026 글 하나에 사진과 동영상은 몇 개 정도가 적당한가요?

A. 포스팅할 때 사진과 동영상의 개수는 단순한 숫자로 채우는게 아니라 글의 주제, 가독성에 맞춰 조절하는 게 핵심입니다. 너무 많으면 로딩 속도가 느려지고 집중력이 분산될 수 있고, 너무 적으면 전달력이 약해지니까 적절한 밸런스를 찾는 게 중요하죠.

[사진은 몇 개가 적당할까?]

최소 3~5장, 많으면 10장 이상

- 일반적인 정보성 글: 5~8장이 적당
- 여행/맛집/제품 리뷰: 10~20장 (경험을 생생하게 전달하기 위해)

핵심은 사진의 개수보다 '적절한 배치'입니다.

- 연속된 사진보다는 본문과 조화를 이루도록 간격을 조정하고, 비슷한 사진 나열은 이탈율을 높일 수 있습니다. 중요한 컷만 선택해서 사용하세요.

가로형(16:9) vs 세로형(4:5, 1:1)

- 가로형(16:9): 블로그에서 기본적으로 잘 보이지만, 스마트폰에서는 작게 보일 수도 있습니다. 세로형(4:5, 1:1): 모바일에 가장 안정적으로 보여집니다. (인스타

그램처럼 화면을 꽉 채워줌) 요즘은 대부분 스마트폰으로 보기 때문에 사진도 세로형 배치 비중을 높이는 걸 추천합니다.

모바일에서 본 가로 사진 예시
사진이 작아 보여 전달력이 떨어진다

모바일에서 본 세로 사진 예시
가로 배치 보다 사진이 크고 화면에 맞게 나온다

[동영상은 몇 개가 적당할까?]

1개~2개가 가장 적당, 많으면 3개까지

- 블로그 방문자는 대부분 텍스트와 이미지 중심으로 글을 읽게 됩니다. 동영상이 많으면 로딩 속도가 느려지고, 블로그 자

체가 무거워질 수 있습니다.

30초~1분 이내의 짧은 영상이 효과적
- 너무 긴 영상(3분 이상)은 대부분 끝까지 안 보고 이탈할 가능성이 높습니다. 핵심만 요약한 짧은 영상이 유리합니다.

직접 업로드 vs 유튜브 링크
- 유튜브 링크를 올려도 상관은 없지만 직접 찍은 영상을 업로드하는 게 SEO에 최적화되어 있습니다.

[사진과 동영상 배치팁]
- 텍스트 2~3문단 → 사진 1개 → 텍스트 → 사진 (가독성 UP!)
- 동영상은 본문 중간 or 마지막에 배치 (너무 초반에 넣으면 이탈율 증가)
- 가로로 길게 배열보다는 세로형으로 배치 (모바일 UX 최적화)
- 필요 없는 사진은 과감히 삭제 (중복 컷, 비슷한 앵글은 하나로 통합)

[주제와 목적에 따라 조절]
- 정보형 포스팅(강의, 지식): 사진 5~8장, 동영상 0~1개
- 리뷰형(맛집, 여행, 제품): 사진 12~15장, 동영상 1~2개

이제 사진과 동영상 개수에 대한 정답은 "적당한 밸런스"라는 걸

알겠죠? 너무 많아도 문제, 너무 없어도 문제! 중요한 건 방문자가 정보를 쉽게 이해하고 편하게 볼 수 있도록 콘텐츠를 구성하는 것입니다. "보기 좋은 블로그가 방문자도 오래 머문다!" 이 원칙만 기억하면 끝입니다!

Q. 027 가독성이 좋은 글을 쓰려면 문단 배치는 어떻게 구성해야 하나요?

A. 블로그 글을 쓸 때 문단 배치는 정말 중요합니다. 아무리 좋은 내용이라도 가독성이 떨어지면 독자가 읽다가 이탈할 가능성이 커지는 겁니다. 가독성을 높이기 위한 문단 배치의 핵심 포인트를 정리해 봤습니다.

[한 문단은 3~4줄 내로 짧게 끊어라]

요즘 사람들은 긴 글을 잘 안 읽어요. 특히 모바일에서 읽을 때는 너무 긴 문장이 나오면 스크롤을 내리다가 그냥 나가버리는 경우가 많습니다. 그러니까 한 문단을 PC 3~4줄, 모바일 8줄 내 정도로 짧게 끊어주는 게 좋아요. 그리고 중요한 문장은 한 줄 단독 문단으로 두면 더욱 눈에 잘 들어옵니다.

> 최근에 삼겹살과 소고기를 너무 자주 먹었더니
> 조금 질리기 시작하더라고요.
> 저희 부부가 워낙 고기를 좋아해서
> 집에서도 자주 구워 먹곤 하는데,
> 이번에는 쪽갈비를 먹어 보기로 했습니다.
> 기대가 많이 되었고
> 맛있었으면 좋겠다라는 생각으로 방문 했습니다.
> "주차는 주변 택지에 하면 됩니다"

모바일 버전으로 8줄 및 강조 부분 단독 문단 예시

[소제목을 적극 활용하라.]

글을 쓸 때 그냥 문단만 나열하는 것보다 소제목을 활용하면 훨씬 읽기 쉬워집니다. 예를 들어, "블로그 글쓰기 노하우"라는 글을 쓴다면, 소제목 밑에 작성될 내용을 요약하면 됩니다.
예를들면 이런 식입니다.

문단 배치는 어떻게 해야 할까?
한 문단은 몇 줄이 적당할까?
글을 쉽게 읽히게 하는 방법은?

문단 배치는 어떻게 해야 할까?

문장은 3~4줄로 끊어 가독성을 높여야 합니다.
소제목을 활용하면 글이 한눈에 들어옵니다.
중요한 내용은 볼드체로 강조하면 효과적입니다.
리스트와 공백을 적절히 활용해 정리하세요.

한 문단은 몇 줄이 적당할까?

너무 길면 가독성이 떨어지니 3~4줄이 적당합니다.
한 줄 단독 문장은 강조할 때 효과적입니다.
문단 간 여백을 주면 답답함이 사라집니다.
글이 길어도 쉽게 읽히도록 구성해야 합니다.

글을 쉽게 읽히게 하는 방법은?

소제목과 리스트를 적극 활용하세요.
중요한 내용은 강조 표시로 눈에 띄게 만드세요.
이미지를 적절히 배치해 가독성을 높이세요.
공백을 활용해 글이 답답하지 않게 만드세요.

소제목을 활용한 예시

이렇게 소제목을 중간중간 넣으면 독자가 필요한 부분만 골라서 읽을 수 있고, 전체적인 내용이 한눈에 정리됩니다.

[중요 내용은 볼드체, 색상, 리스트로 강조하라]

한 문단이 길어지면 글이 너무 평면적으로 보일 수 있습니다. 그래서 중요한 부분은 굵은 글씨로 강조하고, 리스트(번호형/점형)를 활용하면 가독성이 훨씬 좋아집니다. 예를 들면,

> ✓ **김치찌개 맛있게 끓이는 법**
>
> 1. 신김치와 돼지고기를 먼저 볶는다.
> 2. 물이나 육수를 넣고 한소끔 끓인다.
> 3. 두부와 대파를 넣고 간을 맞춘다.
> 4. 약불로 5분 더 끓여 맛을 완성한다.

> ✓ **해외여행 필수 준비물**
> - **여권 & 비자** (유효기간 확인 필수)
> - **항공권 & 숙소 예약 확인서** (이메일, 종이로도 준비)
> - **해외 결제 가능한 신용카드 & 현지 화폐** (비상금 필수)
> - **여행자 보험 가입 증서** (긴급 상황 대비)
> - **멀티 어댑터 & 보조배터리** (국가별 콘센트 확인)
> - **기본 상비약 & 개인 약** (소화제, 두통약 등)
> - **유심칩 or eSIM & 포켓 와이파이** (데이터 필수)
> - **간단한 세면도구 & 기내 용품** (치약, 안대, 목베개)

리스트 번호형/점형 예시

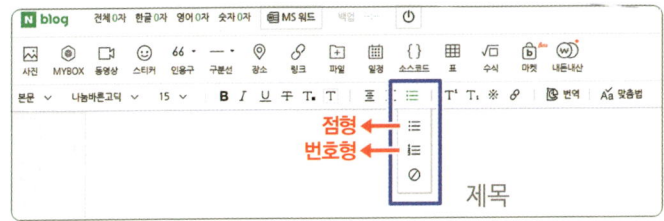

점형, 번호형 적용하는 방법 예시 | PC화면 글쓰기 기능

[공백을 활용하라]

문장을 너무 붙여 쓰면 답답해 보이는데, 적절하게 공백을 두면 글이 훨씬 시원해 보이고 읽기 쉬워집니다. 예를 들어, 한 단락이 끝나면 한 줄 정도 띄워서 여백을 주면 좋습니다.

[이미지와 캡션을 활용하라.]

사람들은 텍스트만 빼곡한 글보다는 이미지가 포함된 글을 더 선호합니다. 그러니까 내용과 관련된 이미지를 중간중간 배치하고, 이미지 아래 간단한 설명(캡션)을 추가하면 훨씬 이해하기 쉬워집니다.

이미지 배치와 이미지 캡션까지 작성된 예시

이정도만 적용해도 독자에게 가독성이 좋고 보기 좋은 블로그 글로 보일 수 있을 겁니다.

Q. 028 클릭율 높이는 블로그 글 제목 짓는 방법은?

A. 블로그 글 제목 하나 잘 짓는 것만으로도 클릭률이 확 달라지는 거 아시나요? 저는 블로그 운영하면서 제목의 중요성을 최근 들어 더 느낍니다.

같은 내용이라도 제목을 어떻게 짓느냐에 따라 조회수가 몇 배씩 차이가 납니다. 그래서 효과적인 제목 짓는 법, 제가 사용하는 팁 몇 가지 알려드릴게요.

[궁금증을 유발하는 제목을 만들어라]

예를 들어 "음식물 쓰레기 줄이는 법 이렇게 해보세요", "음식물 쓰레기 줄이는 법 이 한가지로 확 줄인다" 둘 중 어떤 제목이 더 끌리나요?

아래 제목이 더 클릭하고 싶지 않나요? 제목은 궁금증을 유발할 수 있도록 작성하는 게 좋습니다.

[구체적인 숫자를 넣어라]

숫자가 들어가면 신뢰도도 올라가고 한눈에 정보가 정리되어 보이는 효과가 있어요.

예를 들어 "블로그 글 잘 쓰는 법"보다는 "블로그 조회수 10배 올리는 글쓰기 비법 5가지" 이렇게 쓰면 클릭 확률이 높아지는 겁니다.

[감정을 건드리는 키워드를 활용하라]

"이 방법 몰라서 망했습니다" 같은 식으로 감정을 자극하는 요소가 있으면 사람들이 본능적으로 클릭하게 됩니다. 특히 "충격적인 사실", "절대 하지 마세요", "이걸 모르면 손해" 같은 표현은 호기심을 자극하기 좋을 겁니다.

[긴급성과 희소성을 강조하라]

"이 습관 안 고치면 전기세 폭탄 맞습니다 당장 바꿔야 해요" 이런 식으로, "지금 당장 해야 한다"는 느낌을 주면 훨씬 더 강력한 제목이 되겠죠. 모든 사람들이 궁금해할만 주제를 던지면 클릭을 안할 수 없는 겁니다.

[억지로 키워드를 무조건 앞에 배치하지 마라]

메인 키워드는 앞에 배치하면 분명 먼저 읽히기 때문에 좋은 건 맞습니다. 하지만 무조건 앞으로 배치하려다 보니 말이 안되는 제목이 많이 만들어지는데, 그렇게까지는 할 필요가 없습니다. 예를 들어 "블로그 글 제목 짓는 법"이 메인 키워드라면 "블로그 글 제목 짓는 법 클릭률 3배 올리는 방법"보다는 "클릭률 3배 올리는 블로그 제목 짓는 법" 이렇게 쓰는 게 더 눈에 잘 들어오고 최신 로직에 부합하는 제목 짓는 방법입니다. 이런 요소들을 조합하면 클릭하고 싶어지는 강렬한 제목을 만들 수 있어요.

한 가지 팁을 더 드리자면, 제목을 여러 개 적어보고 가장 끌리는 걸 선택하는 것도 좋은 방법입니다. 제목 하나가 조회수를 결정짓는다고 해도 과언이 아니니 신중하게 지어 보세요!

Q. 029 정보성 포스팅 시 저작권 문제 없이 사진을 사용하는 방법은?

A. 블로그에서 이미지를 사용할 때 저작권 문제는 정말 중요합니다. 저도 초반에는 구글에서 그냥 검색해서 이미지를 썼다가 저작권 문제로 곤란했던 적이 있었어요. 하지만 지금은 픽사베이(Pixabay)와 미리캔버스(Miricanvas) 이 두 곳만 활용해서 안전하게 이미지와 디자인을 사용하고 있습니다.

[픽사베이(Pixabay) 활용 방법]

픽사베이는 저작권 걱정 없이 출처 표기 없이도 무료로 사용할 수 있는 이미지, 동영상, 일러스트를 제공하는 사이트입니다. 예를 들어, "카페에서 커피 한 잔을 찍은 감성적인 사진"이 필요하다면, 픽사베이에서 "카페 커피"라고 검색하면 고화질 이미지를 바로 다운로드해서 사용할 수 있어서 비교적 원하는 이미지를 쉽게 얻을 수 있습니다.

특히 상업적 이용도 가능하기 때문에 블로그 포스팅, 유튜브 썸네일, SNS 콘텐츠 제작에 자유롭게 활용할 수 있다는 게 강력한 매력입니다. 이곳에서 사진을 가져올 때는 다운받아 가져오는 것보다는 캡처를 통해 가져오는 게 네이버 로직에 더 안전합니다.

픽사베이 사용 시 주의할 점

대부분 저작권 걱정 없이 사용 가능하지만, 사람 얼굴이 포함된 사진은 초상권 문제가 발생할 수도 있으니 조심해야 합니다. 다운로드 후 그대로 판매하거나 로고로 사용하는 것은 금지되어 있어요.

픽사베이에서 "카페 커피"로 검색한 화면 예시

픽사베이 바로가기

[미리캔버스(Miricanvas) 활용 방법]

미리캔버스는 다양한 템플릿을 제공하는 디자인 제작 툴입니다. 예를 들어, "블로그 썸네일을 감각적으로 만들고 싶다"면 미리캔버스에서 제공하는 무료 템플릿을 활용해서 디자인을 만들 수 있습니다.

블로그 제목을 넣거나, 색상을 조정해서 나만의 이미지로 만들면 훨씬 더 깔끔하고 전문적인 느낌을 줄 수 있는 곳입니다.

미리캔버스 사용 시 주의할 점

왕관 표시가 있는 유료 템플릿은 결제 없이 사용할 수 없습니다. 무료 템플릿만 활용하는 것이 중요합니다. 미리캔버스에서 만든 이미지는 블로그, 유튜브, SNS 등 자유롭게 사용 가능하지만, 그대로 재판매하거나 로고 제작 용도로 쓰면 안 됩니다.

미리캔버스 바로가기

미리캔버스에 있는 템플릿을 활용해서 만든 셈네일 예시

Q. 030 제목 키워드 띄어쓰기는 검색 노출에 영향을 주나요?

A. 최근 로직은 키워드를 나열하는 방식이 아닌 자연스러운 조합 형식이라 키워드 띄어쓰기가 큰 의미는 없는 게 추세입니다. 그러나 긴 키워드의 경우에는 중요할 수 있습니다.

긴 키워드는 최소 3개의 단어가 합쳐진 키워드를 얘기하는 겁니다. 네이버 검색에서 키워드를 입력하면 자동으로 트래픽이 많은 순으로 자동 완성 키워드를 보여줍니다.

이때 띄어쓰기가 포함되어 있다면 그대로 유지하는 것이 유리합니다. 왜냐하면 긴 키워드일수록 검색자들이 다 쓰는 게 귀찮기 때문에 자동완성 키워드를 클릭 하게 됩니다. 그럼 띄어쓰기가 적용된 키워드를 검색하게 되는 거죠.

그래서 띄어쓰기가 정확히 되어 있다면 그대로 적용하면 됩니다. 하지만 이 역시도 최근에는 점점 의미가 없어지는 추세입니다. 짧은 키워드는 띄어쓰기 영향이 적습니다.

예를 들어, "대부도여행"과 "대부도 여행"처럼 짧은 키워드는 띄어쓰기 여부가 큰 차이를 만들지 않습니다. 검색엔진이 유연하게 인식하기 때문에, 제목과 본문에서는 자연스럽게 활용하면 되는 겁니다.

| N | **무선 무소음** | ⌨ ▲ 🔍 |

- 🔍 무선 무소음 전자시계
- 🔍 무선 무소음 키보드
- 🔍 무선 무소음 마우스
- 🔍 무선 무소음 가습기
- 🔍 무선 무소음 드라이기
- 🔍 무선 무소음 마우스 추천
- 🔍 무선 무소음 청소기

관심사를 반영한 컨텍스트 자동완성 ⓘ

"무선 무소음"을 입력하면 나오는 자동완성 키워드 예시 | 띄어쓰기가 적용되어 있다

Q. 031 블로그 제목과 내용 글자 수는 어느 정도가 적당한가요?

A. 블로그 제목과 본문 길이는 사실 딱 정해진 정답이 있는 건 아니지만, 효과적인 노출과 독자의 관심을 끌기 위해 어느 정도는 가이드라인을 따르는 게 좋습니다.

제가 직접 블로그를 운영하면서 경험한 바로는 제목은 25~29자, 본문은 최소 1,000자 이상이 가장 이상적이었어요. 저는 이 부분은 반드시 지킵니다.

최소 기준으로 잡고 있는 거라 항상 이보다 더 많은 글자수를 작성하는데 보통 리뷰성 글에는 1,500자 내외, 정보성에는 1,000자 이상을 유지하고 있습니다. 너무 정해 놓고 운영할 필요는 없지만 어느 정도 기준은 만들고 운영하면 누락 없이 운영이 가능해질 겁니다.

[블로그 제목]

제목은 너무 길면 모바일에서 잘리기 때문에 29자 내외가 가장 좋고, 메인 키워드를 자연스럽게 포함해야 합니다.

예를 들어, "블로그 수익화 방법 초보도 가능한 꿀팁 공개" 이런 식으로 메인 키워드인 "블로그 수익화 방법" 키워드를 앞쪽에 배치하면 검색엔진에서 유리하죠.

제목이 짧을수록 좋긴 하지만 너무 짧으면 클릭률이 낮아지고, 너무 길면 가독성이 떨어집니다. 적당한 길이를 유지하는 게 좋습니다.

[본문 글자 수]

본문은 최소 1,000자 이상은 되어야 SEO(검색엔진최적화) 측면에서 유리하게 적용됩니다. 너무 짧은 글은 정보가 부족하다고 판단돼서 검색 노출이 안 되는 경우가 많습니다.

반면, 너무 길면 가독성이 떨어질 수도 있어서 1,500~2,500자 정도가 가장 적당한 길이입니다. 단, 중요한 건 질 좋은 내용이 바탕이 되어야 합니다. 글자 수만 채우려고 의미 없는 문장을 늘리면 오히려 독자가 이탈할 확률이 높아지고 정확도와 연관도가 떨어져 노출에 불리할 수 있습니다.

결국 중요한 건 독자가 원하는 정보를 명확하고 자연스럽게 전달하는 겁니다. 제목은 검색에 유리하면서도 흥미를 끌 수 있게, 본문은 1,000자 이상을 유지하면서도 유익한 내용을 담는 게 가장 중요합니다. 그러면 자연스럽게 방문자도 늘고, 블로그 성과도 좋아질 거예요.

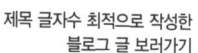
제목 글자수 최적으로 작성한
블로그 글 보러가기

Q. 032 블로그 포스팅에서 첫 문장이 중요한 이유가 있나요?

A. 블로그 포스팅에서 첫 문장이 중요한 이유는 간단합니다. 첫인상이 모든 걸 좌우하기 때문이죠.

제가 직접 블로그 운영하면서 느낀 건데, 첫 문장이 별로면 방문자가 글을 끝까지 안 읽고 바로 나가버릴 확률이 큽니다.

이게 왜 문제냐면, 방문자가 오래 머물지 않으면 검색엔진이 "이 글은 별로 가치가 없네?" 하고 판단해서 지수 상승에 영향을 줄 수 있는거죠.

또, 첫 문장은 단순히 흥미를 끌기 위한 게 아니라, 독자가 이 글을 계속 읽어야 하는 이유를 심어줘야 합니다. 그래서 첫 문장에서 지키면 좋은 몇 가지가 있습니다.

[질문형으로 시작하기]

"혹시 블로그 포스팅할 때 첫 문장이 왜 중요한지 아시나요?"

이렇게 시작하면 독자가 공감하면서 계속 읽고 싶어지겠죠.

질문형 문장은 답을 얻기 위해 독자가 계속 보게 만들어 체류시간을 늘리는 데 도움을 많이 줍니다.

[강한 메시지 던지기]

"첫 문장만 잘 써도 블로그 방문자가 2배 이상 늘어납니다."

이렇게 확신을 주면 역시 답을 얻기 위해서 계속 보게 되겠죠.

> **첫 문장만 잘 써도
> 블로그 방문자가
> 2배 이상 늘어납니다.**
>
> 첫 문장에서 독자의 호기심을 확 잡아야 합니다.
> 사람들이 블로그를 클릭하는 이유는 첫 문장이 흥
> 미롭거나 공감이 가기 때문이죠.
> 예를 들어, "이 글을 읽는 순간,
> 당신의 블로그 방문자는
> 폭발적으로 증가할 겁니다"처럼
> 강한 메시지를 던지면 독자가 계속 읽게 됩니다.

블로그 첫 문장에 강한 메시지를 넣은 예시

[공감하거나 감정을 자극하는 표현 사용]

"나도 블로그 처음 시작할 땐 첫 문장이 이렇게 중요할 줄 몰랐어요."

이런 식으로 개인적인 경험을 녹이면 독자가 더 몰입하게 됩니다. 결론적으로, 첫 문장은 단순한 도입부가 아니라 독자의 이탈을 막고, 계속 읽게 만드는 중요한 포인트입니다. 제목이 방문자를 끌어오는 역할을 한다면, 첫 문장은 방문자가 글을 끝까지 읽게 만드는 역할을 하는거죠.

첫 문장 하나 바꿨을 뿐인데 조회수와 체류 시간이 확 달라지는 걸 직접 경험해 보시길 바랍니다.

Q. 033 요즘 블로그 글은 얼마나 자주 써야 할까요?

A. 블로그 글을 얼마나 자주 써야 하는지는 '목표'에 따라 달라집니다. 만약 단순히 취미로 하는 거라면 일주일에 한두 개만 써도 충분하겠지만, 검색 상위 노출과 수익을 목표로 한다면 최소한 주 3~4회 이상은 꾸준히 써줘야 합니다.

특히 블로그 초반에는 최대한 자주, 많이 올리는 게 중요해요. 이때 중요한 건 단순히 양을 늘리는 게 아니라 퀄리티 높은 글을 지속적으로 작성해야 합니다.

예전에는 "매일 글 써야 한다!"라는 말이 많았지만, 요즘은 무작정 글만 올린다고 되는 시대가 아닙니다. 네이버 알고리즘이 바뀌면서 '양보다는 질'이 중요해졌고, 글을 자주 올리더라도 방문자가 꾸준히 찾을 만한 유용한 콘텐츠가 아니면 노출 하락을 겪을 수밖에 없습니다.

그래서 무조건 자주 쓰는 것보다는 최소 주 3회, 대신 글 하나를 쓰더라도 검색에 걸릴 만한 키워드를 잘 선정하고, 글의 길이와 정확한 정보를 충분히 작성하는 게 중요한 겁니다.

그리고 또 하나 중요한 게 '포스팅 패턴'입니다. 블로그가 검색 엔진에 신뢰를 얻으려면 일정한 패턴으로 꾸준히 글을 올리는 게 중요합니다. 한 주는 10개 올리고, 다음 주는 1개만 올리는 식이면 네이버가 불안정한 블로그라고 판단할 수 있죠. 그래서 매주 비슷한 빈도로 꾸준히 글을 올리는 습관을 들이는 게 좋습니다. 정리하자면, 처음에는 자주(주 4~5회) 쓰면서 블로그를 활성화시키고, 이후에는 주 3~4회 정도로 유지하면서 퀄리티를 높이는 방향이 가장 효과적입니다.

그리고 무엇보다 꾸준함이 중요합니다. 블로그는 장기전이라 하루이틀 열심히 한다고 성과가 나는 게 아니라, 최소 3~6개월은 꾸준히 유지해야 의미 있는 성과를 볼 수 있습니다. 그러니 한 번에 너무 많은 걸 하려 하지 말고, 내가 감당할 수 있는 페이스를 찾고 꾸준히 지속하는 게 가장 좋은 전략입니다.

Q. 034 블로그에 움짤(gif)을 넣으면 어떤 효과가 있나요?

A. 블로그에서 GIF나 움짤을 활용하면 확실히 시선을 끌고, 글의 재미와 가독성을 높이는 데 큰 도움이 됩니다. 특히 요즘은 글만 잔뜩 있는 포스팅보다 시각적인 요소가 풍부한 글이 더 잘 먹히는 시대라서 적절한 GIF 활용은 블로그 운영에 아주 유용한 전략이 될 수 있어요.

[GIF 활용의 장점]

1. 이해도를 높여준다

설명이 길어질 만한 부분에 GIF 하나 넣으면 말이 필요 없을 정도로 직관적인 전달이 가능합니다. 예를 들어, 블로그에서 제품 사용법을 설명할 때 사용법을 단계별로 캡처해서 나열 하는 것보다 움짤로 과정을 보여주면 훨씬 쉽게 이해할 수 있죠. 움짤을 블로그에 사용하는 가장 큰 이유 중 하나입니다.

2. 가독성을 높이고 지루함을 줄여준다

긴 글만 있으면 독자들이 쉽게 이탈하는데, 중간중간 GIF가 있으면 자연스럽게 집중력을 유지할 수 있습니다. 특히 재미있는 반응형 움짤을 넣으면 독자들의 감정을 자극해서 댓글이나 공유도 더 유도할 수 있는 거죠. 요즘은 영상을 많이 보는 시대라 텍스트 기반의 플랫폼도 점점 변화를 줘야 합니다. 텍스트의 본질을 훼손하지 않으면서 가장 가독성을 높이는 방법이 움짤이 될 수 있는 겁니다.

[GIF 활용 시 주의할 점]

- 너무 많이 넣지 말 것 → GIF가 많으면 페이지 로딩 속도가 느려져서 방문자가 이탈할 수 있어요.
- 적절한 크기로 최적화 → 용량이 너무 크면 로딩이 오래 걸리니, 업로드 전 크기를 줄이는 게 중요합니다.

[GIF 쉽게 만드는 방법]

제가 주로 사용하는 두곳을 알려 드릴게요.

- ScreenToGif (윈도우용 무료 프로그램) → 화면 녹화해서 바로 GIF로 변환 가능
- EZGif (온라인 사이트) → 동영상이나 이미지로 GIF 만들고 최적화 가능

이중 화질이 가장 좋은건 ScreenToGif입니다. 다른 제작 프로그램이나 사이트에 비해 압도적인 화질을 제공해 추천하는 프로그램입니다.

ScreenToGif 바로가기

ScreenToGif 홈페이지 접속 화면 | 설치를 하면 프로그램을 사용할 수 있다

[어떤 글에 GIF를 활용하면 좋을까?]

- 튜토리얼, 사용법 정리 글 → '이렇게 따라 하세요' 할 때 강력한 설명 도구
- 리뷰, 후기 글 → 제품 사용 모습이나 핵심 장면을 GIF로 강조

결론적으로 GIF는 블로그에서 독자의 집중력을 유지하고, 설명을 쉽게 하며, 감정을 극대화하는 강력한 무기입니다.
하지만 너무 남발하면 역효과가 날 수도 있으니 적재적소에 센스 있게 활용해 보세요.

Q. 035 블로그에 링크를 많이 넣으면 검색 순위에 어떤 영향을 주나요?

A. 외부 링크를 넣는다고 해서 검색 순위가 확연히 떨어지거나 오르는 것은 아닙니다. 하지만 어떻게 활용하느냐에 따라 블로그에 부정적인 영향을 미칠 수 있습니다.

[외부 링크의 긍정적인 효과]

외부 링크는 검색엔진 입장에서 자연스러운 요소입니다. 블로그는 정보를 공유하는 공간이므로 관련성이 높은 신뢰할 만한 사이트를 연결하면 오히려 "이 블로그는 유용한 정보를 제공하는구나"라고 긍정적으로 평가될 수도 있습니다. 특히 정부기관, 대학 연구소, 공신력 있는 뉴스 매체 등의 링크는 신뢰도를 높이는 요소가 될 수 있습니다.

[무분별한 외부 링크 삽입은 위험]

무작위로 너무 많은 링크를 삽입하면 검색엔진이 "이 블로그는 방문자를 외부 사이트로 유도하려는 목적이 크다"고 판단할 수 있습니다. 특히, 출처가 불분명한 사이트나 불법 광고, 스팸, 도박 관련 사이트로 연결되면 블로그가 저품질 판정을 받을 가능성이 높아집니다.

[검색엔진이 싫어하는 링크 유형]

특히 네이버는 CPA, 쿠팡 파트너스 등의 수익형 링크를 매우 싫어합니다. 그리고 네이버가 가장 싫어하는 것은 "대량 삽입"입니다. 대량은 한 게시글에 수십 개의 링크를 넣는 걸 얘기하는 겁니다. 이런 경우는 대부분 저품질로 판정될 수 있으니 절대 해서는 안 되는 행위입니다. 링크 3~4개를 넣는 건 대량이 아닙니다. 그렇다고 매번 글 작성 시마다 반복적으로 3~4개씩 링크를 넣으면 저품질 판정 위험이 있으니 주의하세요. 가장 이상적인 링크 개수는 글 하나에 1~2개입니다.

[외부 링크 vs 내부 링크]

블로그에서 사용하는 링크는 외부 링크와 내부 링크로 나눌 수 있습니다. 내부 링크(네이버 관련 링크, 스마트스토어, 네이버 블로그 글 링크 등)는 네이버에서 비교적 관대하게 봅니다. 반면 외부 링크(네이버 외부 사이트)는 검색 순위에 부정적인 영향을 줄 수 있으므로 주의가 필요합니다.

[외부 링크, 어떻게 넣어야 할까?]

네이버의 외부 링크 정책을 고려할 때, 외부 링크를 그대로 삽입하는 것보다는 "변형"해서 넣는 방법을 추천합니다. 예를 들어, vo.la 같은 URL 변환 사이트를 활용하면 보다 안전하게 링크를 삽입할 수 있습니다. 한 달 100건 무료로 단축 링크를 생성할 수 있고 사용법이 간단해서 추천하는 사이트입니다. 네이버 내부 링크(스마트스토어, 블로그 글 등)는 변형 없이 넣어도 문제되지 않습니다.

vo.la 바로가기

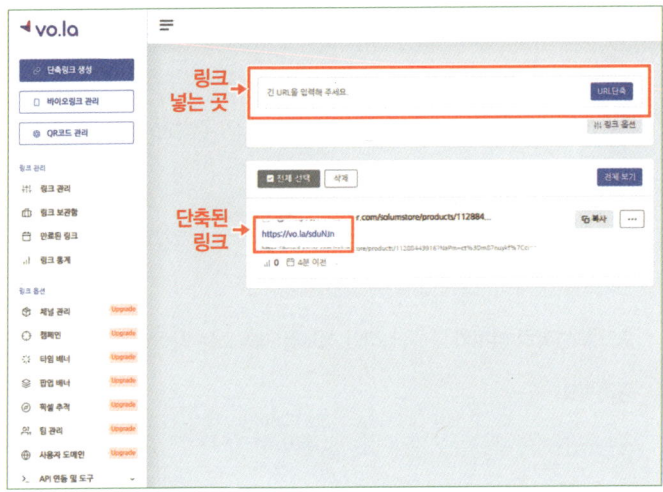

vo.la 사이트 링크 단축 화면

[단축url 예시]

단축 전 링크

https://brand.naver.com/solumstore/products/11288443916?NaPm=ct%3Dm87nuykf%7Cci%3Dcheckout%7Ctr%3Dppc%7Ctrx%3Dnull%7Chk%3D9909a

0038d539eaf807fb685a1552e88a755a518

단축 후 링크

https://vo.la/sduNJn

[안전하게 링크를 넣는 방법]

외부 링크를 넣을 때는 아래 사항을 꼭 고려하세요.

- 관련성이 높은 신뢰할 만한 사이트로 연결 – 내가 작성한 글과 직접 관련이 있는 공신력 있는 사이트를 선택하세요.
- 링크 개수를 적절히 조절 – 지나치게 많은 링크는 가독성을 해치고, 검색엔진이 스팸성 페이지로 판단할 수 있습니다.
- 출처를 명확히 밝히기 – 공식적인 정보를 제공하는 사이트를 우선으로 활용하세요.

Q. 036 블로그 글을 쓸 때 오타가 많으면 노출에 영향이 있을까요?

A. 예전에는 오타가 있어도 큰 영향이 없었지만 지금은 로직이 변경되면서 AI가 글을 읽으면서 더 정밀히 문서를 분석하고 있습니다. 그래서 블로그 글에서 오타가 너무 많으면 검색에 불리할 수 있습니다.

네이버는 AI 기반의 검색 품질 평가 시스템을 적용하고 있는데, 이 시스템이 글의 가독성과 신뢰도를 평가할 때 문장의 완성도를 중요한 요소로 본다고 알려져 있습니다. 맞춤법이 틀리거나 오타가 많으면 콘텐츠의 신뢰성이 낮다고 판단될 가능성이 높아지고, 검색 순위에도 어느 정도 영향을 줄 수 있는 겁니다.

그리고 중요한 키워드에 오타가 포함되어 있으면 해당 키워드로 검색이 안 되기 때문에, 해당 키워드로 유입 자체가 안 되겠죠. 예를 들어, '다이어트 식단'이 중요한 키워드인데 '다이이어트 식단'처럼 오타가 나 있으면 검색 노출에서 불이익을 받을 수 있는 겁니다.

이런 문제를 예방하려면 글을 발행하기 전에 반드시 맞춤법 검사기를 활용해서 수정을 하면 됩니다. 네이버 맞춤법 검사기를 활용하면 간단하게 오타를 수정할 수 있고, 이 과정만으로도 검색 최적화(SEO)에 도움이 됩니다.

그리고 블로그 글을 작성할 때 문장을 너무 빠르게 쓰기보다는 한번 더 읽어보고 다듬는 습관을 들이는 것도 좋은 방법입니다. 정신 없이 글 작성을 빨리하다 보면 나도 모르게 오타가 많이 생길 수밖에 없으니까요.

앞으로는 글 발행 전 꼭 맞춤법 검사기를 사용하고 발행하세요.

블로그 글쓰기에 있는 맞춤법 기능 버튼 | 반드시 글자에 커서를 클릭해야 버튼이 보임

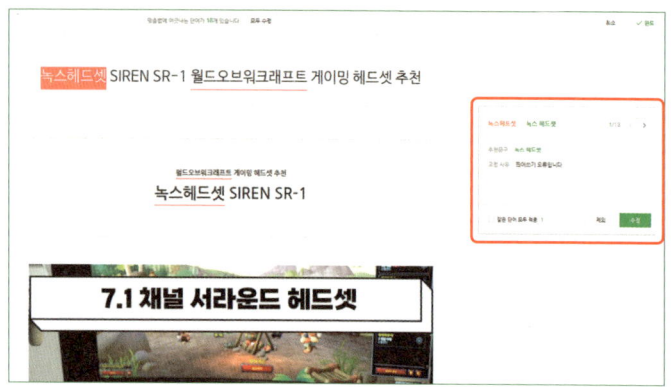

맞춤법 버튼을 누르면 자동으로 맞춤법 검사를 해주는 화면 예시

Q.037 이미지에 워터마크를 넣는 게 좋은가요?

A. 이미지에 워터마크를 넣는 것은 장단점이 있지만, 블로그 운영의 목적과 이미지 활용 방식에 따라 다르게 접근하는 것이 가장 좋습니다. 특히 블로그를 수익화하거나 브랜드를 키우고 있다면 워터마크를 넣는게 좋습니다.

[워터마크를 넣으면 좋은 이유]

1. 이미지 도용 방지

블로그를 오래 운영하다 보면 내 이미지가 무단으로 퍼지는 경우가 많습니다. 특히 네이버 블로그에서는 다른 블로거들이 내 이미지를 무단으로 복사해 사용하는 경우도 흔하죠. 워터마크를 넣어두면 최소한 출처를 알릴 수 있고, 도용을 방지하는 효과가 있습니다.

2. 브랜딩 효과

블로그가 성장하면 나만의 브랜드 이미지가 중요해집니다. 워터마크에 블로그명, SNS 계정, 로고 등을 넣어두면 자연스럽게 브랜드 홍보 효과가 생기죠.
꾸준히 워터마크를 활용하면 "내 블로그 콘텐츠'라는 인식을 심어줄 수 있습니다. 생각보다 강력한 효과를 볼 수 있어 수익화 블로그에겐 추천합니다.

[워터마크 사용이 안 좋은 경우]

1. 사용자가 불편함을 느낄 수 있음

워터마크가 너무 크거나 거슬리는 위치에 있다면, 이미지의 가독성을 해칠 수 있습니다. 특히 요리, 여행, 패션 등 비주얼이 중요한 콘텐츠에서는 워터마크가 과하면 오히려 이미지의 퀄리티를 낮출 수도 있습니다.

2. 검색 노출에 부정적인 영향 가능성

네이버 이미지 검색 알고리즘은 워터마크가 너무 크거나 많으면 '상업적인 이미지'로 판단하고 검색 결과에서 제외할 수도 있습니다. 그래서 워터마크를 넣더라도 너무 강조되지 않도록 적절한 크기로 조절하는 것이 중요합니다.

[가장 좋은 사용 방법]

- 워터마크를 넣을 거라면 투명하고 은은하게 삽입하는 것이 가장 좋습니다.
- 너무 눈에 띄는 워터마크는 오히려 독이 될 수 있으니, 이미지가 가려지지 않는 위치인 하단이나 상단 모서리 부분을 추천합니다.
- 중요한 브랜드를 홍보하는 이미지라면 블로그명이나 SNS 아이디 정도만 간

단하게 추가하는 방식이 효과적입니다.
- 고화질 원본 이미지는 따로 저장해두고, 블로그용 이미지에는 최소한의 워터마크만 삽입하는 것도 하나의 방법입니다. (추후 원본이 필요할 경우가 생길 수 있음)

이미지 도용을 방지하고 브랜드 인지도를 높이려면 워터마크가 도움이 되지만, 너무 과하면 사용자 경험과 검색 최적화에 부정적인 영향을 줄 수 있습니다. 적절한 크기와 배치를 고려해 신중하게 활용하는 것이 가장 좋은 방법입니다.

[워터마크 적용 방법]

블로그 글쓰기에 있는 기능을 사용하면 됩니다. 이미지 더블 클릭을 하면 스마트에디터 화면으로 넘어가는데, 그곳에서 C 버튼을 클릭 후 적용할 워터 마크 방식을 선택 후 적용을 하면 됩니다. 한번 등록해 두면 계속해서 사용할 수 있으니 처음에 잘 만들어 두면 좋겠죠.

이미지 더블 클릭후 스마트 에디터에
있는 C 버튼과 워터마크 종류 예시

사진에 방해가 안 되게 적용된 워터마크 예시

Q. 038 PC에서 작성한 글이 모바일에서도 잘 보이도록 하려면 어떻게 해야 하나요?

A. PC에서 작성한 블로그 글이 모바일에서 보기 불편하면 방문자 이탈률이 높아질 수 있습니다. 모바일 조회수가 PC 조회수를 압도하기 때문에 최우선은 모바일 글쓰기가 되어야 한다는 거죠. PC에서 글을 작성해도 모바일에서 가독성을 높이려면 단락을 짧게 나누고, 가독성이 좋은 글 구조를 유지하는 것이 중요합니다. 한 문단을 2~3줄로 제한, 굵은 글쓰기와 색상 활용, 글머리 기호나 목록 활용, 폰트 크기와 줄 간격 고려 등 다양한 방법이 있지만 이런 부분은 복잡할 수 있으니 설명하지 않고 가장 쉽고 편하게 PC에서도 모바일 버전으로 작성할 수 있는 방법을 설명하겠습니다.

PC 글쓰기에서 오른쪽 하단에 보면 3가지 버전으로 글 작성을 할 수 있는 버튼이 있습니다. 클릭을 할 때마다 PC 버전 → 모바일 버전 → 태블릿 버전으로 바뀝니다.

모바일 버전으로 설정하고 글 작성을 하면 스마트폰으로 보는 독자들이 가장 쾌적하게 볼 수 있는 글쓰기가 적용되는 겁니다. 앞으로 글을 작성할 때 무조건 모바일 버전으로 작성하세요. 이제는 거스를 수 없는 시대의 흐름에 맞춰서 작성하는 게 가장 좋은 방법이니까요.

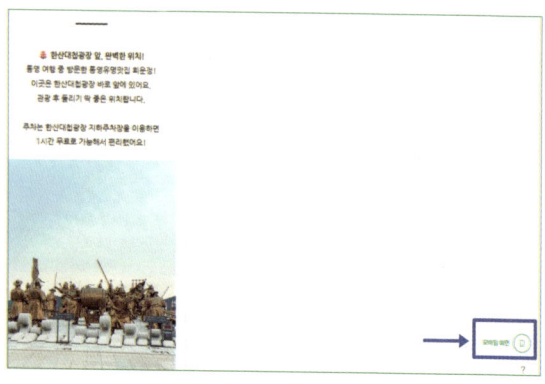

3가지 버전으로 바꿀 수 있는 버튼 예시

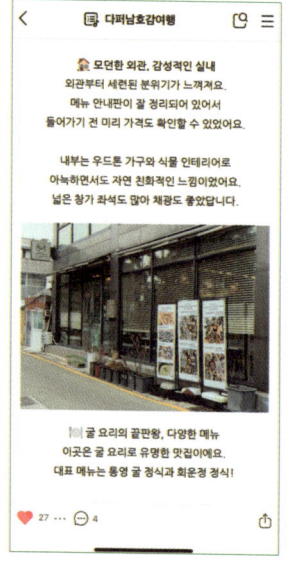

PC에서 모바일 버전으로 작성 후
실제 스마트폰으로 보이는 화면 예시

Q. 039 블로그 글을 AI로 작성해도 괜찮을까요?

A. AI로 블로그 글을 작성하는 것은 가능하지만, 절대 사용하면 안 됩니다. 이유는 간단합니다. AI 글은 검색엔진에서 감지될 가능성이 높습니다. 특히 네이버가 대대적으로 변경을 한 로직에서는 AI가 모든 글을 읽고 판단하기 때문에 더 신중해야 합니다. 네이버는 AI가 생성한 텍스트를 감지하는 기술을 계속 발전시키고 있으며, 품질이 낮거나 기계적으로 생성된 글은 검색 노출이 안 될 수가 있고 최악은 저품질 판정까지 될 수 있으니 주의가 필요하겠죠.

AI가 생성한 글은 어디선가 본 듯한 문장이 반복될 가능성이 큽니다. 블로그에서 중요한 것은 차별화된 콘텐츠와 개인적인 경험인데, AI가 이를 완벽하게 구현하기는 어렵습니다. 블로그 글은 단순한 정보 전달이 아니라, 읽는 사람과의 교감이 중요합니다. AI가 작성한 글은 감성적인 요소가 부족해 독자들의 공감을 얻기 어려워 딱딱하게 느껴지고 직접 체험단 글을 작성할 때는 이미지와 내용을 연결해서 작성하는 게 힘들어 정확도와 연관성이 굉장히 떨어지게 되는 겁니다. 그러니 AI를 디테일하게 지침을 통해 사용하기 힘들다면 되도록이면 자주 사용하는 것은 추천하지 않습니다.

AI는 글의 초안을 잡거나, 아이디어를 정리하는 용도로 활용하는 것이 가장 효과적입니다. 하지만 최종적으로는 내가 직접 경험을 녹여 수정하고 다듬는 과정이 필요합니다.

Q.040 블로그에 경쟁업체 제품 비교 글을 올리면 안 좋을까요?

A. 경쟁업체 제품을 비교하는 글은 블로그에서 작성하지 않는 것이 가장 좋습니다. 이유는 비교라는 건 결국 나의 주관적인 의견이기 때문에 한쪽으로 치우칠 수 있고 특히 체험단이나 협찬을 통해 제품을 제공받아 타 제품과 비교를 하면 완벽하게 한쪽으로 치우치게 되는 겁니다. 이러한 경우 비교 대상이 된 업체에서 법적으로 대응할 수도 있어 매우 민감한 부분입니다.

애초에 비교를 하지 않으면 아무런 일도 일어나질 않습니다. 그리고 비교를 하지 않더라도 작성할 수 있는 내용은 얼마든지 있습니다. 비교 글을 작성하는 것보다 제품의 장점과 특성을 객관적으로 소개하는 방식이 더 안전하고 효과적입니다.

그리고 업체를 비방하는 글 역시 절대 작성하지 않는 것이 좋습니다. 서비스가 엉망이거나 직원이 불친절했다고 감정적으로 글을 작성하면, 단순한 경고가 아니라 실제로 명예훼손 등의 법적 문제로 소송이 걸릴 수도 있습니다.

Q. 041 블로그에서 소설(도서)을 연재해도 되나요?

A. 블로그에서 소설을 연재하는 것은 좋은 방법이지만, 몇 가지 주의할 점이 있습니다. 두 가지 유형이 있겠죠. 내가 직접 창작한 소설을 연재하는 것과 타인의 소설을 소개하는 방식이 있습니다.

먼저 직접 창작한 소설을 블로그에서 연재하려면 독자들이 지속적으로 찾아올 수 있도록 일정한 주기로 업데이트하는 것이 중요합니다. 예를 들어, "매주 월요일, 목요일 업로드"처럼 고정된 일정이 있으면 독자들이 더 쉽게 따라올 수 있습니다. 저작권 문제가 없고 시간이 지나 출판 기회로 연결도 가능합니다. 블로그에서 연재된 소설이 인기를 끌면 전자책이나 정식 출판으로 이어질 수도 있습니다. 실제로 수강생 중 블로그에서 연재하다가 정식 출판된 사례도 많으니, 퀄리티 높은 작품이라면 충분히 가능성이 있습니다. 그리고 기존의 소설을 그대로 가져와 게시하면 저작권 문제가 발생할 수 있습니다. 대부분의 작가들은 자신의 책이 홍보되는 것이라 묵인하지만, 너무 많은 내용을 공개하면 저작권 침해로 법적 조치를 당할 수도 있습니다.

특히 연재 방식은 상세한 내용을 계속해서 업로드 하는 방식인데 그럼 독자는 책을 사서 읽을 이유가 없어지는거죠.

저 같은 경우도 《0원으로 시작해서 월 1,000만원 버는 블로그》라는 책을 출판하고 많은 사람들이 블로그에 후기를 남겨 줬는데 정도가 지나친 경우를 제외하면 아무런 액션도 취하지 않았습니다.

도서를 소개할 때는 원작자가 불편함을 느끼지 않도록 주의해야 하며, 내용 전체를 공개하는 것은 지양하는 것이 좋습니다. 어느 정도 궁금증을 유발하게 해서 그 책을 구매할 수 있도록 해주는 게 가장 좋겠죠. 항상 타인의 창작물을 내 블로그에 다룰 때는 원작자에게 허락을 받는 게 가장 좋지만 그러지 못한다면 신중히 접근하는 것이 좋습니다.

Q. 042 연예인 사진을 사용해 리뷰를 남겨도 괜찮을까요?

A. 원칙적으로 무단사용하면 안 됩니다. 유명인의 사진은 대부분 출처(사진작가, 소속사 등)가 있기 때문에 무단으로 사용하면 저작권 위반이 될 수 있습니다. 특히 언론사, SNS, 사진작가가 촬영한 사진을 허락 없이 사용하면 법적 문제가 생길 수 있습니다. 하지만 악위적인 용도로 사용하지 않는 이상 이 역시 원작자가 문제를 삼지 않을 확률이 큰거죠. 연예인이라는 직업 특성상, 공적인 이미지 사용에 대해 비교적 관대한 경우가 많습니다.

하지만 비방을 목적으로 사용하는 것은 절대 금지입니다. 좋은 글을 작성하면 유명인이 직접 댓글을 달아주는 경우도 있습니다. 저도 가수 세 분에게 직접 댓글을 받은 적이 있는데, 신기한 경험이었습니다. 이런 경험을 하려면 연예인에 대해 긍정적인 글을 작성하는 것이 가장 중요합니다. 연예인 사진을 블로그에 사용할 때는 보통 연예인 인스타그램 사진을 캡쳐해서 사용하거나 유튜브에 있는 영상을 캡쳐해서 사용을 하니 참고하세요.

Q. 043 하루에 수십 개의 글을 올려도 괜찮나요?

A. 하루에 너무 많은 글을 올리면 오히려 블로그 품질이 낮아질 위험이 큽니다. 검색엔진은 일정한 패턴 없이 너무 많은 글이 한꺼번에 올라오면 자동 생성 콘텐츠(스팸 블로그)로 의심할 수 있습니다. 하루에 20~30개씩 글을 올리면 콘텐츠의 품질을 유지하기 어렵고, 검색 노출에도 불리할 수 있습니다. 보통 사람이 직접 작성한다면 글 하나에 30분만 잡아도 쉬지 않고 15시간이 필요합니다. 현실적으로 사람이 직접 작성하기 어려운 작업이죠. 물론 예약 기능을 이용해 한꺼번에 발행하는 것은 가능하지만, 매일 같은 방식으로 수십개가 반복되면 기계적인 패턴으로 인식될 수 있습니다.

네이버는 "대량 생산"을 싫어합니다. 광고 홍보를 위해 이런 방법을 자동으로 하는 사람들이 있는데 절대 하지 마세요. 하루 1~2개의 퀄리티 높은 글을 꾸준히 올리는 것이 블로그 성장에 가장 좋은 방법입니다. 무작정 개수를 늘리기보다는, SEO 최적화와 독자에게 가치를 주는 콘텐츠를 만드는 것이 핵심입니다.

CHAPTER 03

검색 노출 최적화 (SEO)

Q. 044 SEO 최적화(상위노출) 최소 기준은 무엇인가요?

A.   SEO 최적화를 위해서는 키워드 배치, 제목 구성, 본문 구조 등을 최적화해야 합니다. 가장 기본 중의 기본이라 이 정도는 꼭 필수로 작성하는 게 좋습니다.

- 제목에 핵심 키워드 필수 포함 (가능하면 앞쪽에 배치)
- 첫 문장과 본문 1~2단락에 주요 키워드 자연스럽게 삽입
- 본문 내 키워드 밀도 유지(3~5% 내외), 1,000자 기준 3~5번 정도 반복
- 소제목, 목록, 굵은 글씨 등을 활용한 가독성 향상
- 이미지 파일명에 키워드 포함
- 연관된 기존 블로그 글 내부 링크 추가

제목 내 필수 키워드 작성 후 본문 내용 속 초반 작성 예시

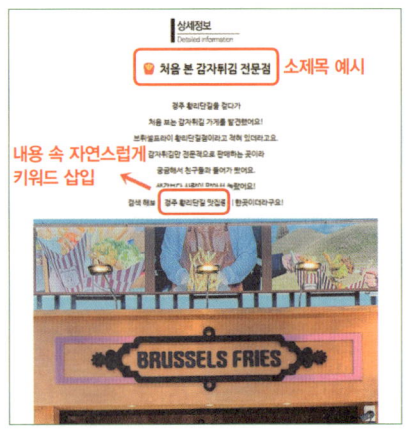

소제목, 본문 초반 내용 속 자연스럽게 키워드 삽입 예시

Q. 045 최근 로직에 맞는 제목 작성 방법은?

A. 요즘은 모바일 메인이 생겼기 때문에 제목은 검색 최적화(SEO)와 클릭 유도를 고려하여 작성해야 합니다. 검색 최적화(SEO)는 노출을 위함이고 클릭 유도는 네이버 메인에서 사람들에게 글을 어필하기 위함이라고 생각 하면 됩니다. 효과적인 제목을 설정하려면 명확성, 호기심, 감성, 키워드 활용 이 네 가지 요소를 신경써야 합니다.

먼저 명확성은 제목만 보고도 어떤 내용인지 감이 와야 합니다. 예를 들어, "다이어트 방법"보다는 "하루 10분 뱃살 태우는 초간단 홈트 3가지"처럼 구체적인 정보를 담아야 클릭을 유도할 수 있는거죠.

두 번째, 호기심을 자극하는 요소를 넣는 것도 중요해요. "알고 나면 놀라는 사실"이나 "90%가 몰랐던 꿀팁" 같은 표현이 독자의 흥미를 끌 수 있습니다.

세 번째, 사람들은 감정적인 제목에 반응을 잘합니다. "내가 직접 해본 내돈내산 ○○○"처럼 경험담을 강조하면 더 신뢰가 갈 수밖에 없는 거죠.

호기심을 유발하고 클릭을 하게 만든 썸네일 예시

마지막으로 필수 키워드를 자연스럽게 포함하는 게 중요합니다. 사람들이 검색하는 단어를 제목에 넣으면 검색 유입이 늘어나겠죠? 예를 들어, "블로그 제목 잘 짓는 법"보다는 "블로그 제목 짓는 법 클릭률 2배 올리는 초간단 공식"처럼 키워드를 포함하면서도 흥미로운 요소를 넣어야 하는 겁니다.

한 줄 요약하면, '검색어+호기심+감성+명확성', 이 네 가지를 조합하면 정말 효과적인 블로그 제목을 만들 수 있을 겁니다!

[핵심 포인트]

- 핵심 키워드를 포함하고, 가능하면 제목 앞쪽에 배치
- 궁금증을 유발하는 요소 추가 (예: "00년 최신 트렌드" / "A와 B를 비교해보니?")
- 숫자 활용 (예: "블로그 방문자 2배 늘리는 5가지 방법")
- 클릭을 할 수밖에 없는 단어 추가 (예: 이유, 총정리, 베스트3등)
- 제목의 길이는 최대 29자 내로 작성. 제목이 과도하게 길면 검색 결과에서 잘릴 수 있으므로 적정 길이를 유지하는 것이 중요합니다.

Q. 046 블로그 글에 소제목을 넣는 게 유리한가요?

A. 소제목을 넣는 게 엄청 유리합니다. 이유는 간단합니다. 가독성 향상, SEO 최적화, 독자 이탈 방지 이 세 가지 때문이죠.

첫 번째, 가독성! 긴 글을 단락 없이 쓰면 읽기가 너무 어렵죠? 소제목을 넣으면 글이 한눈에 정리되고, 독자가 원하는 정보를 빠르게 찾을 수 있게 됩니다. 예를 들어, "운동 방법"을 담은 글이라면 "1. 유산소 운동이 중요한 이유", "2. 근력 운동, 이렇게 해야 효과적" 이렇게 소제목을 정리하면 훨씬 깔끔하게 보일 수 있습니다.

두번째, SEO(검색엔진 최적화) 효과! 구글이나 네이버 같은 검색 엔진은 소제목 태그를 보고 글의 구조를 이해합니다. 특히 중요한 키워드를 소제목에 포함하면 검색 노출에 유리해질수 있는 스니펫에 적용될 확률이 높아집니다. 스니펫(Snippet)은 검색 결과에서 제목 아래에 표시되는 짧은 요약 정보입니다. 예를 들어 아래와 같이 제목과 소제목 연관성 있게 글을 쓰면 관련 검색에서 스니펫 적용으로 더 잘 노출될 가능성이 커질 수 있습니다.

제목: 하루 10분 뱃살 태우는 초간단 홈트 3가지

스니펫 적용 소제목:

1. 코어를 단단하게 만들어주는 플랭크

2. 짧은 시간에 강한 지방 연소 효과 마운틴 클라이머!

3. 전신 운동으로 다이어트 효과 UP 버피 테스트!

세번째, 독자 이탈 방지! 요즘 사람들은 긴 글을 차분히 읽기보다는 훑어보는 경우가 많습니다. 소제목이 없으면 핵심 내용을 찾지 못하고 그냥 나가버릴 수도 있지만 소제목이 있으면 "아, 이 부분이 내가 찾던 정보구나!" 하면서 글을 끝까지 읽게 되죠.

결론적으로, 소제목을 넣으면 가독성이 좋아지고, 검색에도 유리하고, 독자도 오래 머물게 할 수 있는 아주 중요한 요소입니다.

> **1. 코어를 단단하게 만들어주는 플랭크**
>
> 플랭크는 뱃살 제거뿐만 아니라 복부 근력을 강화하는 데 효과적인 운동이에요. 짧은 시간에도 코어를 단단하게 만들고, 자세를 안정적으로 유지하는 데 도움을 주죠.
>
> ✅ 운동 방법:
> 엎드린 상태에서 팔꿈치와 발끝으로 몸을 지탱합니다.
> 몸이 일직선이 되도록 유지하며 복부에 힘을 줍니다.
> 30초~1분 유지 후 3세트 반복합니다.
>
> **2. 짧은 시간에 강한 지방 연소 효과! 마운틴 클라이머**
>
> 짧은 시간 동안 강력한 칼로리 소모를 원한다면 마운틴 클라이머가 정답이에요. 유산소와 근력 운동을 동시에 할 수 있어 뱃살 제거에 효과적이죠!
>
> ✅ 운동 방법:
> 팔을 어깨너비로 벌리고 푸쉬업 자세를 취합니다.
> 무릎을 가슴 쪽으로 빠르게 번갈아 가며 당겨줍니다.
> 30초간 최대한 빠르게 반복 후 3세트 진행합니다.
>
> **3. 전신 운동으로 다이어트 효과 UP! 버피 테스트**
>
> 버피 테스트는 짧은 시간 동안 전신을 사용하는 고강도 운동이에요. 한 동작만으로도 유산소와 근력 운동 효과를 동시에 볼 수 있어 뱃살 제거와 체력 향상에 최고죠!

스니펫 노출을 위한 소제목 적용 글쓰기 예시

Q. 047 스마트블록 키워드 상위 노출 방법은 어떻게 해야 하나요?

A. 네이버 스마트블록(Smart Block)은 검색 시 최상단 또는 중간 영역에 자동으로 노출되는 섹션으로, 특정 키워드에 최적화된 블로그 글이 선정됩니다. 키워드 내에서도 최신 정보를 잘 담고, 연관성과 정확도가 명확히 들어간 글이 노출될 확률이 높습니다. 스마트블록에 노출되기 위한 중요한 순서대로 설명하겠습니다.

[네이버가 추천하는 '스마트블록 키워드' 포함하기]

스마트블록은 특정 키워드 중심으로 자동 노출됩니다. 즉, 트렌드에 맞고 최신에 작성된 글, 정보 전달이 정확한 글 위주로 노출이 되는 겁니다. 그래서 네이버가 자주 추천하는 "인기주제" 키워드를 분석하고, 제목과 본문에 자연스럽게 포함하는 것이 중요합니다.

예를 들어, "부산 가볼 만한 곳" 같은 트렌드 키워드를 작성하려고 한다면 네이버에 "부산 가볼 만한 곳"을 검색 후 나오는 "인기주제" 중 선택해서 작성을 해야 "부산 가볼 만한 곳"에서 노출될 수 있는 겁니다. 그냥 "부산 가볼 만한 곳"만 작성하면 통합 페이지에 노출될 수 없다는 거죠.

즉, "부산 가볼 만한 곳"에서 조회수를 받아보고 싶은데도 "부산 가볼 만한 곳"만 적으면 안 된다는 겁니다.

"부산 가볼 만한 곳"을 검색하면 나오는 인기 주제

제목 예시 (위 그림 인기 주제 중 '부산 혼자 가볼 만한 곳'+'부산 광안리 가볼 만한 곳' 조합)
• "부산 혼자 가볼 만한 곳 광안리 해변 거리 숨은 맛집 리스트"

반드시 "인기 주제" 중 하나 또는 두 개를 조합하여 제목을 작성해야 노출 확률이 높아집니다.

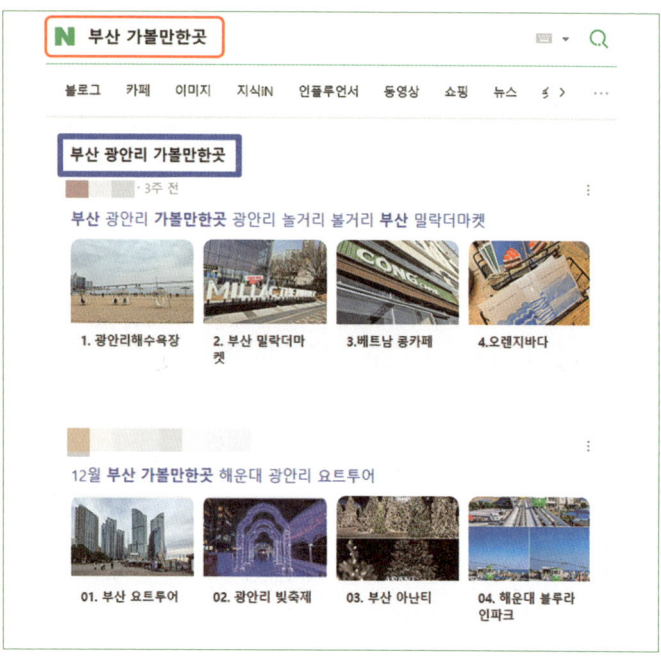

"부산 가볼 만한 곳" 검색으로 노출되는 "부산 광안리 가볼 만한 곳" 스마트 블록 인기주제 예시

[검색 의도를 만족하는 콘텐츠 작성]

단순한 키워드 나열이 아닌, 검색자가 원하는 정보를 상세하게 제공해야 합니다. 예를 들어 "부산 혼자 가볼 만한 곳 광안리 해변 거리 숨은 맛집 리스트"라는 제목으로 작성을 한다면, 부산 혼자 가볼 만한 곳 중 광안리가 왜 혼자 가볼 만한 곳인지에 대한 이유와 해변 거리 맛집을 여러 개 소개해야 한다는 거죠. 그래야만 제목과 내용의 정확도와 연관성이 생기는 겁니다.

독자는 키워드를 통해 검색해서 내 글을 보게 되는데, 제목에는 '맛집 리스트'가 있는데 내용에는 단 한 곳만 소개한다면 '리스트'라는 단어와 부합하지 않는 거죠. 그러면 독자의 검색 의도와 내용이 일치하지 않게 되어버리는 겁니다. 그래서 제목은 독자에 대한 "책임감"이라는 생각으로 짓는 것이 중요합니다.

[활발한 사용자 반응 유도]

스마트블록은 공감, 댓글, 공유가 많은 글을 우선적으로 노출하는 경향이 있습니다. 엄청나게 중요한 부분을 차지하는 건 아니지만, 분명 어느 정도 영향을 주는 것이므로 참고하는 게 좋습니다. 글이 발행된 후, SNS나 카페에 공유하여 방문자 유입을 늘리고, 독자들과 적극적으로 소통하는 것이 중요합니다. 그리고 서로 이웃이 많다면 당연히 유리할 수 있겠죠.

[네이버 내에서 많이 읽히는 블로그 만들기]

스마트블록은 네이버 내부 유입(네이버 검색, 네이버 블로그, 네이버 카페 등)이 많을수록 선정될 확률이 높습니다. 그래서 네이버 검색 최적화를 유지하면서, 네이버 내부의 다른 플랫폼에서도 유입을 늘리는 것도 괜찮은 방법 중 하나입니다.

Q. 048 스마트블록 노출과 일반 검색 상위 노출은 어떤 관련이 있나요?

A. 네이버 블로그의 검색 노출과 스마트블록은 어느 정도 관련이 있습니다. 스마트블록 노출이 많으면 검색 상위 노출도 증가할 가능성 높아지는겁니다. 스마트블록에 노출된 글은 더 많은 방문자와 조회수를 얻을 수 있고, 이는 검색 순위에도 긍정적인 영향을 줄 수 있습니다.

즉, 스마트블록에서 높은 CTR(독자들에게 내 글이 클릭을 얻는 수)과 체류 시간을 기록하면, 네이버가 해당 글을 '가치 있는 콘텐츠'로 판단하여 검색 순위를 높일 수 있습니다.

반대로, 검색에서 잘 노출되는 글이 스마트블록에 올라갈 확률이 높습니다. 그렇기 때문에 검색 순위가 높은 글이 스마트블록에도 선정될 확률이 높아질 수 있습니다. 하지만 확률적으로 높다는거지 무조건 그렇게 작동되지는 않습니다.

[스마트블록과 일반 검색의 알고리즘 차이]

스마트블록은 특정 키워드와 연관성이 높고, 검색자가 관심을 가질 만한 글을 자동으로 선정하는 구조이지만, 일반 검색은 네이버의 알고리즘에 따라 검색 순위가 결정됩니다. 네이버 검색과 스마트블록은 상관관계가 있긴 하지만, 완전히 동일한 원리로 작동하지 않는 겁니다.

즉, 스마트블록에 잘 노출된다고 해서 무조건 일반 검색에서도 상위 노출이 되는 것은 아닙니다. 스마트블록과 검색 노출을 동일하게 생각하지 않는 것이 중요합니다.

예를 들어, "통영 케이블카" 키워드를 검색했을 때 "통영 케이블카 예약" 키워드로 스마트블록에서 3위로 노출되었다고 하더라도, "통영 케이블카 예약"을 네이버에서 검색했을 때 일반 검색 결과에서도 반드시 상위 노출이 되는 것은 아니라는 겁니다.

"통영 케이블카" 키워드 스마트블록 인기 주제 "통영 케이블카 예약"에 노출된 모습

하지만 "통영 케이블카 예약"으로 검색하면 상위 노출이 안 되어 있다

그러니 왜 스마트블록에는 노출이 잘되는데 일반 검색에서는 상위 노출은 안될까라는 의문은 가질 필요가 없는 겁니다.

Q. 049 글 작성 후 검색 노출에 반영되는 시간은 얼마나 걸리나요?

A. 네이버 블로그 글이 검색에 반영되는 속도는 블로그의 신뢰도, 키워드 경쟁도, 네이버의 검색 로직 등에 따라 달라집니다. 대부분 늦어도 하루 안에 노출이 다 이루어지지만 그렇지 않을 경우도 있습니다. 그럴 경우엔 최대 72시간 정도 기다려 보고 판단을 하면 됩니다.

[빠르면 30분 안에 반영되는 경우]

신뢰도가 높은 블로그(오래된 블로그, 꾸준히 운영된 블로그)와 검색량이 적은 키워드(경쟁이 낮은 키워드)를 작성하면 빠르게 노출 반영이 이루어집니다. 최신 이슈(예: "○○년 수능 등급", "오늘 날씨")처럼 실시간 검색이 필요한 주제는 빠르게 노출이 되어야겠죠.

[보통 2~24시간 내 반영되는 경우]

일반적인 블로그 글은 평균적으로 2~24시간 이내에 검색에 반영되는 경우가 많습니다. 네이버는 주기적으로 블로그 글을 수집(크롤링)하여 검색 데이터베이스에 반영하는데, 블로그의 활동성과 신뢰도가 높을수록 반영 속도가 빨라집니다.

[48시간 이상 반영이 늦어지는 경우]

네이버의 검색 필터링에 의해 일정 시간이 지나야 검색에 반영되는 경우가 있습니다. 새롭게 개설한 블로그나 저품질 블로그로 판정될 가능성이 있는 경우, 반영 속도가 느려질 수 있습니다.

특히 새로 개설된 블로그는 누구에게나 동일하게 노출 반영 속도가 느리니 노출이 안 된다고 글을 안적으면 안됩니다. 최소 3개 이상의 글을 작성한 뒤 노출을 기다리면 됩니다.

[아예 반영되지 않는 경우]

네이버가 검색 품질을 유지하기 위해 일부 블로그 글을 필터링할 수 있습니다. 이런걸 누락이라고 하죠. 지나치게 광고성이 강하거나, 중복 콘텐츠가 포함된 경우 검색에 반영되지 않을 수도 있으니 주의해서 작성하세요.

[빠르게 노출 반영되는 방법]

- 제목과 본문에 메인 키워드를 포함하여 네이버가 쉽게 인식할 수 있도록 작성 하세요. (제목에 특수문자 금지, 과도한 키워드 사용 금지)
- 제목에 "특가", "할인", "구매", "클릭 유도 문구" 등 광고성 표현 금지, 네이버가 스팸 글로 인식할 가능성이 커집니다.

Q. 050 블로그 제목 키워드와 본문 키워드가 꼭 일치해야 하나요?

A. 요즘은 블로그 제목과 본문 키워드가 완벽하게 일치할 필요는 없지만, 연관성이 높은 키워드(연관 키워드)를 포함하는 것이 중요합니다.

[제목과 본문이 일치하면 검색 최적화에 유리]

네이버는 검색자가 입력한 키워드가 블로그 제목과 본문에 자연스럽게 포함된 글을 우선적으로 노출합니다. 예를 들어, "강남 맛집 추천"이라는 키워드로 검색하는 경우, 제목과 본문에서 해당 키워드를 포함한 글이 상위에 노출될 가능성이 큽니다.

예전에는 제목에 "강남 맛집 추천" 키워드가 들어가면 본문에도 똑같이 "강남 맛집 추천"이 필수로 포함되어야 했습니다. 그러다 보니 "강남 맛집 추천 무미가는 우동이 맛있는 곳입니다."와 같이 어색한 문장이 만들어져 가독성이 떨어지는 경우가 많았습니다. 하지만 지금은 "강남에 갔다가 들렀는데 너무 맛집이라 추천드립니다."처럼 자연스럽게 "강남, 맛집, 추천"이 조합되어도 괜찮습니다. 실제로 스마트블록과 블로그 탭에서 상위 노출되는 글 중에는 제목에 사용한 키워드가 본문에 동일하게 포함되지 않은 경우도 많아지는 추세입니다.

[동의어나 유사 키워드 활용 가능]

제목과 본문이 완전히 동일한 문구일 필요는 없지만, 검색자의 의도를 반영한 연관 키워드를 포함해야 합니다. 예를 들어, "다이어트 운동"이라는 키워드를 제목에 포함했다면 본문에서는 "살 빼는 운동", "효과적인 다이어트 운동" 같은 연관 키워드를 활용하는 것이 좋습니다.

[너무 인위적으로 맞추면 역효과 발생 가능]

키워드를 무리하게 반복하면 네이버가 이를 '키워드 스팸'으로 인식할 수 있습니다. 자연스럽게 연관 키워드를 활용하여 검색 최적화를 해야 합니다. 예전 로직과 달리, 이제는 모든 내용이 자연스러움을 추구합니다. 억지로 키워드를 끼워 맞추기보다 자연스럽게 글을 작성하는 것이 앞으로 지수 상승에 더 도움이 될 것입니다.

소제목 하나에 메인 키워드인 "아이폰 16 프로"가 5번이나 들어간 안 좋은 예시

Q. 051 네이버 블로그에서 검색 유입이 잘되는 시간대가 따로 있을까요?

A. 네이버 블로그에서 검색 유입이 잘되는 시간대는 검색자의 검색 패턴에 따라 달라집니다. 또한, 각 주제마다 조금씩 다른 시간대 분포를 보이지만, 대부분 비슷하게 적용되므로 아래 시간을 참고해 주세요.

[일반적으로 검색량이 많은 시간대]

- 평일: 오전 7~9시(출근 시간), 오후 12~2시(점심 시간), 오후 8~11시(퇴근 후)
- 주말: 오후 12~3시(여유 시간), 오후 8~10시(휴식 시간)

[주제별로 유입이 많은 시간대 차이]

- 맛집, 여행, 취미 관련 글: 주말 및 오전 11시~오후 10시 사이 검색량 많음
- 다이어트, 건강, 자기계발 관련 글: 오전 시간대 검색량 많음
- 비즈니스, 업무 관련 글: 평일 낮 시간(업무 시간) 검색량 많음
- 요리, 레시피 관련 글: 오후 5~7시 검색량 많음
- 이슈가 포함된 글: 실시간으로 빠르게 작성해야 하며, 이슈가 지속되는 한 검색량이 많음

대표적인 주제 시간대별 분포 그래프

네이버는 새로운 글을 우선적으로 노출하는 경향이 있으므로, 검색량이 많은 시간대 이전에 글을 발행하는 것이 효과적입니다. 예를 들어, 저녁 8시에 검색량이 많다면 오후 6~7시 사이에 글을 발행하는 것이 가장 이상적인 전략이 될 수 있습니다.

[검색 유입 시간대 발행 전략]
- 검색량이 많은 시간대 2시간 전에 글을 발행하세요.
- 주제별로 검색이 활발한 시간대를 분석하여 최적의 발행 시간을 설정하세요.
- 이슈 키워드가 포함된 글이라면 최대한 빠르게 작성 및 발행하는 것이 중요합니다.

Q. 052 글이 오래될수록 검색 순위가 떨어지는 이유는 무엇인가요?

A. 네이버는 최신 정보를 중요하게 평가하는 경향이 있기 때문에 블로그 글이 오래될수록 검색 순위가 떨어지는 건 자연스러운 현상입니다. 노출이 되었다 하더라도 영원히 노출이 되는 게 아니라는 거죠. 특히 몇 년이 지난 글은 네이버에서 검색이 안 될 확률이 상당히 높으니 저품질이 아닌가라는 생각을 할 필요가 없습니다. 이런 경우 단순히 글이 오래되어 순위가 밀린 것일 수 있습니다.

[네이버의 "최신 트렌드" 우선 로직]

네이버는 사용자에게 가장 최신 정보를 제공하려는 알고리즘을 가지고 있습니다. 특히 IT, 여행, 건강, 패션 등 트렌드 변화가 빠른 주제는 최신 글이 우선적으로 노출됩니다.

[새로운 경쟁 글 증가]

블로그 글이 오래될수록, 동일한 주제를 다룬 새로운 글이 많아지면서 검색 순위는 자연스럽게 밀리게 됩니다. 특히 경쟁이 치열한 키워드(맛집 추천, 제품 리뷰, 여행 정보 등)는 꾸준히 새로운 글이 나오기 때문에, 빠르게 노출에서 밀려날 수 있습니다.

그럼 이런 주제는 안 좋은 게 아니냐고 할 수 있는데 어떤 주제라도 지금은 키워드가 대부분 포화 상태라고 보면 됩니다. 그래서 나온게 네이버 인플루언서와 스마트블록이니 이곳에서 노출의 기회를 얻으면 됩니다.

[사용자 관심도 감소]
검색자들은 오래된 정보보다 최신 정보를 선호합니다. 예를 들어, "아이폰 추천"이라는 키워드로 검색했을 때, 2023년 글보다 2025년 최신 모델 비교 글을 더 찾게 되겠죠.

[방문자 유입 감소]
시간이 지나면 해당 글로 유입되는 방문자 수가 줄어들면서 검색 노출 순위에도 함께 밀려납니다. 검색 유입이 지속적으로 유지되지 않으면 네이버는 해당 글의 중요도가 떨어진다고 판단할 수 있는 거죠.

[검색 순위 하락 방지 방법 (트렌드 반영 글의 경우)]
- 기존 글을 정기적으로 업데이트하여 최신 정보 반영
- 새로운 키워드와 트렌드 정보 추가 (예: "2025년 기준 ○○ 추천")
- SNS, 카페 등으로 글을 홍보하여 방문자 유입 유지
- 최신 글을 작성한 후 기존 글과 내부 링크로 연결 (단, 동일한 주제의 글이어야 함)

Q. 053 글 검색 순위가 급격히 떨어지는 이유는?

A. 블로그 검색 순위가 갑자기 떨어지는 이유는 여러 가지가 있습니다.

[네이버 검색 알고리즘 업데이트 영향]

네이버는 주기적으로 검색 알고리즘을 업데이트하면서 검색 노출 방식을 변경합니다. 이 시기에는 많은 블로거들이 검색 순위 변동을 경험하는데, 예전에는 이를 "롤백 현상"이라고 불렀습니다. 상위에 노출되었던 글이 내려가고, 오랫동안 묻혀 있던 글이 다시 상위로 올라오는 등 혼란스러운 변화가 발생합니다.

이 시기에는 글을 작성해도 노출이 잘 되지 않아 저품질 블로그로 판정되었다고 오해하는 경우가 많지만, 대부분 일정 시간이 지나면 다시 정상화되는 경우가 많습니다. 최근 알고리즘은 단순한 키워드 나열보다는 '사용자 경험(체류 시간, 클릭률 등)'을 중시하는 방향으로 변화하고 있습니다. 따라서 이런 변동을 최소화하려면 경험 중심적인 글 작성을 하는 것이 중요합니다.

[블로그가 저품질로 판정된 경우]

만약 방문자 유입이 갑자기 급감하거나 특정 키워드에서 검색이 되지 않는다면, 블로그가 저품질 판정을 받았을 가능성을 의심해 볼 수 있습니다.

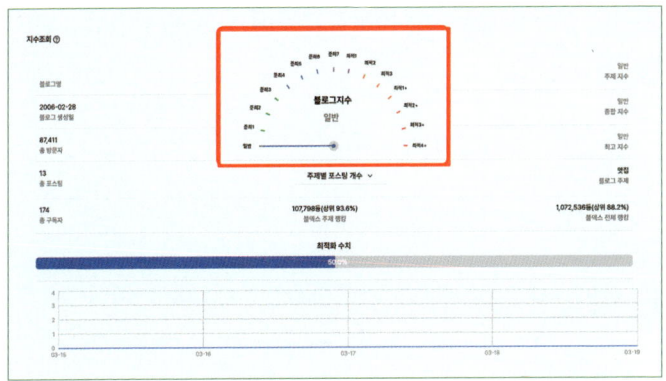

블덱스에서 블로그 지수 검사 후 저품질 판정 받은 예시 | 등급이 일반이면 저품질 확률이 높음

[키워드 적합성에서 필터링 될 경우]

글을 작성하고 노출이 몇일간 잘되다가 갑자기 사라지는 경우도 많이 일어나는 현상입니다. 이런 경우 대부분 원인이 키워드 적합성에서 필터링이 되었을 확률이 높습니다. 보통 글이 노출이 되면 어느 정도의 인기글이 될 수 있는 시간을 부여받습니다. 이 시점에 노출 반영이 몇 번 이루어지는데 1차에서 노출이 잘 되어 있다가도 2차, 3차 반영에서 필터링이 될 수 있는 거죠. 글 하나가 이런 현상을 겪는다면 심각한게 아니니 걱정할 필요 없고 글은 계속해서 미노출이라면 비공개로 돌리는 게 좋습니다.

만약 이런 현상이 지속적으로 생긴다면 저품질도 의심해 봐야 합니다.

위 세 가지 이유가 블로그 검색 순위가 급격히 떨어지는 주요 원인이니 꾸준히 블로그를 점검하고 변화에 맞춰 대응하는 것이 중요합니다.

Q. 054 글을 삭제하면 블로그 전체 검색 순위에 영향을 줄 수 있나요?

A. 블로그에서 글을 삭제하면 검색 순위에 영향을 줄 수 있습니다. 특히 대량으로 삭제할 경우 저품질 블로그 판정을 받을 위험도 있습니다. 한 번 노출되었던 글이 삭제되면, 네이버 검색 데이터베이스에서도 해당 글이 사라지면서 검색 순위 조정이 이루어지고 블로그 지수에도 영향을 줄 수 있습니다. 그래서 글을 삭제하기보다는 비공개 처리를 추천합니다. 비공개로 설정하면 기존 글의 데이터를 보존하면서 검색에는 노출되지 않기 때문에 블로그 지수를 유지하는 데 유리합니다.

다만, 검색 노출이 잘 되고 있는 글을 대량으로 비공개 처리할 경우 방문자 수 감소와 노출수 급감으로 인해 저품질 블로그가 될 수도 있으니 신중하게 관리해야 합니다. 비공개 처리시 글마다 따로 비공개로 설정하지 말고 설정창을 이용해 한번에 수정 없이 비공개를 진행하면 됩니다. 사용 방법은 다음 이미지를 참고하세요.

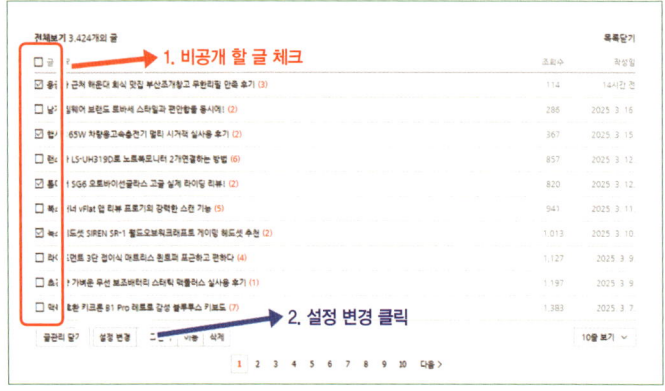

글 목록에서 "글관리 열기" 클릭

비공개를 진행할 글 체크 박스에 체크 후 "설정 변경" 클릭

이 방법은 다양하게 활용할 수 있습니다. 수정을 해야 할 경우에도 수정 버튼을 누르지 않고 처리할 수 있으며, 작업을 한번에 처

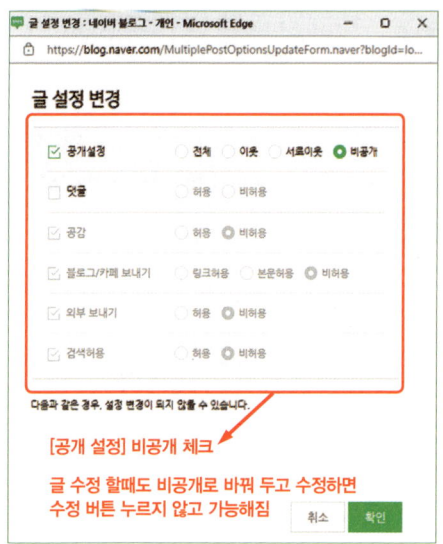

글 설정 변경 팝업이 뜨면 비공개로 바꾼 후 확인

리할 수 있어 글 삭제를 하거나 댓글, 공감 공개 여부 등을 힘들이지 않고 처리가 가능하고 편리한 기능이니 자주 사용하세요.

Q. 055 오래된 글을 업데이트하면 다시 상위노출될 가능성이 있나요?

A. 블로그 글을 업데이트하면 다시 상위 노출될 가능성이 있습니다.

[네이버는 최신 정보를 선호함]

네이버는 최신 정보를 제공하는 글을 우선적으로 노출하는 로직을 운영하고 있습니다. 그래서 기존 글을 수정하고 최신 내용을 추가하면 검색 알고리즘에서 정확도가 높은 블로그로 판정될 수 있는 겁니다. 단순히 몇 개의 단어만 바꾸는 것이 아니라, 새로운 정보 추가, 이미지 업데이트, 관련 데이터 보강 등을 하는 것이 더 효과적입니다.

다만, 글을 수정했다고 해서 바로 검색 순위가 상승하는 것은 아닙니다. 네이버 봇이 해당 글을 다시 평가하는 데 시간이 걸릴 수 있으며, 경우에 따라서는 별다른 변화가 없을 수도 있습니다.

그렇다고 해서 너무 자주 글을 수정하거나 모든 글을 무작정 업데이트하는 것은 바람직하지 않습니다. 여기서 말하는 업데이트는 정보가 중요한 글을 대상으로 하는 것입니다.

예를 들어, 맛집을 소개한 글에서 해당 장소의 위치나 메뉴가 변경된 경우 새로운 정보를 추가하는 것이 좋습니다.

관광지 정보 역시 변동 사항이 있다면 신속하게 수정하는 것이 필요합니다. 수정할 때는 제목이나 키워드를 변경하는 것이 아니라, 본문 내용을 업데이트하는 것이 중요하니 유의하세요.

[재발행하면 새로운 글로 인식됨]

네이버는 블로그 글의 게시 날짜를 중요한 요소로 평가하기 때문에, 기존 글을 삭제하고 재발행된 글은 새로운 글로 인식됩니다. 그래서 최신성이 중요한 키워드에서는 순위가 올라갈 가능성이 있습니다.

단 재발행시 반드시 기존 글이 완전히 노출에서 사라진 걸 확인 후 다시 발행을 해야 합니다. 완전히 노출에서 사라진 걸 확인하는 방법은 기존글 제목 전체를 복사하고 네이버 검색창에 "제목전체"를 입력 후 통합페이지와 이미지에 기존 글에 대한 정보가 단 한 건도 안 나와야 완전히 사라진 겁니다. 기존에 상위 노출되었던 글을 삭제하고 재발행하면 기존에 쌓인 검색 노출 데이터가 사라지면서 오히려 순위가 떨어질 수도 있습니다. 그러니 정말 특별한 경우가 아니라면 노출이 되고 있는 글은 재발행을 권하지 않습니다. 동일한 내용의 글을 여러 번 재발행하면 네이버가 이를 중복 콘텐츠로 인식할 가능성이 있고 네이버는 중복 콘텐츠를 검색 결과에서 제외하거나, 검색 순위를 낮추는 정책을 적용하고 있으니 자주 하는 방법이 아니라는 점 기억해 두세요.

Q. 056 요즘 인기 있는 블로그 트렌드는 어떻게 확인하고 활용해야 할까요?

A. 블로그를 '감'이 아닌 '데이터'로 운영하려면 요즘 트렌드를 정확히 파악할 수 있는 도구를 활용하는 게 필수입니다. 그중에서도 크리에이터 어드바이저는 네이버에서 제공하는 데이터 기반 시스템이라 신뢰도가 높습니다. 이건 단순한 통계가 아니라 글 방향을 바로잡아주는 실전형 나침반이 될 수 있으니 꼭 사용해 보세요.

[검색 유입 트렌드 - 사람들이 지금 '실제로' 검색 중인 주제별 유입 키워드]
실시간 인기 키워드를 바로 확인할 수 있습니다.

주제별로 모두 볼 수 있어서 내 주제뿐만 아니라 다른 트렌드도 파악할 수 있는 점이 아주 편리하고 관련 유입 키워드를 활용해 블로그 글로 바로 이어질 수 있어서 자주 활용하면 좋습니다. 특히 지역 기반 트렌드도 파악할 수 있어서 특정 지역 키워드가 급상승 중일 땐 지역 키워드를 활용한 로컬 리뷰 콘텐츠도 작성할 수 있어 블로그 유입에 많은 도움을 받을 수 있습니다.
예를 들어 '성심당 빵 추천 5가지'나 '전남친순대 위치 + 맛 후기' 같은 글은 실제로 많은 유입을 받아볼 수 있겠죠.

다양한 주제 중 "맛집" 검색유입 트렌드 화면 예시 | 출처 : 네이버 크리에이터 어드바이저

[메인 유입 트렌드 - 네이버 메인에서 주목받는 글 유형]

네이버 메인에서 많이 유입되는 콘텐츠를 확인할 수 있습니다.

다른 사람이 작성한 글 중에 현재 가장 많이 보고 있는 글은 어떤 식으로 작성되고 있는지 클릭하면 바로 확인할 수 있습니다. 다른 사람의 글을 통해 현재 트렌드를 확인하고 작성해보는 연

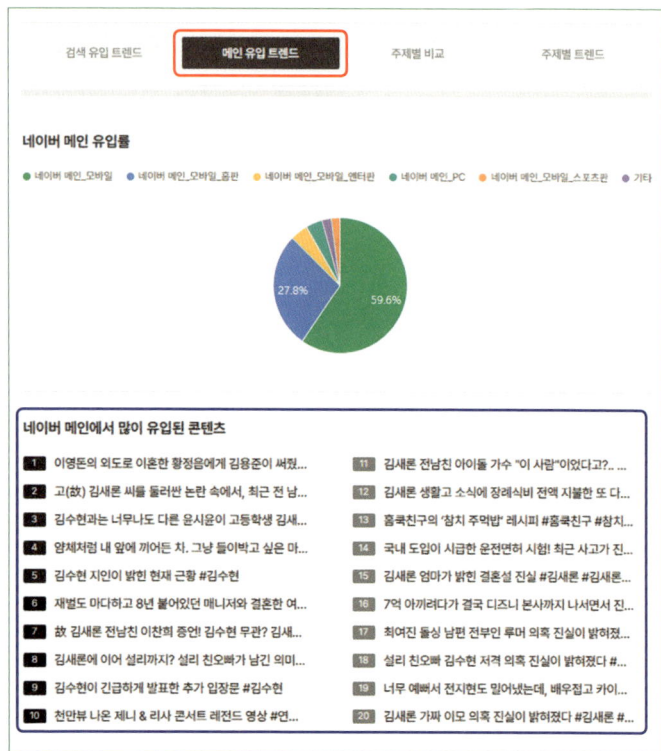

네이버 메인 유입 트렌드 확인 화면 예시 | 출처 : 네이버 크리에이터 어드바이저

습을 하면 유입을 더 많이 받아볼 수 있는 기회가 생기게 됩니다. 그중에서 트렌디하지만 따라 쓰기 쉬운 주제를 잘 찾아내는 것도 중요한 포인트입니다.

크리에이터 어드바이저는 매일 열어보는 것이 좋습니다. 새로운 키워드와 메인 유입 콘텐츠를 실시간으로 확인하면서 글 방향,

제목 구성, 썸네일 선택까지 전략을 세우면 체계적인 성장이 가능하겠죠.

트렌드는 감으로 찍는 게 아닙니다. '지금' 사람들이 궁금해하는 키워드를 매일 5분 트렌드 탭만 확인해도 블로그의 방향이 달라질 겁니다.

CHAPTER 04

전략적 이웃 관리

Q. 057 블로그 운영에서 '이웃'이 얼마나 중요한가요?

A. 블로그를 운영하면서 '이웃'이 얼마나 중요한지 고민해 본 적 있나요? 단순히 좋은 글을 쓰면 사람들이 알아서 찾아올 것 같지만, 현실은 다릅니다. 이웃은 블로그의 신뢰도와 영향력을 높이는 중요한 요소입니다. 특히, 수익화나 인플루언서 블로그를 목표로 한다면 더욱 필수적인 요소가 될 수 있습니다.

[이웃이 중요한 이유]

1. 협찬 & 수익화 블로그

단순한 검색 상위 노출만으로 협찬을 받을 수 있는 게 아닙니다. 블로그 글 퀄리티뿐만 아니라 블로그의 활동성도 주요 지표 중 하나입니다. 특히 광고주 입장에서는 이웃이 많고 활발한 블로그를 선호하고 서로 이웃은 댓글을 주고받으며 소통하기 때문에 더욱 활발하게 운영되는 블로그로 판단될 수 있어, 수익화를 생각한다면 이웃 관리를 잘하는 것이 좋습니다.

2. 인플루언서 블로그

네이버 인플루언서 선정 기준 중 '이웃 수'와 '블로그 영향력'도 포함됩니다. 이웃이 많을수록 신뢰도가 상승하고 브랜드 협업 기회도 증가하는 거죠. 인플루언서 선정 시 주요한 지표로 작용하기 때문에 선정 확률이 높아질 수 있습니다. 즉, 이웃은 단순한 숫자가 아니라 블로그의 신뢰도와 영향력을 높이는 중요한 요소입니다.

[이웃이 많으면 좋은 점]

1. 초기 조회수 증가

글을 발행하면 이웃들에게 자동으로 노출되므로 초기 조회수 확보가 쉬워집니다. 빠른 조회수 증가는 네이버 검색 알고리즘에서 '인기글'로 인식될 확률이 높아지고 결과적으로 노출에도 긍정적인 영향을 줄 수 있습니다.

2. 자연스러운 트래픽 유입

검색 유입뿐만 아니라 이웃 방문을 통한 유기적인 조회수 확보가 가능합니다. 초기 블로그 운영 시 조회수가 부족해 체험단 선정이 어려운 경우가 많은데, 이웃을 통해 어느 정도 방문자가 확보

되면 선정 확률을 높일 수 있습니다.

[실제 사례]

수강생 중 한 명이 체험단에 참여하고 싶었지만 방문자가 늘지 않아 고민이 많았습니다. 서로이웃을 늘리고 소통하도록 권유했는데 꾸준히 노력한 결과 하루 방문자가 평균 400명 증가했습니다. 그 덕분에 한 달 동안 맛집과 카페 체험단에 20곳이나 선정될 수 있었습니다. 이처럼 이웃은 초기 블로그 운영에 상당한 도움을 줄 수 있으므로, 처음부터 신경 쓰는 것이 좋습니다.

[무조건 이웃이 많아야 할까?]

- 이웃이 블로그 운영의 절대적인 요소는 아닙니다.
- 하지만, 기본적으로 갖추면 좋은 요소임은 분명합니다.
- 무리하게 몇백 명의 이웃과 소통하려 하기보다는, 10명 내외의 진성성 있는 이웃과 꾸준히 소통해야 장기간 관리할 수 있을 것입니다.

activity

블로그 이웃 **16,402** 명
글 보내기 **24** 회
글 스크랩 **6,253** 회

인스타그램 팔로워처럼 블로그도
이웃 수가 영향력 지표 중 하나입니다

Q. 058 이웃 신청은 내가 먼저 해야 하나요? 상대방이 해주길 기다려야 하나요?

A. 기다리기만 하면 이웃 수가 늘어나는 속도가 너무 답답할 겁니다. 블로그를 적극적으로 운영하려면 내가 먼저 다가가는 게 좋아요. 관심 있는 블로그에 먼저 이웃 신청을 하고 소통을 시작하는 게 더 빠릅니다. 특히 초반에는 내 블로그가 잘 알려지지 않았기 때문에 내가 먼저 움직이지 않으면 거의 신청자가 없을 겁니다. 신청이 들어와도 대부분 광고성 이웃 신청이 대부분이죠. 이웃 추가는 결국 관계 형성의 첫걸음인데, 내가 먼저 적극적으로 다가가면 상대방도 관심을 가질 확률이 높아집니다.

물론 무작정 아무 블로그나 추가하는 게 아니라, 내 블로그 주제와 연관되거나 관심 있는 분야의 블로그를 찾아 추가하는 게 장기적으로는 좋은 방향이겠죠. 하지만 관련 없는 주제라도 초반에는 많이 늘리는 것도 전략이므로 다양한 주제를 받으면서 내 주제와 같은 이웃은 이웃 폴더를 따로 만들어서 관리를 하면 됩니다.

이웃을 맺었다면 그냥 내버려 두는 게 아니라, 가끔이라도 방문해서 댓글이나 공감을 남기면서 존재감을 보여주는 게 중요합니다. 특히 블로그가 처음이라면 "내 블로그를 찾아와 주는 사람이 많지 않다"는 걸 꼭 기억하세요. 내가 먼저 간다고 해서 억울해 할 필요도 없습니다. 누구나 초반에는 다 똑같이 시작하는 거니까요.

Q. 059 블로그 이웃을 늘리는 가장 좋은 방법은 어떤 건가요?

A. 블로그 이웃을 늘리는 방법은 여러 가지가 있지만, 가장 효과적인 방법은 "진짜 소통"입니다. 이웃을 늘리는 데 있어서 가장 중요한 건 단순히 숫자를 채우는 게 아니라, 나와 관심사가 맞고 서로 도움이 되는 이웃을 늘리는 거예요.

[서로이웃 늘리는 방법]

블로그는 철저히 품앗이 형태로 이루어지는 공간이기 때문에 내가 먼저 이웃 신청을 하는 것이 가장 좋은 방법입니다.

- 다른 사람의 블로그 글에 정성스럽게 댓글을 달며 소통하고 있는 사람 위주로 이웃 신청을 해보세요.

예를 들어,

- "○○님 블로그에서 소통하는 모습을 보고 서로 이웃 신청드립니다! 앞으로 친하게 지내고 싶어요. 소통 열심히 할게요~!"

이런 식으로 신청을 하면 대부분 받아줄 겁니다.

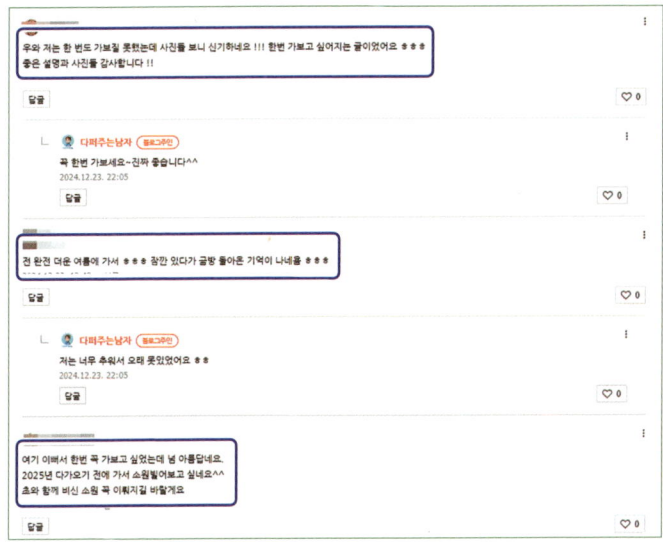

다른 블로거 댓글 중 복사 넣기가 아닌 진짜 소통 중인 사람에게 서로이웃 신청

이웃 커넥트를 활용하면 됩니다.

이웃 커넥트는 다른 사람의 블로그에 들어가면 이미 이웃을 맺고 있는 사람들을 보여주는 기능입니다. 최근 글 발행 순으로 보여지기 때문에 앞에서부터 차근차근 신청을 하면 됩니다. 글을 최근에 발행을 하고 있다는 건 활동을 하고 있다는 의미이니 받아줄 확률이 높아지겠죠.

여기도 마찬가지로 누구 님 블로그를 통해서 신청했다 라고 하면 됩니다. 서로 이웃을 늘릴 때 가장 중요한 것은 성의 있는 메시지를 첨부하는 것입니다.

이웃을 늘리는 것은 단순한 숫자 놀이가 아니라, 소통을 통해 관계를 만드는 과정이라는 점을 꼭 기억하세요.

Q. 060 이웃을 맺은 후, 댓글이나 공감을 자주 달아야 하나요?

A. "자주"라는 기준이 애매할 수 있지만, 중요한 것은 꾸준함입니다. 매일매일 소통하면 가장 좋지만 자신의 스케줄에 맞춰 컨트롤하면 됩니다. 소통은 하루 중 한 번 하는 경우가 많은데, 보통 내가 새로운 글을 작성하면 그 전 글에 댓글을 남겨준 이웃에게 댓글을 남겨 주는 방식으로 운영합니다. 그렇기 때문에 도중에 흐름이 끊기게 되면 소통이 끊어질 수 있는 거죠. 댓글이나 공감은 블로그 관계에서 가장 기본적인 소통 방식입니다. 하지만 단순히 "잘 보고 갑니다~"같은 형식적인 댓글만 남기면 상대방도 큰 감흥을 받지 못할 것입니다. 진짜 관심을 가지고 글을 읽고, 자신의 의견을 적거나 질문을 남기는 방식이 더 효과적입니다.

예를 들어, 여행 블로그를 운영하는 이웃의 글을 읽었다면 "여기 가보고 싶었는데, 실제 경험담을 들으니 더 가보고 싶어지네요! 혹시 방문할 때 주차는 편했나요?" 이처럼 질문을 곁들이면 대화가 자연스럽게 이어질 수 있습니다.

그리고 댓글 소통이 너무 부담스럽다면, 공감만이라도 꼭 남겨 주는 것이 좋습니다. 그러면 상대방도 나에게 공감을 눌러줄 가능성이 높아집니다.

보통 상대방이 내 글에 댓글을 남기면 답방을 가서 댓글을 남기는데, 반드시 가장 최신 글에 남기는 것이 좋습니다. 그래야 상대방도 다시 나에게 방문할 확률이 높아집니다. 만약 내 글 작성 패턴이 3일에 한 번인데, 상대방은 매일 글을 작성한다면, 내가 답방을 가서 최신 글에 댓글을 남겼더라도 상대방이 나에게 다시 방문했을 때 새 글이 없다면 그냥 나가버릴 수 있습니다. 그렇게 되면 내가 다시 방문하지 않으면 소통이 끊길 가능성이 커집니다. 서로 이웃이라도 내가 방문하지 않으면 상대방도 나를 찾

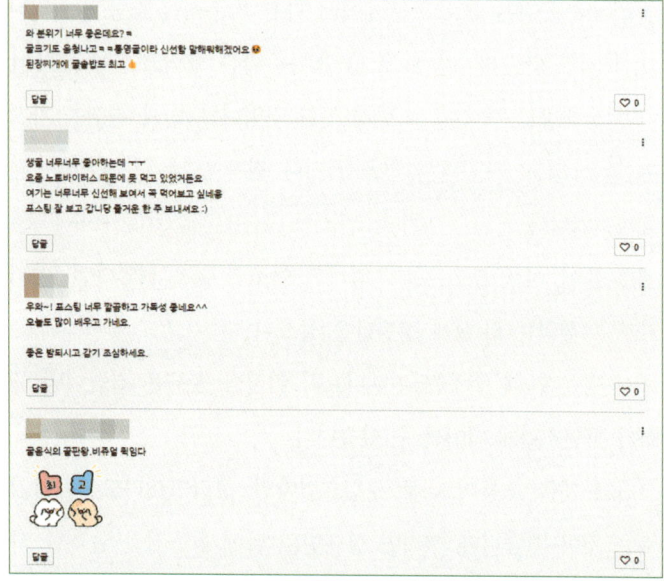

새 글 발행 후 이전 글에 댓글을 남긴 이웃에게 답방을 가는 방식으로 소통

지 않게 되므로, 내 글 작성 주기가 일정하지 않다면, 새로운 글을 올릴 때 소통하던 이웃을 찾아가 댓글을 작성하는 것이 좋습니다. 그래야 지속적인 소통이 이루어질 것입니다. 소통은 자주 하는 것도 중요하지만, 진정성 있는 소통이 더 중요하다는 점을 꼭 기억하세요.

[블로그 글 발행 빈도가 일정치 않을 때 이웃 관리 방법]

글 발행 빈도가 다른 이웃과 맞지 않아 도중에 소통이 끊겨 관리가 힘들다면, 진짜로 소통하는 이웃만 모은 폴더를 만들어 해당 폴더의 새 글만 보이도록 설정할 수 있습니다. 그렇게 하면 내가 글을 자주 작성하지 않더라도 소통하는 이웃의 글만 볼 수 있으니, 그곳만 방문하면 소통을 이어갈 수 있는 겁니다.

[이웃 폴더 생성 방법]

- 블로그 관리 → 기본 설정 → 내가 추가한 이웃 → 이웃 그룹 → 그룹 추가

이 과정에서 폴더 공개 설정과 비공개 설정을 할 수 있는데 공개를 하면 내 이웃 커넥트 위젯에 이웃이 공개가 되는 거라 원치 않을때는 비공개로 폴더설정을 해두면 됩니다.

저는 "찐 소통 이웃"이라는 폴더로 실제로 소통하는 이웃만 모아 두었습니다

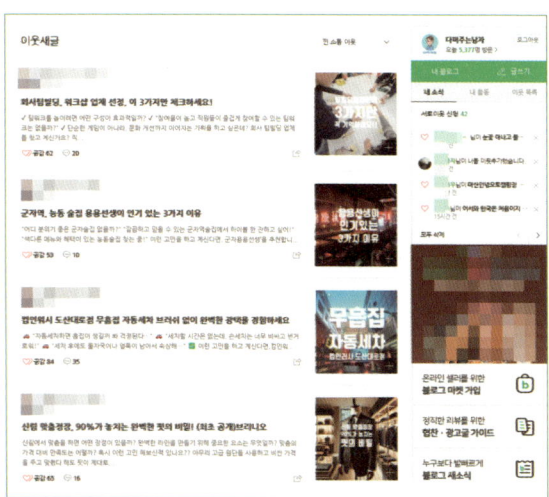

블로그 홈에서 이웃 폴더 선택 버튼을 눌러 "찐 소통 이웃"만 보이도록 하면 됩니다

Q. 061 서로이웃과 그냥 이웃의 차이는 무엇인가요?

A. 서로 이웃과 그냥 이웃의 차이는 블로그 관계의 "깊이"라고 보면 됩니다.

그냥 이웃: 내가 상대방을 추가하면, 상대방의 글이 이웃새글 목록에 보이지만 상대방은 나를 이웃으로 추가하지 않아 내가 보이질 않죠. 쉽게 말해 "일방적인 관계"입니다.

서로 이웃: 서로 이웃을 맺으면 내 글을 상대방도 쉽게 볼 수 있고, 상대방의 글도 내 이웃새글 목록에서 자연스럽게 노출됩니다. "양방향 소통"이 가능하죠.

서로 이웃으로 맺으면 특정 글을 "서로 이웃 공개"로 설정할 수도 있어서, 일부 글을 특정한 사람들과만 공유할 수 있는 장점이 있습니다. 만약 블로그를 운영하면서 조금 더 친밀한 이웃을 만들고 싶다면, 그냥 이웃보다는 서로 이웃을 적극적으로 활용하는 게 좋습니다.

이웃이나 서로이웃을 맺으면 보이는 이웃새글 블로그 홈 화면 예시

글 발행 시 서로이웃 공개로 발행도 가능합니다

Q. 062 이웃 수가 많아도 블로그 방문자가 적은 이유는 뭘까요?

A. 이웃 숫자가 많다고 해서 자동으로 방문자가 늘어나는 건 아닙니다. 실제로 이웃이 많아도 소통이 없는 경우 상대방이 내 블로그에 방문을 하지 않으니 방문자가 늘지 않는 거죠. 내 블로그가 노출이 잘 되는 블로그라면 이웃수가 적어도 방문자가 많아질 수 있지만 이웃 의존이 큰 블로그라면 당연히 이웃들이 방문하지 않으면 방문자가 늘지 않는 겁니다.

[주요 원인]

이웃 추가만 하고 소통을 하지 않음 → 블로그 관계는 소통이 핵심입니다

이웃을 맺어 놓고 그냥 방치해 두면 아무 의미가 없어요. 내가 먼저 방문해서 공감과 댓글을 남기면서 상대방이 내 블로그를 방문할 이유를 만들어줘야 합니다.

내 블로그 글이 매력이 없음 → 방문자가 많아지려면, 블로그 글이 흥미롭고 읽고 싶어져야 합니다

단순한 일기 같은 글보다는, 사람들이 궁금해하는 정보를 담은 글이 더 효과적입니다. 특히 썸네일과 제목이 흥미를 가지게 한다면 서로이웃들도 내 글을 품앗이가 아니더라도 보게 되는 거죠.

예를 들면 "이렇게 하면 블로그 방문자 3배 늘어나는 방법 공개" 같은 제목이라면, 이웃들도 모두 블로그를 하는 사람이기 때문에 궁금해서라도 클릭해서 보게 되는 겁니다. 그럼 당연히 방문자가 노출을 통해서가 아니더라도 늘어나겠죠.

글 발행 빈도가 낮음 → 블로그 글을 꾸준히 올려야 이웃 방문자 수가 유지됩니다

너무 오랜 기간 글을 안 올리면 자연스럽게 이웃소통이 단절되어 방문자가 늘어날 수가 없는 구조가 되는 겁니다. 즉, 이웃 수 자체보다 "이웃 소통과 블로그 글의 퀄리티"가 방문자 증가에 더 큰 영향을 준다는 걸 기억하세요.

Q. 063 이웃 추가 시, 나와 같은 주제 블로그만 추가하는 것이 좋을까요?

A. 이웃을 추가할 때 무조건 특정 주제만 고집할 필요는 없습니다. 이웃이 많으면 많을수록 내 블로그의 영향력이 커지므로, 최대한 많은 이웃을 모으는 것이 가장 좋은 방향입니다. 하지만 이렇게 운영하면, 처음부터 이웃 폴더를 제대로 만들어 관리하지 않으면 이웃 수가 너무 많아져서 원활한 소통이 어려워질 수도 있습니다. 그래서 초반부터 이웃 폴더를 활용해 체계적으로 관리하면서 운영하는 것이 중요합니다. 내가 운영하는 블로그의 주제와 같은 이웃이 많으면 좋은 점이 같은 관심사를 가진 블로그이기 때문에 잠재적 방문자가 될 수 있다는 것입니다. 평소 소통하지 않는 이웃이라도 서로이웃의 새 글은 보이기 때문에 내 블로그 글이 관심 있는 주제라면 자연스럽게 클릭할 가능성이 높아지겠죠.

예를 들어, 내가 여행 블로그를 운영하는데 IT 블로그나 주식 관련 블로그 이웃이 너무 많다면 내 글과 관심사가 잘 맞지 않을 수 있습니다. 하지만 여행 관련 블로그나 맛집 리뷰 블로그를 운영하는 이웃이 많다면 공감할 수 있는 부분이 많아지고 자연스럽게 생각지도 않았던 방문자도 늘어날 수 있는 겁니다. 하지만 이 역시 많은 이웃 중 내 주제와 같은 이웃이 더 많으면 베스트가 될 수 있는 거죠.

11년간 블로그를 운영하면서 변하지 않는 법칙 중 하나는, 블로거들은 내가 움직이질 않으면 자발적으로 내 블로그를 방문하지 않는다는 것입니다. 그러니 최대한 많은 이웃을 확보하는 방향으로 운영하는 것이 좋습니다. 누구라도 나에게 서로이웃 신청이 들어오면, 광고성일지라도 받아주고 "소통하지 않는 블로그" 폴더로 관리하면 됩니다. 그리고 추후 새글 발행이 몇달이 지나도 올라오지 않는 블로그는 서로이웃을 끊으면 됩니다. 그럼 자동으로 서로이웃 수는 줄어들지만 이웃 수는 변함이 없기 때문에 불이익이 전혀 없습니다. 너무 한정된 주제만 고집하면 블로그 성장에 한계가 있을 수 있습니다.

다양한 주제의 블로그와 이웃을 맺으면 더 넓은 네트워크를 만들 수 있고, 새로운 정보도 얻을 수 있으니 최대한 많은 이웃을 확보해 보세요.

Q. 064 서로이웃 맺기는 하루에 몇 명까지 할 수 있나요?

A. 서로이웃은 하루 최대 100명까지 신청할 수 있습니다. 하지만 매일 100명씩 신청하면 스팸성 활동으로 인식되어 네이버에서 신청이 제한될 수 있으므로, 하루 30~50명 정도로 조절하는 것이 가장 안전합니다.

그리고 서로이웃을 신청하더라도 상대방이 수락하지 않으면 내 이웃 수가 증가하지 않으므로 한 달에 한 번 이웃 정리를 해주는 것이 좋습니다. 서로이웃 신청을 했는데 상대방이 거절하면 자동으로 나만 "이웃" 상태가 되므로 이런 경우는 삭제하는 것이 관리하기 편리합니다.

[이웃 정리 방법]

1. 블로그 관리 → 기본 설정 → 내가 추가한 이웃
2. 이웃 목록에서 "이웃"으로 변경
3. 전체 체크 후 삭제

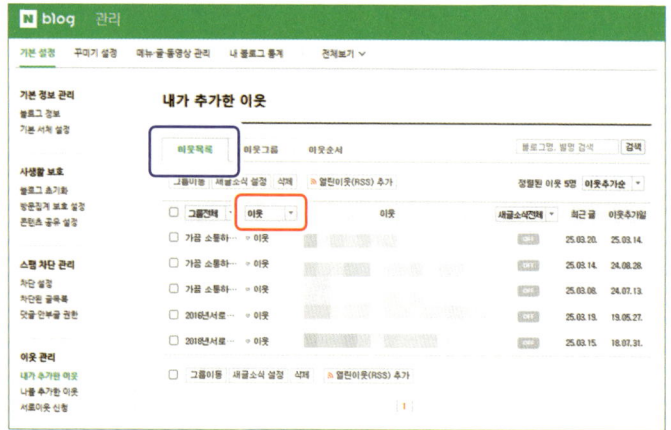

한 달에 한 번 이웃 정리는 필수입니다

이렇게 관리하면 복잡하지 않게, 나와 서로이웃을 맺은 블로거들과만 소통할 수 있습니다.

Q. 065 이웃을 많이 맺으면 블로그 지수가 올라가나요?

A. 이웃 수가 많다고 해서 무조건 블로그 지수가 올라가는 건 아닙니다. 블로그 지수는 다양한 요소로 결정되는데 이웃 수보다는 "활발한 소통"과 "블로그 글 퀄리티"가 더 큰 영향을 미칩니다.

즉 이웃 소통을 잘한다고 해서 지수가 눈에 띄게 상승을 하지는 않는다는 거죠. 하지만 이웃 수가 많으면 블로그 운영에 유리한점이 있습니다.

- 소통이 많은 블로그가 유리 → 단순히 이웃 수가 많다고 해서 네이버가 내 블로그를 높은 지수로 평가하는 건 아닙니다.

하지만 내 블로그에서 사람들이 많이 소통하고 댓글과 공감이 활발한 블로그일수록 많은 분야에서 긍정적인 평가를 받을 수 있습니다.

- 내 블로그 조회수가 더 중요 → 네이버 검색 로직은 "이 블로그에 사람들이 얼마나 자주 들어오고 머무르는가?"를 더 중요하게 봅니다.

이웃 수가 많아도 조회수가 없다면 지수에 큰 영향을 주지 않습니다.

- 블로그 글 퀄리티 우선 → 검색 노출을 결정하는 가장 중요한 요소는 결국 블로그 글의 퀄리티입니다. 이웃 수보다 좋은 글이 많고 사람들이 많이 찾는 블로그가 더 높은 지수를 가질 가능성이 큽니다.

결론적으로 이웃을 많이 맺는 것도 중요하지만 "소통의 질"과 "글 퀄리티"를 먼저 신경 쓰는 게 블로그 지수를 높이는 데 더 효과적입니다.

Q. 066 이웃의 블로그 글을 자주 보면 내 블로그에도 도움이 되나요?

A. 항상 수강생에게 자주 하는 답변 중 하나가 다른 사람의 블로그 글을 많이 보라는 것입니다. 사람은 적응의 동물이기 때문에 자신의 스타일만 고집하다 보면 어느 순간 그 자리에 안주하게 되고, 더 이상 발전하지 않게 됩니다. 즉, 우물 안 개구리가 되어 버린다는 거죠.

하지만 다른 사람의 블로그 글을 매일 자주 접하다 보면, 내 생각에서 벗어난 신선한 아이디어를 정말 많이 얻을 수 있습니다. 그렇게 되면 당연히 내 블로그 글의 퀄리티도 더 좋게 개선할 수 있고, 점점 더 발전할 수 있는 것입니다. 블로그도 발전해야 그에 맞는 광고주들로부터 제안을 받을 수 있습니다.

블로그를 가장 잘 아는 사람은 당연히 블로그를 운영하고 있는 이웃들이겠죠. 나보다 시작한 지 오래되지 않은 블로그에도 분명히 배울 점은 있습니다.

이웃 글을 보지 않았다면 몇 년이 지나도 똑같은 썸네일만 사용하고 있었을 겁니다. 내 생각의 틀을 벗어나게 해 줄 수 있는 가장 빠른 방법이 이웃들의 글이니 자주 보는 것을 추천합니다.

1년 가까이 변화 없이 사용하던 "썸네일 양식"

이웃 블로그를 보다가 마음에 들어서 내 방식대로 바꾸게 된 "썸네일 양식"

Q. 067 서로이웃을 맺은 상대방이 내 블로그와 서로이웃을 끊었는지 확인할 수 있나요?

A. 네이버 블로그에서는 상대방이 이웃을 끊었는지 직접적으로 알림을 주지는 않지만, 몇 가지 방법으로 확인할 수 있습니다

[확인하는 방법]

관리 → 이웃관리 → 내가 추가한 이웃 → 이웃목록 → 이웃전체를 이웃으로 변경

이렇게 설정하면 이웃이 나오는데 이건 나만 맺고 있는 이웃이라 상대방이 서로이웃에서 나를 끊은 경우입니다. 서로이웃을 맺었다가 상대방이 더 이상 소통의사가 없는 거니 같이 삭제를 해주면 됩니다.

그리고 상대방 블로그에 들어가면 보이는 "이웃추가" 버튼이 "이웃"으로 되어 있고, 눌렀을때 "이웃을 서로이웃으로 변경합니다"라는 메시지가 나온다면 상대방이 서로이웃을 끊은 경우입니다. 이 경우에도 이웃을 취소하면 됩니다.

상대방이 이웃을 끊었다고 너무 신경 쓸 필요는 없습니다. 블로그 운영에서 중요한 건 숫자가 아니라 진짜 소통할 수 있는 이웃

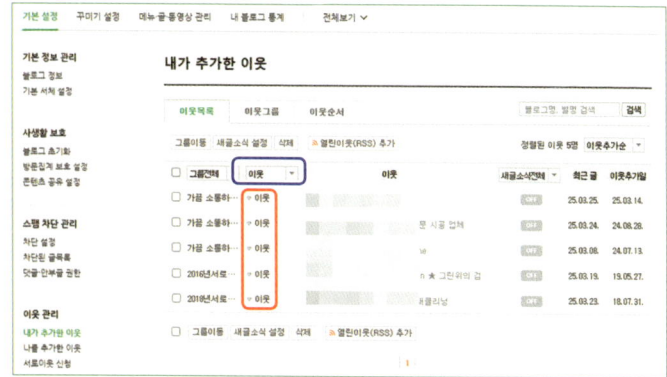

상대방이 나와 "서로이웃"을 취소 하면 보이는 나만 맺고 있는 이웃으로 변경된다

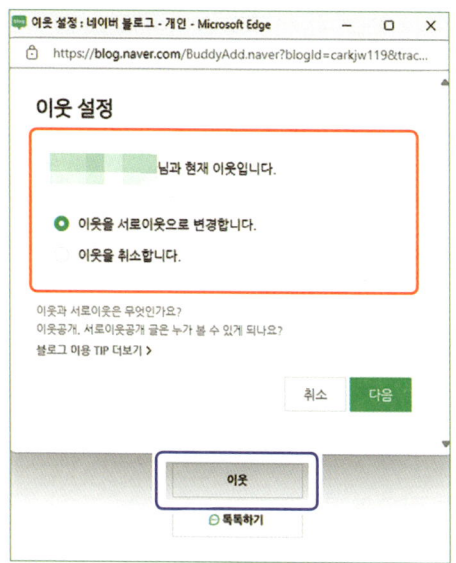

상대방이 서로이웃을 삭제 하면 보이는 "이웃" 버튼과 누르면 나오는 "서로이웃" 변경 팝업

올 만드는 것이니까요.

이웃을 맺고 소통하는 과정이 블로그 운영에서 정말 중요한 요소입니다. 이웃 수를 무작정 늘리는 것보다 진짜 소통할 수 있는 이웃을 만드는 게 더 중요합니다.

블로그는 혼자 하는 게 아니라 함께 성장하는 공간입니다. 내가 먼저 적극적으로 다가가고 의미 있는 소통을 이어나가면 자연스럽게 방문자 수도 늘어나고 블로그도 성장하게 될 겁니다.

CHAPTER 05

블로그
수익화 실전

Q. 068 네이버 블로그 수익화 종류는 어떤 것들이 있나요?

A. 블로그는 단순한 '글쓰기 공간'이 아닙니다. 수익화를 제대로 이해하면 블로그는 강력한 비즈니스 도구가 될 수 있습니다. 수익 구조는 생각보다 훨씬 다양하고 여러분이 상상하는 것 이상으로 확장 가능합니다.

[블로그 수익화, 이렇게까지 가능해요]

애드포스트: 수익화의 첫걸음

네이버 광고 플랫폼으로 블로그에 광고배너를 달고 클릭이 발생하면 수익이 쌓이는 구조입니다.

→ 초보자도 쉽게 도전할 수 있는 가장 기초적인 수익화 방법입니다.

네이버 인플루언서가 되면 클릭 단가가 몇 배 더 높은 배너광고 생성 예시

체험단 활동: 제품/서비스 제공＋포스팅비(원고비)

맛집, 뷰티, IT, 생활용품 등 대부분의 주제에서 협찬을 받고, 리뷰를 작성해 수익을 얻을 수 있습니다.

→ 보통 글 당 2만~5만 원을 받지만 영향력이 커질수록 조건은 몇 배 더 좋아집니다.

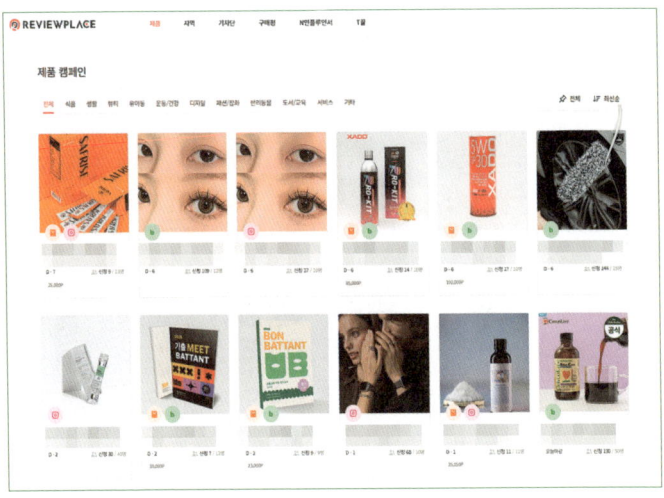

체험단 대표 사이트 "리뷰플레이스" 화면 예시

제휴 마케팅: 내가 팔지 않아도 수익이 생기는 구조

쿠팡파트너스, 알리익스프레스, 링크프라이스 등 제휴 링크를 활용해 상품을 소개하고 구매가 발생하면 수수료를 받습니다.

→ 글이 누적될수록 자동 수익도 함께 늘어날 수 있습니다.

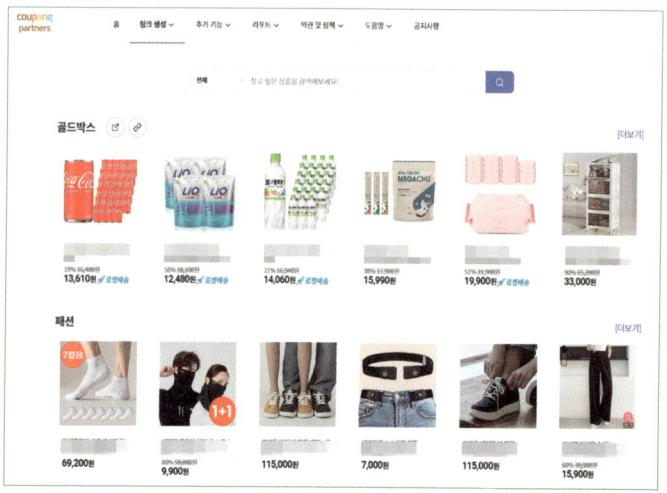

쿠팡파트너스 제휴 마케팅 화면 예시

쿠팡 파트너스
바로가기

블로그마켓 운영: 직접 판매의 시작

블로그 마켓에 가입후 블로그 글에 바로 판매를 할 수 있는 방식 → 블로그 글을 보고 제품이 마음에 들면 다른 곳으로 이동하지 않고 바로 구매가 가능합니다.

블로그 마켓 가입 페이지 화면 | 출처 : 네이버 블로그 마켓

블로그 마켓 가입페이지
바로가기

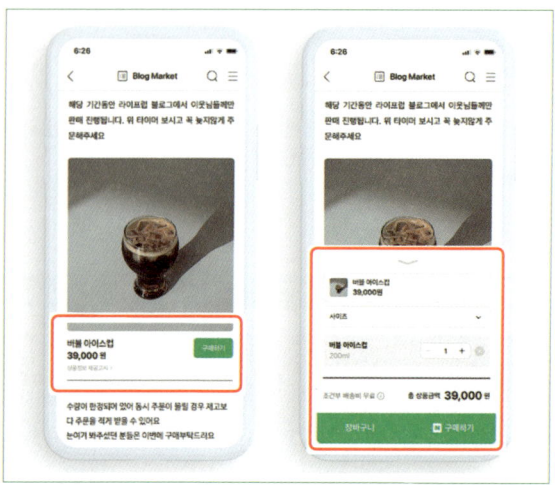

블로그 내에서 바로 구매를 할 수 있는 기능 제공 / 출처 : 네이버 블로그 마켓

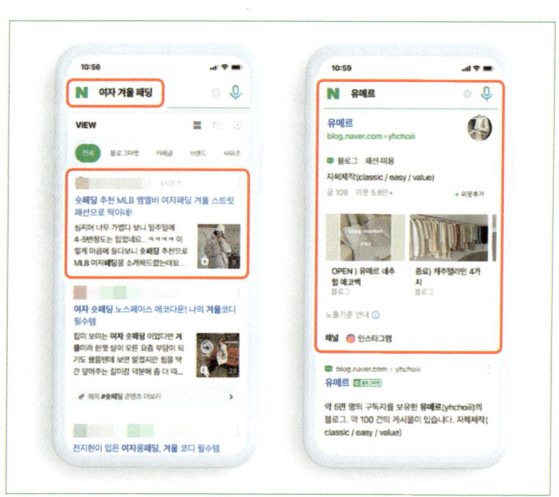

네이버 검색에서 키워드로도 노출이 되고 블로그도 소개가 된다
출처 : 네이버 블로그 마켓

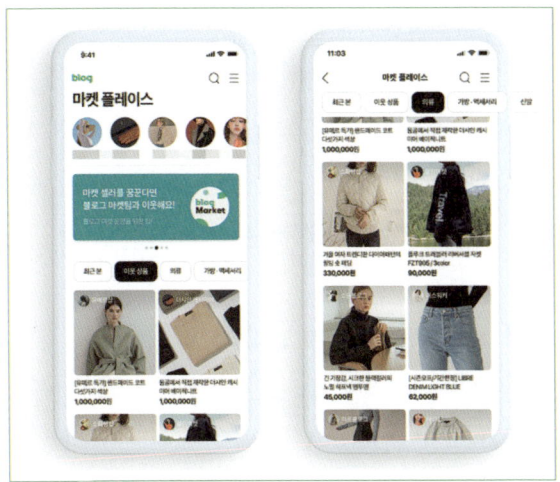

블로그 마켓만 따로 소개가 되는 마켓 플레이스 화면 | 출처 : 네이버 블로그 마켓

스마트스토어 연동: 본격 쇼핑몰 확장

블로그 글을 활용해 스토어 상품을 자연스럽게 노출하고 판매 링크를 통해 구매 유도로 연결합니다.

→ 따로 홍보비를 들이지 않고 내 사업을 홍보할 수 있다는 장점이 있습니다.

기업 협업 및 장기 계약: 전문가로 인정받기

일정 영향력이 생기면 다양한 브랜드로부터 장기 홍보글 제작 요청이나 공식 서포터즈 제안을 받기도 합니다.

→ 장기 고정 수익+브랜드 협업 포트폴리오 확보 가능!

전자책, 온라인 강의 판매: 노하우를 자산으로 만들기

블로그 글쓰기, 사진 편집, 체험단 노하우, 요리 레시피 등 다양한 전문적인 전자책이나 클래스 형태로 판매하면 고정 수익원이 생길 수 있습니다.

→ 지식이 곧 상품이 되는 시대, 블로그는 최고의 홍보 수단입니다.

블로그 운영 대행: 작가에서 운영자, 관리자까지

블로그에 익숙해지면 다른 사람의 블로그를 대신 운영해주는 대행 사업을 할 수 있습니다.

→ 소상공인, 병원, 업체 등 직접 블로그 관리가 어려운 고객이 많습니다.

→ 월 단위 계약으로 수익 안정성도 높습니다.

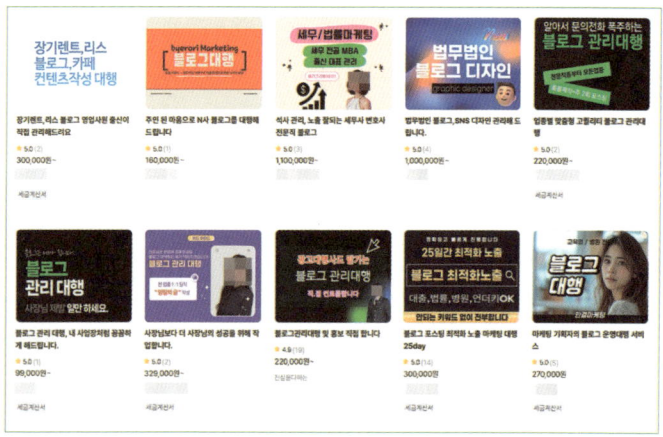

블로그 대행을 모집 하고 있는 사이트 화면 | 출처 : 크몽

1인 마케팅 사업 확장: 블로그 기반 개인사업자 도전

블로그 운영 경험을 바탕으로 마케팅 컨설팅, SNS 운영 대행, 콘텐츠 제작 사업까지 확장할 수 있습니다.

→ 실제로 블로그 하나로 창업해 1인 기업이 된 사례가 많습니다.

→ 명함 제작, 세금 신고, 고객 관리까지 직접 운영하며 '나만의 브랜드'로 무한 성장 가능합니다.

이처럼 블로그로 수익화를 할 수 있는 방법은 정말 다양합니다. 이외에도 어떤 방식으로 접근하느냐에 따라서 수익화는 무한 확장이 가능합니다.

"블로그는 취미를 넘어 수익과 비즈니스의 시작점이 될 수 있습니다"

글 하나로 광고 수익이 생기고 리뷰 하나로 협찬이 오고 그 경험으로 사업까지 확장될 수 있습니다. 블로그는 글만 잘 써도 얼마든지 가능하니 목표를 크게 잡고 도전해 보세요.

Q. 069 애드포스트가 뭐예요? 어떻게 시작하나요?

A. 애드포스트는 네이버에서 제공하는 블로그 광고 수익 시스템입니다. 처음엔 생소하게 느껴질 수 있지만 알고 보면 블로그 운영자라면 누구나 도전해 볼 수 있는 현실적인 수익 창출 방법입니다. 유튜브에 광고를 달아 수익을 얻듯 블로그에도 광고를 달 수 있는 블로그 수익화 중에 가장 기본이라 할 수 있겠습니다.

[애드포스트란?]

네이버에서 운영하는 블로그 광고 서비스입니다. 애드포스트는 블로그에 광고를 자동으로 광고배너를 노출해주는 시스템으로 방문자들이 광고를 클릭하면 클릭당 수익(CPC)이 적립되는 방식입니다. 블로그 수익화의 첫걸음으로 필수로 승인을 받아야겠죠. 유튜브 수익 구조와 비슷합니다.

[애드포스트 신청 방법]

애드포스트 사이트 접속 및 본인 인증

네이버 계정으로 로그인한 후 본인 인증 과정을 거쳐야 합니다.

블로그 등록 및 검토 신청

블로그를 등록하고 검토 신청을 하면 1~3일 내에 승인 여부가 결정됩니다.

승인 후 광고 자동 노출

승인이 되면 별도 설정 없이 광고가 자동 노출되고 방문자 클릭이 발생할 때마다 수익이 쌓입니다.

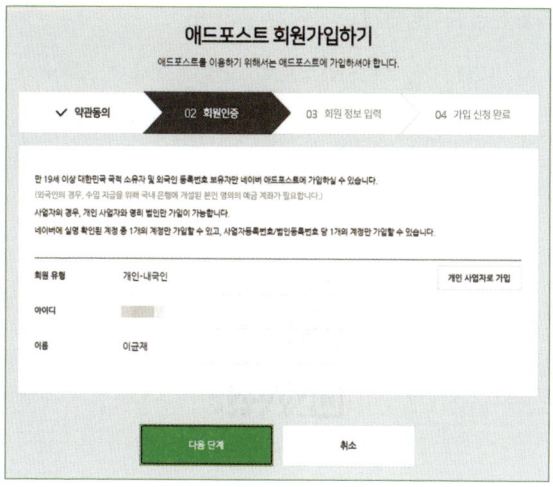

애드포스트 가입 화면 예시

[애드포스트 수익의 현실]

애드포스트 수익은 철저히 조회수가 있어야 발생하는 구조라 초반 조회수가 없는 블로그는 하루 몇 십원 수익 발생할 수도 있습니다. 하지만 조회수만 많아지면 하루 몇 십만원으로도 늘어날 수 있습니다. 누구나 신청은 할 수 있지만 수익을 얻는 건 전혀 다른 문제입니다. 계속 글을 쓰고 방문자를 늘려야 광고 수익도 자연스럽게 증가할 수 있습니다.

[블로그를 운영 중이라면?]

망설이지 말고 지금 애드포스트에 도전해보세요! 글을 쓰는 것만으로도 수익이 날 수 있다는 사실과 그 수익이 쌓여가는 과정에서 블로그에 대한 애정도 더 커질 겁니다.

애드포스트 신청 바로가기

Q. 070 애드포스트 승인받으려면 어떤 조건이 필요한가요?

A. 애드포스트는 네이버 블로그를 수익화할 수 있는 공식 광고 플랫폼입니다. 신청을 위해선 네이버에서 명시한 최소 조건을 충족해야 심사 대상이 됩니다.
아래는 2024년 기준으로 적용되는 공식 최소 신청 조건입니다.

[애드포스트 신청 네이버 공식 최소기준]

항목	기준 내용	비고
운영 기간	첫 게시글 작성 후 90일 이상 경과	블로그 개설일이 아닌 첫 글 작성일 기준
게시글 수	전체공개 글 10개 이상	이웃공개/비공개 글은 포함되지 않음
나이	만 19세 이상	미성년자 신청 불가
실명 인증	네이버 실명 인증 계정	본인 명의 계좌 등록 필요
정책 준수	네이버 운영 정책 위반 글 내용 없어야함	음란, 혐오, 도배, 불법 콘텐츠 등은 불가
재신청 제한	심사 탈락 시, 10일 후 재신청 가능	10일 후 재신청 가능하지만 결과가 같을 수 있으니 블로그 정비 후 한달 뒤 신청 추천

[팩트체크]

온라인 상에 떠도는 정보 중 방문자 수나 게시글 50개 이상 등은 공식 기준이 아닙니다. 심사에 간접적인 영향은 있을 수 있으나 필수 조건은 아닙니다. 심사 통과 후 애드포스트 광고 단위를 설정하고 수익화를 시작할 수 있습니다. 앞의 표 조건만 충족하면 누구나 신청이 가능하며 승인률을 높이기 위해선 블로그 글 품질과 경험 중심적 글 내용이 중요합니다.

Q. 071 애드포스트 수입이 지급되지 않습니다. 왜 그런가요?

A. 애드포스트 수입이 지급되지 않는 경우는 대부분 수입 지급 요건을 충족하지 않았거나, 계좌 및 세금 관련 설정이 완료되지 않았기 때문입니다.

아래는 네이버 애드포스트 공식 가이드에 따라 정리한 수입 지급 조건과 지급 실패 주요 원인입니다.

[애드포스트 수입 지급 실패 원인 및 점검 체크리스트]

1. 애드포스트 수입 지급 조건

항목	지급 조건	확인 방법 및 위치
1	'수입을 자동으로 지급받겠습니다' 체크	애드포스트 > 내정보 > 회원정보변경 > 수입지급정보
2	전월 말 기준 수입 잔액이 최소 지급액 이상	수입지급정보 내 최소 지급액 설정 확인 (5만원 설정하면 5만원 초과 때 지급)
3	은행 계좌가 '인증 상태'여야 함	무효 계좌일 경우 재인증 필요
4	연간 수입 125,000원 초과 시, 세금보다 지급액이 커야 함	예: 세금이 55,000원인데 수입이 50,000원이면 지급 불가
5	지급 대상 선정 후 등록된 계좌가 무효 상태면 지급 실패	새 계좌 등록해도 자동 무효 처리될 수 있음

2. 최초 수입 지급 시 필요한 추가 정보

- 주민등록번호(내국인), 외국인 등록번호(외국인) 입력 필요
- 주소 등 신원 확인 정보도 함께 수집
- 해당 정보는 지급 당월 5일 18시까지 입력해야 반영 가능
- 관련 메일 수신 시 메일 내 '정보 등록하기' 버튼 클릭 후 입력

3. 자주 발생하는 지급 실패 사례

원인	설명
'자동 지급' 체크 안 됨	기본 설정 미완료로 지급 안 됨
최소 지급액 과다 설정	예: 5만원이 아닌 10만 원 이상 설정 시 수입이 10만원 미달이면 보류
계좌 무효 처리	이전 계좌 무효 상태면 새 계좌도 무효 처리됨
고유식별정보 (주민등록,사업자번호)미입력	처음 수입 발생 때 정보 미등록시 지급 불가

결론적으로 애드포스트 수입이 지급되지 않는 이유는 설정 누락, 세금 초과, 계좌 인증 실패 등 다양한 요인이 있을 수 있으니 지급 전 하나씩 점검해 보는 것이 가장 빠른 해결 방법입니다.

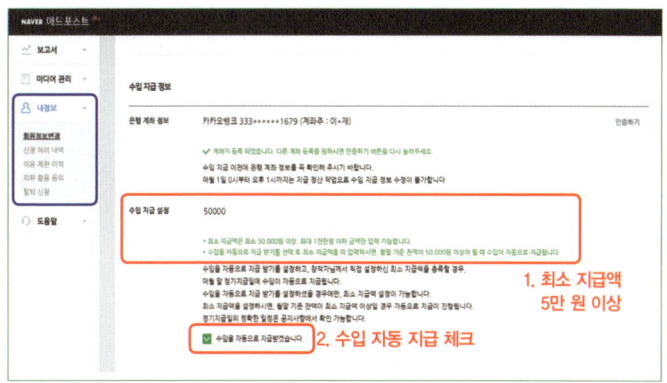

회원정보변경에서 최소 수입 지급 설정과 자동 수입 지급 체크 화면 예시

Q. 072 블로그 광고 배너 위치는 직접 설정할 수 있나요?

A. 애드포스트 승인이 되면 배너 위치를 직접 설정할 수 있습니다.

[광고 배너 설정 경로]

관리 → 매뉴·글·동영상 관리 → 애드포스트 설정

본문광고 위치 선택에 3가지 위치가 있는데 이곳에서 '모두'를 추천합니다. 중간과 하단만 선택해도 되지만 애드포스트 수익은 결국 클릭률에 의해 결정되기 때문에 최대한 많은 노출이 최우선 되어야 합니다. 그래서 중간과 하단 영역 모두 나오도록 설정하는 것이 좋습니다.

애드포스트 승인이 되면 볼 수 있는 배너 위치 설정 화면 예시

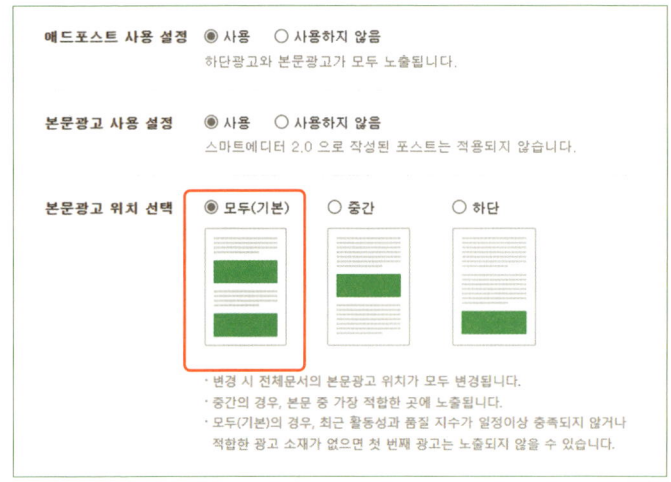

기본적으로 "모두" 선택이 가장 많이 선택하는 방식입니다

Q. 073 애드포스트 광고 배너 수익은 얼마인가요? 광고 수익을 올리려면 어떻게 해야 하나요?

A. 애드포스트 수익은 고정된 금액이 아닌 '조회수·클릭률·광고 단가'에 따라 달라지는 구조입니다.

네이버에서는 수익 구조를 공식적으로 공개하지 않기 때문에 정확한 금액은 알 수 없지만 많은 블로거들의 경험과 데이터를 종합하면 대략적인 예상은 가능합니다.

[애드포스트 평균 수익 구조 이해하기]

클릭률(CTR): 평균적으로 1% 미만이 대부분입니다.

→ 조회수 1,000명 중 클릭이 10건도 안 될 수 있어요.

클릭당 단가(CPC): 보통 100원~400원 사이입니다.

→ 간혹 100원 이하로 나올 때도 있고 드물지만 500원을 넘는 경우도 있습니다.

[수익 예시로 살펴보기]

하루 1,000 조회수×클릭률 1%×단가 400원 = 4,000원 수익 예상

→ 현실적인 수치이며, 단가는 광고 종류나 블로그 주제에 따라 달라집니다.

월 100만 원 이상 수익을 보는 블로그는

→ 보통 하루 평균 10,000 조회수 이상을 꾸준히 기록하고 있습니다.

[실제 경험 기반 최고 수익 사례]

제가 직접 경험한 하루 최대 애드포스트 수익은 35만 원이였습니다.

→ 당시 하루 조회수는 27만 명이였고 방송 이슈를 글을 작성 했었습니다. 글 작성시마다 받을 수 있는 조회수는 아니었지만 이처럼 폭발적인 이슈나 트렌드를 잘 반영하면 가능성은 충분합니다.

하루 35만 원 애드포스트 수익을 안겨주었던 포스팅 총 조회수 화면

저는 한달 최고 애드포스트 수익은 470만 원을 기록한 적도 있습니다. 당시 한달 평균 애드포스트 수익은 250만원 정도였습니다.

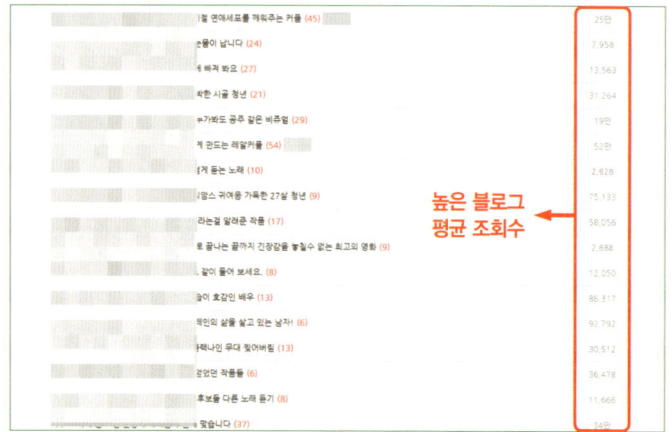

애드포스트 수익이 높을 수밖에 없었던 개별 글 조회수 실제 화면 | 당시 일 방문자 평균 2만 명

[고수익을 위한 전략 포인트]

실시간 이슈 대응이 가능한 주제를 다뤄야 가능합니다.

→ 방송, 연예, 드라마 등은 관심도와 검색량이 높아 수익에 유리합니다.

반드시 조회수가 일어날 수 있는 글을 작성해야 하며 일반적인 키워드로는 조회수를 폭발적으로 받기 힘듭니다.

트렌드를 빠르게 캐치하고 양질의 콘텐츠로 승부하세요.

→ 단순 정보 복붙보다는 정리와 해석, 궁금증을 유발이 포함된 블로그 글이 더 오래 살아남습니다.

사람들이 보고 싶은 이슈나 궁금증을 유발하는 이슈글은 폭발적인 조회수를 올려 준다

정리하자면, 애드포스트 수익은 '정해진 금액'이 있는 것이 아니라 조회수＋클릭률＋단가의 곱으로 계산되는 성과형 수익 구조입니다. 꾸준한 운영과 주제 선정 능력, 트렌드 대응력만 갖추면 누구나 수익형 블로그로 성장할 수 있습니다. 한번에 100만 원은 아니더라도 하루 1,000원부터 시작해 보세요.

그게 진짜 수익형 블로그의 첫걸음이 될 겁니다.

Q. 074 애드포스트 이용제한에 걸렸습니다. 예방하는 방법이 있나요?

A. 애드포스트 이용제한은 대부분 네이버 운영정책 위반으로 인해 발생합니다. 이용제한을 예방하려면 정확한 제한 사유를 이해하고 사전에 위험 요소를 제거하는 것이 중요합니다.

[애드포스트 이용제한 주요 사유]

1. 기술적 금지 행위

- 서버에 부하를 주거나 광고 링크·형태·정보를 조작하는 행위는 금지됩니다.
- 애드포스트 광고를 등록되지 않은 매체에 노출시키면 이용제한 대상입니다.

2. 무효 클릭 및 클릭 유도 행위

- 본인 또는 가족, 지인 등에게 광고 클릭을 요청하면 제한됩니다.
- "광고를 클릭하세요", "링크를 눌러주세요" 등 클릭 유도 문구 사용은 금지입니다.
- 매크로, 자동 클릭 프로그램 사용 시 심각한 제재를 받을 수 있습니다.

3. 인위적 광고 노출 유도 행위

- 미디어 내용과 관련 없는 키워드, 태그, 도배성 키워드 사용은 제한 사유입니다.

- 프로그램이나 기타 방법으로 특정 광고 노출을 인위적으로 유도하면 제재됩니다.

4. 기밀정보 외부 공개
- 애드포스트 리포트의 노출수, 클릭수, 클릭율(CTR) 등은 외부에 공개할 수 없습니다.
- 수입 금액, 호출 수 외의 통계 정보는 공유하지 마세요.

5. 광고 미디어 권한 재판매
- 애드포스트 광고 게재 권한을 제3자에게 공유, 제공, 재판매하는 것은 금지입니다.

6. 부적합 콘텐츠 게시
- 개인정보 노출, 지식재산권 위반, 불법성·음란성 게시물 등은 광고 제한 사유입니다.
- 청소년 유해 콘텐츠, 선정적·혐오성 게시물도 제재 대상입니다.

7. 광고 매체로서의 기능 저하
- 방문자 수, 페이지뷰, 광고 클릭률이 지속적으로 기준 미달일 경우 제한될 수 있습니다.
- 콘텐츠가 장기간 업데이트되지 않거나, 광고성 콘텐츠 비중이 과다하면 이용

제한이 적용됩니다.

[애드포스트 이용제한 예방 방법]

1. 무효 클릭 유도 금지

- 가족, 지인에게 광고 클릭을 요청하지 마세요.
- "광고를 클릭하면 도움이 돼요" 같은 문구 사용은 절대 금지입니다.

2. 광고 위치와 디자인 주의

- 광고와 본문을 혼동할 수 있는 배치, 오클릭을 유발할 수 있는 디자인은 피하세요.
- 클릭을 유도하는 도형, 버튼, 문구도 사용하지 마세요.

3. VPN, 해외 접속 주의

- VPN, 해외 IP로 접속해 애드포스트 광고를 클릭하면 부정 클릭으로 간주될 수 있습니다.

4. 광고 관련 정보 외부 공개 금지

- 노출수, 클릭수, CTR 등 리포트 내용은 절대 외부에 공유하지 마세요.

5. 콘텐츠 관리 철저

- 불법, 음란, 청소년 유해 콘텐츠가 포함되지 않도록 지속적으로 점검하세요.

- 블로그 콘텐츠가 방치되거나 광고만 과도하게 게시되지 않도록 관리하세요.

6. 방문자 트래픽과 클릭 패턴 점검

- 방문자 분석 도구로 비정상 유입, 클릭 집중이 있는지 주기적으로 확인하세요.
- 갑작스러운 트래픽 급증, 특정 게시글에 클릭 집중 시 주의가 필요합니다.

7. 이용제한 발생 시 즉시 대응

- 제한 통보를 받으면 1:1 메일 문의로 제한 사유를 확인하세요.
- 사유를 수정한 뒤 이용제한 해제 요청을 통해 복구를 신청할 수 있습니다.

애드포스트 이용제한은 대부분 운영정책 위반으로 인해 발생합니다. 클릭 유도, 부정 트래픽, 콘텐츠 부적합성 등 정책 위반 요소를 사전에 차단하고 방문자 트래픽과 광고 클릭 패턴을 꾸준히 관리하세요. 만약 제한이 걸렸다면 30일 이후 이용제한 해제 요청을 통해 재검토를 받을 수 있습니다. 3회 이상 누적 제한 또는 중대한 위반 시 영구 제한될 수 있으니 주의하세요.

블로그는 장기적인 신뢰와 안정성이 가장 중요합니다. 애드포스트 운영정책을 숙지하고 클린한 운영을 하시길 바랍니다. 그것이 수익을 지키는 가장 확실한 방법입니다.

Q. 075 CPA 방식으로 블로그 수익을 내는 것이 실제로 가능할까요?

A. 블로그를 통한 CPA 마케팅은 수익화가 가능한 방법은 맞습니다. 하지만 운영 방식에 따라 저품질 위험이 따르기 때문에 전략적인 접근이 반드시 필요합니다.

[CPA 광고란 무엇인가요?]
- 성과 기반 광고로 특정 행동(가입, 구매 등)을 했을 때 수익이 발생합니다.
- 단순 클릭이 아닌 '행동 기반 수익'이기 때문에 전환율이 있어야만 수익이 가능합니다.
- 블로그 포스팅에 CPA 중개 사이트에서 제공 받은 수익 링크를 넣는 방식이라 간편한 장점이 있습니다.

[CPA 광고 운영 시 저품질 위험 요소]
- 대부분 상업성과 법률성이 강한 키워드 사용

CPA로 제공되는건 대부분 '부업', '고수익', '재택알바' '변호사' '학원' '병원' 등 네이버에서 각별히 조심해야 하는 키워드가 많아 저품질 위험이 높습니다. 키워드 선택 시 저품질 요소가 있는 키워드는 지양해야 합니다.

[블로그 전체 패턴이 CPA 광고 중심일 때]

전체 게시글 중 대부분이 CPA 목적이라면 네이버 알고리즘에서 상업성 블로그로 판단할 수 있습니다. 그래서 경험 중심적인 글 비율 조절이 필수입니다.

[CPA 광고를 안전하게 운영하는 방법]

CPA는 100% 안전하게 운영 하기 힘든 분야입니다. 그래서 특별히 더 신경을 쓰고 운영을 해야 합니다. CPA 글은 전체의 20~30% 비율로 유지하는 것이 비교적 안전합니다. 나머지는 정보형, 체험형, 리뷰형 글로 구성하세요

[주의할 점]

- 반복적인 CPA 글 업로드는 피하세요
- 동일한 제품/서비스만 반복적으로 홍보하지 마세요
- 광고 문구 중심의 제목이나 본문은 저품질 위험이 큽니다.

블로그 CPA 광고는 전략적으로 운영하면 수익화를 기대할 수 있지만 다른 수익화보다 훨씬 더 많은 정성과 관심이 필요한 분야입니다. 아직 어떤 부분이 블로그에 좋다 안좋다 판단이 되질 않는 시점이라면 CPA는 추천하지 않습니다.

Q. 076 체험단으로 추가적인 수익 연결이 어떤 식으로 만들어지나요?

A. 체험단은 꽁짜로 밥도 먹고 풀빌라나 고가의 제품을 받아서 글만 작성 하면 되니 너무 좋죠. 하지만 체험단은 '공짜 체험'이 아니라 '광고를 대신하는 콘텐츠 제작 활동'입니다. 지금부터라도 진짜 체험단의 본질을 이해한다면 나부터 그런 인식을 바꿔보세요. 나부터 공짜로 제공받는다 생각을 할수록 수익화는 점점 멀어지게 될 겁니다.

[체험단은 분명히 광고 활동입니다]
'공짜'라는 생각은 이제 버리세요
→ 체험단은 홍보가 필요한 업체가 광고비 대신 제품이나 서비스를 제공하고 이를 바탕으로 블로그 홍보 글을 제작해주는 방식입니다. 가장 많이 사용되는 마케팅 방식 중 하나라는 겁니다.
→ 제품을 받는 대신 '광고를 대신해주는 역할'을 하는 것이므로 당연히 책임감과 정성이 따라야 합니다.

만약 체험단이라고 무시하고 글을 대충대충 작성한다면 앞으로 수익화는 점점 멀어질 겁니다.

업체는 수많은 지원자 중 '당신'을 선택한 겁니다.

→ 단순히 체험하라고 준 것이 아니라 홍보 효과를 기대하며 선별한 것입니다.

→ 그러니 '정성스럽게 진심을 담아' 써주는 것이 의무가 되어야 합니다.

[좋은 마인드가 좋은 결과를 만듭니다]

체험단은 내 콘텐츠 제작 역량을 보여줄 기회입니다.

→ 리뷰 하나에도 '브랜드가 다시 찾고 싶은 사람'이 되느냐 마느냐가 결정됩니다.

→ 성의 없는 글은 바로 티가 나고 결국 더 이상 기회가 오지 않게 됩니다.

모든 광고주들의 보는 눈은 똑같습니다. 블로그 글과 사진을 대충 대충 하는 사람은 추가적인 협찬이나 협업은 일어나질 않습니다.

진정성 있는 콘텐츠가 '협찬 → 유료 제안'으로 이어질 수 있습니다.

→ 처음엔 제품만 제공받아도 감사하면서 글 작성을 하지만 그 리뷰가 또 다른 협찬과 유료 원고료 제안으로 이어집니다.

→ 협찬을 '공짜 즐기기'가 아닌 '비즈니스 파트너십의 시작'으로 받아들이세요.

[지금부터 마인드를 바꿔보세요]

"내가 지금 광고를 대신하고 있다"는 인식을 가지세요

→ 업체의 입장에서 생각해보면, 더 좋은 콘텐츠가 만들어집니다.

리뷰 하나에도 책임감을 담는 습관이 결국 '수익 구조'를 만듭니다

→ 그렇게 쌓인 정성과 신뢰가 결국 '진짜 수익'을 불러옵니다.

체험단 글을 보고 메일로 제안이 온 실제 사례

결국 체험단은 단순한 공짜 체험이 아닙니다. 브랜드가 홍보를 위해 당신을 믿고 맡긴 기회라는 점을 꼭 기억하세요. 이런 마인드를 가진 사람만이 꾸준한 협찬, 유료 제안, 체험단 성공 루트에 올라설 수 있습니다.

"공짜는 없습니다, 대신 진짜 기회는 누구에게나 있습니다."

Q. 077 블로그로 발생한 수익도 세금 신고를 해야 하나요?

A. 블로그 수익도 분명한 과세 대상입니다. 애드포스트, 쿠팡파트너스, 체험단 원고료, 제휴마케팅 등으로 발생한 수익은 일정 조건을 충족하면 반드시 세금 신고를 해야 하고 수익 규모에 따라 신고 방식이나 세금 종류도 달라집니다.

[수익이 생기면 '기타소득' 또는 '사업소득'으로 구분]

연간 300만 원 이하

→ 보통은 기타소득으로 분류고 신고 의무가 없거나 간단한 신고로 끝나는 경우가 많습니다.

→ 하지만 수익이 계속 이어진다면 이때부터 준비하는 것이 좋습니다.

연간 300만 원 초과 또는 지속적인 수익 발생

→ 이때부터는 프리랜서 소득(사업소득)으로 보기 때문에 종합소득세 신고 대상이 됩니다.

→ 특히 월 100만 원 이상 꾸준히 벌기 시작했다면 사업자 등록까지 고려하는 것이 유리할 수 있습니다.

[세금 문제 미리 준비하면 오히려 기회]

수익 흐름은 이미 국세청이 파악하고 있습니다

→ 계좌 입금 내역, 애드포스트 정산 정보, 원천징수 내역 등은 투명하게 기록되기 때문에 언젠가는 신고 대상이 됩니다.

→ 몰랐다고 넘어가기엔 리스크가 생길 수밖에 없죠.

실제로 저도 모르고 넘었갔던 소득 부분이 축소신고가 되어서 나중에 과태까지 붙어서 한번에 나와 당황한 적이 있습니다. 과태료가 상당히 크니 세금 신고는 정확히 하는 게 좋습니다.

[사업자 등록을 고려해야 할 시점은?]

월 100만 원 이상 꾸준한 유료 협찬이 생길 때

→ 이때는 기타소득보다 사업자 등록이 절세에 유리할 수 있습니다.

부가세 환급, 비용 처리 등 사업자만 누릴 수 있는 혜택도 생각하고 준비 하면 됩니다.

정리하자면, 블로그 수익이 처음엔 작아 보여도 지속적이라면 반드시 '소득'으로 보고 세금 계획을 세워야 한다는 점을 기억하세요. 처음부터 준비하면 당황할 일도 없고 오히려 더 안정적인 수익 구조로 발전할 수 있습니다.

저처럼 갑작스러운 세금 고지서에 당황하지 않도록 지금부터 준비하세요. 그때만 생각하면 눈물이 날 것 같네요.

CHAPTER 06

블로그 슬럼프 극복하기

Q. 078 3년 이상 꾸준히 블로그를 운영한 사람들의 노하우가 있나요?

A. 정말 많은 분들이 물어보는 질문입니다. 저도 처음엔 매일 글을 쓴다는 게 부담스럽고, 뭘 써야 할지 몰라 멍하니 화면만 바라본 적도 많았습니다. 그런데 어느 순간 블로그는 제 삶의 '기록이자 자산'이 되었고, 오히려 안 쓰면 허전할 정도가 되었습니다. 열심히 한 것도 있지만 마인드를 바꾼 것이 가장 컸고, 11년간 유지할 수 있었던 가장 큰 이유는 재미가 있어서였습니다.

[블로그를 '성과'보다 '기록'으로 바라보세요]

수익화, 조회수가 최우선이 되어서는 안 됩니다

물론 시간이 지나면 이 모든 것을 신경 써야 하겠지만 '나의 기억'을 남긴다는 생각이 먼저입니다. 처음부터 돈을 벌기 위한 도구로만 블로그에 접근하면 반응이 없을 때 금방 지치게 됩니다.

저도 시간이 지나 블로그의 과거 글을 한번씩 보면 그때의 순간들이 떠오르면서 추억에 잠기곤 합니다. 블로그는 그런 곳입니다. 남들이 가질 수 없는 나만의 소중한 추억 공간이 될 수 있는 거죠. 여행 사진과 그날의 경험들을 적어 남긴 글이 1년 뒤에 너무나 소중한 추억이 되는 걸 몸소 느끼고 있습니다.

지난간 글을 보면서 나도 모르게 웃음이 지어집니다. 블로그를 내 삶의 타임캡슐이라 생각하고 나중에 다시 꺼내 보면 큰 힘이 되는 글이 될 겁니다. 그런 마음으로 쓰면 부담이 훨씬 줄어듭니다.

[작게 시작해서 루틴화하세요]

시작은 '사진 몇 장+짧은 글 600~800자'면 충분합니다

처음부터 2,000자가 넘는 글을 작성하려고 하면 오히려 하기 싫은 숙제처럼 느껴지게 될 겁니다. 처음에는 재미가 있어 시간이 얼마나 걸리든 할 수 있지만 이걸 매일 혹은 이틀에 한 번씩 한다고 생각해 보세요. 생각만 해도 부담스러운 학교 숙제 같은 느낌이 들게 될 겁니다.

저도 초반에는 '오늘 찍은 사진입니다'라고 짧은 감상과 사진 두 장만 올렸습니다. 물론 이런 글은 블로그에 좋은 영향을 주지는 않는 방식이지만 그게 뭔지 모를 때만 할 수 있는 매력이 있는 거죠. 초반에는 이런 제약을 최대한 줄여서 운영해 보는 것도 좋은 방법 중 하나입니다.

계속해서 이렇게 운영하라는 얘기는 아닙니다. 어느 정도 익숙해질 때까지 너무 부담 갖지 말고 그래도 하고 싶은 건 해보는 게 좋은 겁니다.

중요한 건 '자주' 쓰는 습관입니다

가장 중요한 포인트입니다. 블로그는 활동성이 상당히 중요한 플랫폼입니다. 이 블로그가 멈춘 블로그가 아니라는 것을 자주 확인시켜줘야 한다는 거죠. 자주라고 해서 매일 작성해야 한다는 뜻은 아닙니다.

물론 매일 작성하면 가장 좋지만, 무조건 매일 쓸 필요는 없습니다. 이틀에 한 번, 아니면 일주일에 두 번이라도 어느 정도 일정한 루틴을 만들어 꾸준히 포기하지 말고 작성하세요. 내가 할 수 있는 목표를 정하고, '이 정도는 반드시 지키겠다'는 생각으로 하면 됩니다. 블로그에 글을 자주 올리는 습관만 들여도 70%는 이미 성공한 것입니다.

[혼자 하지 말고, 함께 쓰는 재미를 느껴보세요]

블로그 커뮤니티, 카페, 챌린지에 참여해 보세요

'오늘의 글쓰기 미션'처럼 가볍게 참여할 수 있는 활동이 많습니다. 제가 운영하는 단톡방이나 커뮤니티에서도 챌린지는 매일 하고 있는데 그곳에 참여만 해도 하루 루틴을 지켰다는 보람을 느끼는 수강생들이 많습니다. 혼자 하면 힘들지만 함께 하면 군중 심리에 의해 자연스럽게 따라가게 되는 것도 있습니다.

소통이 동기부여가 됩니다

댓글 하나, 공감 하나가 글쓰기를 더 즐겁게 만들어 줍니다. 사람들과 교류하면서 "내 글을 기다리는 누군가가 있다"는 것만큼 블로그 글을 쓰고 싶게 만드는 건 없죠. 이웃 소통은 초반에 하면 너무 좋은 블로그를 하는 목적 중 하나가 될 겁니다.

[체험단은 꾸준함을 가능하게 하는 최고의 도구입니다]

블로그 글쓰기에 '마감'이라는 강제성은 최고의 동기부여가 됩니다

체험단은 대체로 작성 마감 기한이 정해져 있습니다. 그래서 자연스럽게 글 쓰는 패턴과 계획이 세워지고 그에 맞춰 글 작성을 하게 됩니다.

체험단을 꾸준히 하면 그 누구보다 계획적으로 글을 작성하는 사람이 되어 있을 겁니다. 그리고 체험단은 제품이나 서비스를 제공받고 작성하는 방식이라 글을 작성할 때 보상을 받는 느낌이 강하게 들게 됩니다. 당연히 블로그를 해야 하는 목적이 생기고, 앞으로 더 큰 수익화를 이룰 수 있는 가장 기본 중의 기본인 밑바탕이 만들어지는 것입니다.

아무런 보상 없이 꾸준히 하기란 정말 어렵습니다. 단돈 5천 원

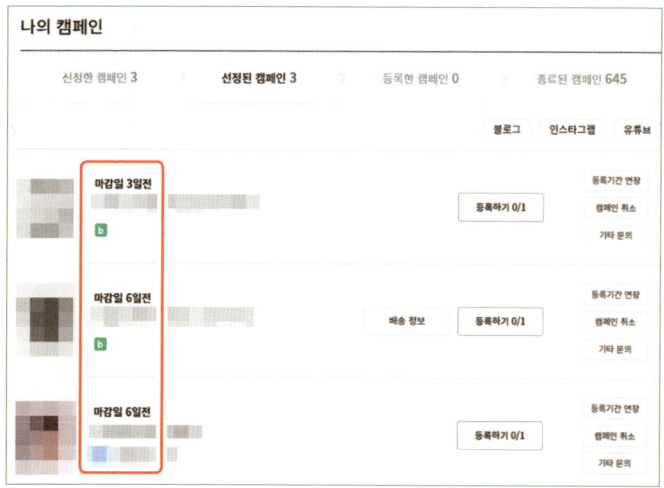

체험단은 마감일이 정해져 있어 강제성을 부여해 준다 | 출처 : 레뷰

짜리 제품이라도 내 글에 '대가'가 생기면 그 자체가 지속할 수 있는 힘이 됩니다.

[꾸준함을 넘어 지속 가능한 구조 만들기]

블로그는 단거리 경주가 아니라 마라톤입니다

처음 1~2개월은 열심히 쓰다가 지치는 사람들이 대부분입니다. 반응도 없고, 수익도 없는 시기를 '기록 중심의 루틴'으로 넘겨야 합니다. 그리고 선정이 안되더라도 꾸준히 체험단에 신청을 해야 합니다. 신청하지 않으면 당연히 선정도 안 되겠죠.

루틴+수익+소통, 이 3가지를 모두 갖춘 구조가 완성돼야 합니다

이 세 가지가 맞물리면, 블로그는 '취미를 넘어선 자산'이 될겁니다. 오늘부터라도 꾸준함의 시작을 함께 해볼까요?

맛집 체험단이
정말 많은 리뷰노트
체험단 바로가기

Q. 079 블태기(블로그 권태기)가 왔을 때 극복 방법은 무엇인가요?

A. 블로그를 오래 하다 보면 누구나 한번쯤 겪는 '블태기'. 너무 자주 와서 문제긴 합니다. 사실 저 역시 주기적으로 경험하고 있고 글이 안 써지는 날이면 아무리 앉아 있어도 멍하니 생각이 떠오르질 않아 시간만 보낼 때가 많습니다. 그렇다고 계속해서 멍하게 있으면 안 되겠죠.
저만의 '블태기' 극복 방법을 몇 가지 공유해보겠습니다.

[초심을 떠올리면 다시 마음이 움직입니다]

처음 블로그를 시작했던 이유를 기억하시나요?

저는 처음엔 홍보가 목적이었지만 누군가 제 글을 읽고 공감해 주는 게 너무 재밌었습니다. 반응 하나하나에 설레던 그 마음이 저를 다시 일으키는 원동력이었습니다.
블로그 시작을 했을 때 작성했던 글을 다시 읽어보세요. "내가 이렇게 열정적이었구나" 싶고 글 속에 담긴 솔직하고 정성스러운 나의 기록이 다시 글 쓰고 싶은 마음이 들게 할 겁니다.

[부담을 내려놓으세요]

부담을 내려놓는 게 슬럼프 탈출의 첫걸음입니다

글이 안 적힐 때는 머리가 복잡한 이유도 있지만 그동안 힘들게 작성해왔던 과정이 글쓰기 전부터 떠올라 생각만 해도 그 과정을 다시 반복하기 싫어지기 때문입니다. 이럴 때는 키워드 찾는 법, 글자 수, 사진 등 모든 평소 패턴을 무시하고 가벼운 글 작성을 해보세요. 그냥 아무런 부담 없이 좀 더 편한 마음으로 하면 글쓰는 게 이렇게 쉬웠나라는 생각이 들게 될 겁니다.

점심으로 먹은 김밥 사진 + "오늘은 입맛 없었는데 김밥이 의외로 맛있었어요." 산책 중 본 벚꽃 사진 + "벚꽃이 벌써 피었습니다. 봄이 가까워지는 거 같아요." 이런 가벼운 글이 오히려 공감도 더 잘 받을 수 있고 다시 글 쓰는 즐거움을 회복할 수 있게 만들어줄 겁니다.

[자극을 받기 위한 '외부 경험'을 해보세요]

전시회, 여행, 산책, 영화 관람 모두 좋은 자극이 됩니다

새로운 경험은 새로운 글감을 줍니다. 이걸 블로그에 써봐야지 하는 생각이 들 때 다시 키보드 앞에 자연스럽게 앉게 됩니다. 그동안 너무 짜여진 나만의 루틴으로 인해 오히려 그게 스트레스가 된 경우가 대부분입니다. 새로운 경험처럼 다시 글 작성을 하고 싶게 만드는 게 없는 것 같습니다.

그리고 다른 블로거들의 글을 읽어보세요. 나와 다른 글쓰기 방식, 글 속에서 느껴지는 열정, 정성 등 모든 것들이 다시 글 쓰고

미술관 같은 곳을 가보는 것도 하나의 방법입니다

싶은 마음이 들게 만들어줄 겁니다.

[과감하게 며칠 쉬어보는 것도 용기입니다]
억지로 쓰면 더 지치고 결국 블로그 자체가 싫어질 수 있습니다

그럴 땐 나는 지금 재충전 중이라고 스스로를 설득하고 쉬는 것도 하나의 루틴이라고 생각하면 마음이 훨씬 가벼워질 겁니다.

[슬럼프는 성장의 징조입니다]

슬럼프는 내가 더 잘하고 싶다는 마음에서 옵니다

그러니까 이 시기를 오히려 성장의 신호라고 생각해야 합니다. 블로그는 단거리 경주가 아닙니다. 잠깐 멈춰도 괜찮습니다. 내가 지금 블태기라는 생각이 들면 아래 세 가지만 기억하세요.

1. 슬럼프는 나만 겪는 게 아니라 누구라도 겪는 현상입니다.
2. 완벽한 글보다 다시 쓰겠다는 마음이 더 중요합니다.
3. 쉬어가도 괜찮습니다. 멈추지만 않는다면 우리는 결국 언제 그랬냐는 듯이 다시 하게 될 겁니다.

Q. 080 블로그 운영 시간은 어떻게 관리해야 지치지 않을까요?

A. 저도 처음 블로그를 시작했을 때 가장 힘들었던 게 바로 '시간 관리'였습니다. 하루 24시간이 이렇게 짧았나 싶을 정도로 블로그 하나 쓰는 게 왜 그렇게 오래 걸리는지 답답했던 적이 정말 많았습니다. 그런데 그 시간을 조금씩 다듬고 나만의 루틴을 만들어 가면서부터는 훨씬 수월해졌습니다.

1. 하루 중 가장 여유로운 시간 정해 놓기

우선 제가 가장 먼저 했던 건 블로그에 쓸 수 있는 시간대를 고정 하는 거였습니다. 저는 아침에 집중이 잘 되는 타입이라 하루를 시작하면서 한 시간은 무조건 블로그에 투자했어요. 시간을 정해놓고 습관처럼 움직이니까 시간 관리가 훨씬 수월해졌고 특히 하루의 시작을 아침에 블로그 글 작성으로 미리 하게 되니 저녁시간이 훨씬 더 여유롭고 뭔가에 쫓기는 듯한 생각이 들지 않아서 스트레스가 사라졌습니다.

저에게는 정말 도움이 많이 되었던 루틴입니다. 혹시 퇴근 후나 밤 시간이 더 잘 맞다면 그 시간대를 고정해 두는 것도 좋습니다.

2. 글쓰기 템플릿 미리 만들어 두기

포스팅에 들어가는 시간을 줄이기 위해 미리 템플릿을 짜두는 것도 정말 효과적이었습니다. 저는 소제목, 사진 위치, 마무리 문구까지 어느 정도 틀을 만들어놓고 그 안에 내용을 채워 넣는 방식으로 글 작성을 하고 있습니다. 이렇게 하면 작성 시간이 엄청 줄고 중간에 멍하니 앉아 있는 일도 없어집니다.

미리 만들어둔 글쓰기 템플릿 예시

3. 정해진 시간 외에는 블로그 생각 지우기

그리고 하루 종일 블로그 생각만 하지 않아야 합니다. 계속 이거 써야지 저것도 정리해야지 하다 보면 블로그가 일이 되어버리고 금방 지칩니다. 그래서 저는 딱 '블로그 시간'에만 몰입하고 그 외 시간엔 과감히 내려놓는 연습을 했습니다. 오히려 이렇게 블로그를 일처럼 대하니까 더 오래 꾸준히 할 수 있었던 것 같아요.

4. 나만의 글쓰기 목표 정해두기

가장 중요한 건 내가 할 수 있는 만큼만 꾸준히 하는 겁니다. 매일 1시간이든 일주일에 3번이든 내 생활 리듬에 맞게 루틴을 설정하는 게 핵심 포인트입니다. 블로그는 절대 단거리 달리기가 아니거든요. 시간을 통제하려 하지 말고 내 시간 속에 블로그를 자연스럽게 녹여보세요. 그렇게 루틴이 자리를 잡기 시작하면 어느 순간 '블로그 쓰는 시간'이 오히려 나를 정리해주는 고마운 시간이 되어 있을 겁니다.

CHAPTER 07

블로그 문제 해결 가이드

Q. 081 건강·의학 블로그 운영 시 금칙어를 피해서 안전하게 글을 쓰려면 어떻게 해야 하나요?

A. 건강·의학 블로그를 운영하다 보면 '금칙어' 때문에 고민이 많으실겁니다. 중요한 건 그 단어 자체가 문제가 되는 게 아니라 그 단어가 쓰인 '문맥'과 '표현 방식'이 문제가 될 수 있습니다. 예를 들어 "오늘 몸이 안 좋아서 병원 가서 치료 받고 왔어요" 처럼 단순한 일상 공유 형태로 쓰였다면 전혀 문제가 되지 않습니다.

하지만 이 글을 그대로 금칙어 검사를 해보면 금칙어를 사용했다고 나오는 거죠. 검색하다 보면 어이없는 경우가 상당히 많을 겁니다. "나는 그곳에 가보지는 않았지만 좋다는 얘기를 많이 들었습니다" 전혀 문제가 없는 문장입니다. 하지만 금칙어 검사 사이트에서는 어이없게도 이런 문장도 금지어로 나옵니다. 금칙어 사이트는 네이버에서 만든 게 아닙니다. 이 사이트는 단순히 텍스트 속 단어만 기계적으로 추출해서 보여주는 도구일 뿐, 진짜 의미나 맥락을 분석하는 사이트가 아닙니다.

그래서 그 결과에 너무 의존해서 "이 단어 나왔으니 절대 쓰면 안되겠다"라고 단정지을 필요는 없습니다. 결국 중요한 건 독자가 오해하거나 법적으로 문제될 수 있는 문장 구성을 하지 않는 것입니다. 다시 말해, 같은 단어라도 어떻게 쓰느냐에 따라 노출 제재 대상이 될 수도 있고, 괜찮을 수도 있다는 거죠. 그래도 건강 분야는 법적으로 예민한 영역이기 때문에 표현은 항상 조심스럽게 그리고 신중하게 작성하는 게 맞습니다. 단어를 쓰지 않는 게 아니라 독자에게 오해를 주지 않을 방식으로 쓰면 문제될 게 전혀 없습니다.

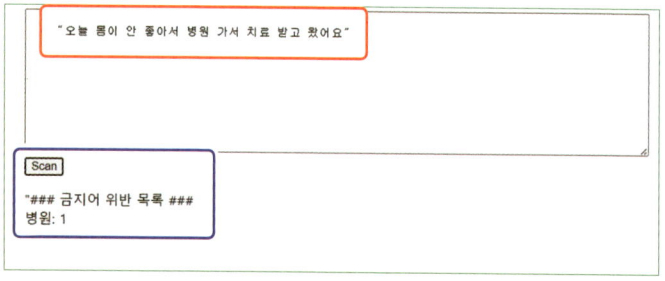

금칙어 사이트에서 스캔을 하면 의미와는 상관없이 무조건 단어로만 금지어를 찾아준다

[건강기능식품 및 의약품 소개 시 주의 표현 예시]

1. 금지 표현 vs 권장 수정 표현

✗ 주의해야 할 표현	○ 권장되는 표현
피로가 싹 사라졌어요	피로감 완화에 도움이 되는 성분이 포함되어 있습니다 (설명서 기준)
이거 먹고 감기가 안 걸렸어요	면역 기능 유지에 도움을 줄 수 있는 성분이 들어 있습니다
혈압이 내려갔어요	혈압 관련 건강관리에 관심 있는 분들께 참고가 될 수 있습니다
당뇨에도 효과 있어요	혈당 조절에 도움을 줄 수 있다는 연구가 진행된 성분입니다
부작용도 없고 누구나 먹을 수 있어요	개인에 따라 차이가 있을 수 있으니 제품 설명서를 반드시 확인하세요
이거 먹으면 살이 빠져요	체지방 감소에 도움을 줄 수 있는 성분이 포함되어 있습니다 (식약처 기능성 인정)
꾸준히 먹으면 치매 예방돼요	뇌 건강과 인지기능 유지에 도움을 줄 수 있는 건강기능식품입니다

[위 예시 블로그에 작성시 순화한 문장 예시]

✗ 주의해야 할 표현	○ 블로그용 현실적인 대체 문장
피로가 싹 사라졌어요	개인차는 있을 수 있지만 저는 며칠 꾸준히 섭취하면서 몸이 예전보다 덜 무겁고, 컨디션이 조금씩 회복되는 느낌이 들었어요.
이거 먹고 감기가 안 걸렸어요	면역이 중요한 시기라 챙겨 먹고 있는데, 예전보다 감기 기운이 덜 느껴지는 듯합니다. 명확한 효과는 아니지만 개인적으로 만족스럽네요.
혈압이 내려갔어요	혈압 관리에 신경 쓰는 분들이 주로 찾는 제품이라고 하더라고요. 저는 식단과 함께 병행 중인데, 안정감 있게 유지되고 있어요.

당뇨에도 효과 있어요	혈당 수치에 관심이 많은 가족에게 선물했는데, 식사 전후에 함께 관리하니 부담이 덜하다고 하시더라고요.
누구나 먹을 수 있어요	성분을 확인해보니 무난한 편이긴 한데, 체질이나 알러지에 따라 다를 수 있으니 섭취 전 라벨을 꼭 확인해 보시길 추천 드려요.
살이 빠졌어요	식사 조절과 함께 섭취했더니 체지방이 정체기에서 조금 빠지는데 도움이 되는듯 합니다. 물론 단독 섭취로는 어렵고, 운동과 병행해야 해요.
치매 예방돼요	인지 기능을 유지하는 데 도움을 줄 수 있다는 연구가 있는 성분이라 부모님께 꾸준히 챙겨드리고 있어요.

2. 금지 키워드 vs 대체 키워드 요약표

✕ 금지 표현 키워드	○ 안전한 대체 표현
효과 있다	도움을 줄 수 있다
치료된다	건강 관리에 활용되는 경우가 있다
병이 나았다	건강 상태에 긍정적인 변화를 느꼈다
예방된다	관련 건강기능 성분이 포함돼 있다
누구나 먹을 수 있다	개인에 따라 차이가 있을 수 있다

Q. 082 티스토리나 네이버 카페에 동일한 글을 올리면 검색 노출에 문제가 생기나요?

A. 중복 콘텐츠는 노출에 부정적인 영향을 줄 수 있습니다. 특히 네이버 검색 알고리즘은 원본성과 신뢰도를 중요하게 판단하기 때문에 주의가 필요합니다.

[중복 콘텐츠가 검색 노출에 미치는 영향]

'최초 등록 위치'가 우선됩니다

네이버는 동일한 내용의 글이 여러 플랫폼에 있을 경우, 가장 먼저 등록된 글을 원본으로 간주하고 그 외에는 검색 노출을 줄이거나 제외시킵니다. 예를 들어 티스토리에 먼저 올리고 나중에 네이버 블로그에 올리면 블로그 글이 복사본처럼 인식될 수 있어요.

검색 노출 순위에서 불이익을 받을 수 있습니다

네이버는 블로그 글의 독창성과 신뢰도를 높이 평가합니다. 그런데 같은 글이 여러 곳에 올라 있으면 "이 블로그는 고유한 정보가 없다"고 판단하고, 블로그 자체의 평가를 낮출 수 있습니다.

블로그 전체 품질 평가에 영향이 갑니다(블로그 지수)

단일 글뿐만 아니라 중복 콘텐츠가 많아지면 블로그 전체의 '품질지수'가 떨어져 장기적으로는 전체 글의 노출율이 낮아지는 결과(저품질)를 초래할 수 있어요.

[네이버 카페와 티스토리 활용 팁]

글 업로드 순서를 지키세요

블로그를 주 채널로 운영하신다면, 반드시 네이버 블로그에 먼저 글을 올리시고 그 후에 다른 채널에 올리는 것이 좋습니다.

내용 일부를 수정해서 올리세요

완전히 새로운 글을 쓰기 어렵다면, 제목, 문장 구성, 이미지 배치, 예시 등을 약간만 바꿔도 네이버는 다른 글로 인식할 확률이 높습니다.

예) 티스토리에는 "5가지 꿀팁"으로 올렸다면 → 블로그엔 "이렇게만 하면 성공하는 5단계 전략"으로 올리기

요약본이나 일부 발췌로 활용하세요

네이버 카페나 타 채널에는 요약 내용 + 블로그 링크 방식도 좋습니다. "자세한 내용은 저의 네이버 블로그에서 확인하세요"라고 유도하면 중복도 피하고 유입도 끌어올릴 수 있어요.

[요약]

블로그 운영에서 가장 중요한 키워드는 '신뢰'와 '독창성'입니다. 단순히 많은 채널에 올리는 것보다 하나하나 차별화된 콘텐츠로 운영하는 것이 훨씬 좋은 결과를 얻을 수 있습니다. 조금 번거롭더라도 네이버 블로그에 먼저 올리고 다른 채널은 변형 후 업로드를 추천드릴게요. 조금만 신경 쓰면 의미있는 장기적인 검색 노출과 수익화에 큰 차이를 만들어 줄 겁니다.

Q.083 블로그 운영 중 주제를 바꾸면 위험한 건가요?

A. 블로그 주제 변경은 '위험'이 아니라 '기회'입니다. 다만 무작정 바꾸는 것보다 전략적인 전환이 필요합니다. 제대로 준비하면 오히려 더 빠른 성장을 할 수 있는 발판이 될 가능성이 아주 높습니다.

[왜 주제를 바꾸고 싶어지는 걸까?]
반응 없는 블로그로 인한 좌절
→ 꾸준히 글을 써도 조회수, 이웃, 댓글이 적다면 누구나 회의감을 느낍니다.

나와 안 맞는 주제의 한계
→ 처음엔 트렌드와 수익만 보고 시작했지만 나와 맞지 않는 주제로 인해 점점 흥미가 없어질 수 있습니다.

더 좋은 기회를 발견했을 때
→ 새로운 관심사나 돈이 되는 주제를 알게 되면 욕심이 나는 건 당연한 겁니다.

[주제를 바꾸는 올바른 방법]
단계적인 전환이 중요합니다.

→ 기존 주제와 새 주제를 자연스럽게 연결하세요.

예) '여행 블로그 → 재테크' 전환 시 → '여행 경비 아끼는 꿀팁', '해외여행 환전 요령' 같은 중간 단계 연결 글을 발행하면서 기존 지수를 받고 있던 주제와 연결성을 가지고 서서히 바꿔가는 게 베스트입니다.

블로그의 톤앤매너와 주제를 리브랜딩
→ 프로필, 소개글, 스킨, 글의 톤까지 새 주제에 맞게 조정하면 좋습니다.

기존 주제가 성장하지 못하는 이유 중 잘못된 패턴도 있을 수도 있기 때문에 새롭게 시작하는 게 좋습니다.

이전보다 더 정밀한 키워드 전략 필요
→ 예전 글이 반응이 없었다면 새로운 주제엔 검색량/경쟁도 분석 후 시작하세요.
→ 스마트블록 키워드나 네이버 인플루언서 검색 도구 등을 적극 활용해 보세요.

[주제를 바꾸면 생기는 변화]

조회수 일시적 하락 가능성 있음
→ 알고리즘이 혼란스러워 할 수 있지만 보통 1~2달 안에 회복됩니다.

새로운 독자층 유입 기회
→ 타깃 독자가 바뀌면서 더 높은 반응을 이끌 수 있습니다.

자기 만족도 상승

→ 내가 좋아하고 흥미 있는 주제를 다룰 때 글쓰기도 더 즐겁고 꾸준해집니다.

[마무리 조언]

주제를 바꾸고 싶다는 생각이 들었다면 그건 성장의 신호입니다. 망설이지 마세요. 대신 철저한 전략을 가지고 한 발 한 발 방향을 트는 방식으로 접근하면 분명 더 좋은 결과로 이어질 수 있을 겁니다.

Q. 084 체험단 글만 계속 작성하면 저품질이 올 수 있나요?

A. 체험단 글을 많이 작성한다고 해서 반드시 저품질로 이어지는 것은 아닙니다. 체험단 글 자체가 문제가 아니라 상업성, 과장 표현, 외부 링크 사용 등 네이버가 경계하는 요소들이 쌓이면 품질 저하가 발생할 수 있는 겁니다.

[네이버가 체험단 글을 보는 관점]

1. 체험단 콘텐츠는 네이버에 필수
- 네이버는 체험단 글 없이는 블로그 생태계를 유지하기 어렵습니다.
- 체험단이 사라지면 자발적으로 올라오는 글의 절반 이상이 사라질 가능성이 큽니다.

2. 네이버의 체험단 플랫폼 운영
- 네이버는 체험단을 없애기보다 브랜드 커넥트라는 자체 체험단 플랫폼을 운영 중입니다.
- 이는 네이버가 체험단 콘텐츠와 상생하려는 의도를 보여줍니다.

3. 상업성 과다 노출은 위험
- 체험단 글이라도 솔직한 후기 중심으로 작성해야 합니다.

- 과도한 광고성 표현, 협찬 도배, 과도한 외부 링크 삽입은 저품질 위험 요소입니다.

[저품질 위험이 커지는 작성 패턴]

1. 과장된 광고 표현 사용

- "가성비 최고!", "무조건 사야 함!" 등 자극적 표현은 네이버 필터링 대상입니다.
- 특히 제목과 서두에 이런 표현이 반복되면 저품질로 이어질 수 있습니다.

2. 외부 링크 과다 삽입

- "자세한 내용은 아래 링크 클릭" 등 유도성 멘트와 링크 조합은 위험합니다.
- 최근 네이버는 외부 링크 필터링을 강화했습니다.

3. 기자단 형태의 체험단 글 연속 작성

- 기자단 글은 내 사진, 내 후기 없이 보도자료 복사가 많습니다.
- 이런 글은 검색 품질 평가에서 불이익을 받을 가능성이 큽니다.

[저품질을 피하는 안전한 운영 방법]

1. 솔직한 후기 작성

- 협찬 제품이라도 실제 사용 후 장단점을 모두 솔직히 작성하세요.
- 특히 단점도 함께 언급하면 신뢰도가 높아집니다.

2. 제목과 본문 표현 점검

- 과장된 광고 표현 대신 경험 중심 표현을 사용하세요.
- 예) "최고의 제품!" → "사용해보니 가격 대비 기능이 괜찮았습니다."

3. 외부 링크 최소화

- 외부링크는 되도록이면 변환을 해서 올리세요(vo.la 변환 사이트 이용).
- 스마트스토어, 블로그 다른 글 등 내부링크는 안전하지만 이것 역시 남발(5개 이상) 금지입니다.

4. 다양한 콘텐츠 병행

- 체험단 글 외에도 일상, 여행, 정보성 글을 함께 운영하세요.
- 특정 콘텐츠에만 치우치면 상업 블로그로 인식될 수 있습니다.

체험단 글 작성은 블로그 운영의 한 방법일 뿐입니다. 과장 광고, 협찬 도배, 외부 링크 남발 같은 요소만 피하면 체험단 글도 충분히 좋은 콘텐츠가 될 수 있습니다. 중요한 것은 내 경험을 바탕으로 솔직하게 작성하는 것입니다. 네이버 정책 변화에 민감하게 대응하며 꾸준히 운영해보세요. 그렇다면 체험단 글도 블로그 성장의 좋은 자산이 될 수 있습니다.

Q. 085 네이버 고객센터에 문의하는 방법은?

A. 네이버 고객센터에 문의하는 방법은 처음에는 막막하게 느껴질 수 있지만, 한번만 경험해보면 누구나 쉽게 할 수 있습니다. 저 역시 블로그를 시작할 때 여러 번 이용했던 방법이라 아주 상세히 안내하겠습니다.

[네이버 고객센터 접속 방법]

1. 포털 검색 이용하기

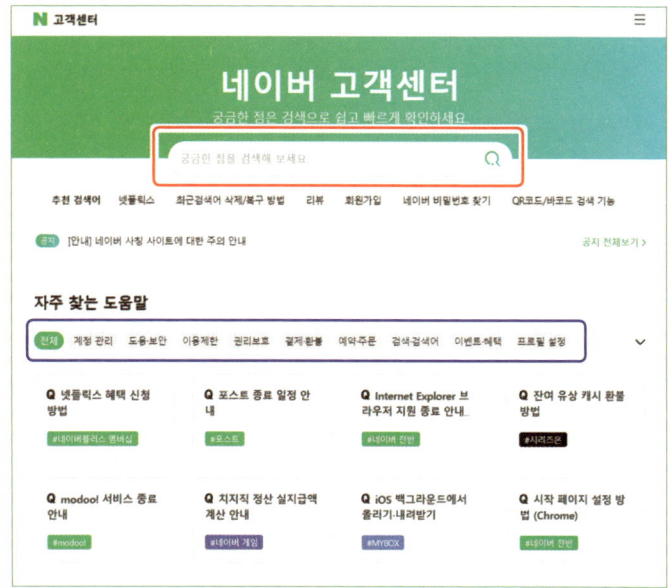

네이버 고객센터 화면 / 검색창에 질문을 검색하면 빠르게 서치가 가능 | 출처 : 네이버 고객센터

- 네이버, 구글 등 포털에 '네이버 고객센터'를 검색하면 가장 상단에 링크가 표시됩니다.
- 주소창에 직접 help.naver.com을 입력해도 바로 접속할 수 있습니다.

2. 고객센터 내 검색 기능 활용

- 고객센터 상단 검색창에 궁금한 내용을 입력하면 관련 도움말과 FAQ가 나옵니다.
- 원하는 답변이 없을 경우, 페이지 하단의 1:1 문의하기 버튼을 이용하면 됩니다.

[1:1 문의 작성 방법]

1. 문의 유형 선택

- 블로그, 카페, 페이, 광고, 개인정보 등 다양한 카테고리가 준비되어 있습니다.
- 본인의 문의 내용과 가장 가까운 카테고리를 선택해야 빠른 처리가 가능합니다.

블로그뿐만 아니라 다양한 서비스 제공

2. 문의 내용 작성

- 상황 설명을 최대한 구체적이고 자세히 작성하세요.
- 스크린샷, 관련 링크 등 증빙자료를 첨부하면 처리 속도가 빨라집니다.

3. 문의 접수 및 답변 확인

- 문의 등록 후 평균 영업일 기준 2~3일 이내에 답변을 받을 수 있습니다.
- 급한 문의가 아니라면 빠르면 하루 만에 답변이 오는 경우도 많습니다.

네이버 고객센터 1:1 문의 화면 | 출처 : 네이버 고객센터

[문의 시 유용한 팁]

1. 스크린샷 필수 첨부

- 오류 메시지, 화면 캡처 등을 첨부하면 담당자가 상황을 이해하는 데 도움이 됩니다.

2. 문의 제목을 명확하게 작성

- '블로그 글 검색 누락 문의', '광고비 환불 요청' 등으로 구체적으로 작성하세요.

3. 자주 묻는 질문 먼저 확인

- 대부분의 기본 문의는 FAQ에서 바로 해결할 수 있습니다.

고객센터 문의는 처음만 어렵지, 한번 해보면 정말 간단합니다. 내 블로그의 문제를 스스로 해결할 수 있는 첫걸음, 바로 고객센터입니다. 인터넷에 떠도는 정체불명의 정보들을 맹신하지 말고 고객센터에 문의해서 답변을 받는 게 가장 정확한 정보입니다. 찾아보고, 묻고, 행동하는 사람이 결국 가장 빠르게 성장할 겁니다.

네이버 고객센터
바로가기

Q. 086 블로그를 대여나 양도하면 돈을 준다는 쪽지가 자주 오는데 판매를 해도 되나요?

A. 네이버 블로그는 절대 양도하거나 대여할 수 없습니다. 많은 분들이 블로그를 키우다 보면 "누군가에게 넘기고 싶다", "대여해서 수익 내고 싶다"는 생각을 하지만 네이버 정책상 명백한 금지 행위입니다.

[네이버 블로그 양도·대여 불가능한 이유]

1. 네이버 계정과 블로그는 하나입니다

- 블로그는 네이버 계정에 속한 서비스라서 계정 자체의 소유권 이전이 없는 이상 블로그만 따로 넘길 수 없습니다.
- 네이버 계정에는 메일, 페이, 카페 등 개인 정보와 서비스 이력이 모두 연결되어 있습니다.

2. 네이버 이용약관으로 명확히 금지

- 네이버 이용약관 제16조, 17조에 계정 공유, 양도, 매매, 대여가 명확히 금지되어 있습니다.
- 위반 시, 계정 이용 제한, 서비스 중단, 영구 정지까지도 가능합니다.

3. 정책 위반 시 발생할 수 있는 불이익

- 블로그 노출 제한, 검색 제외 조치가 이루어질 수 있습니다.
- 심할 경우 계정 자체가 영구 정지되어 블로그, 카페, 메일 등 모든 서비스 사용 불가 상태가 됩니다.

[블로그 양도·대여 시 자주 발생하는 사례]

1. 불법 거래 사이트를 통한 블로그 매매

- 일부 사이트에서 블로그 판매·대여를 광고하고 있지만 모두 네이버 정책 위반입니다.

2. 체험단, 광고 대행용으로 블로그 대여

- 영향력 있는 블로그를 빌려서 광고·협찬 글을 대량 작성하는 경우가 있지만 적발 시 블로그와 계정 모두 제재 대상입니다.

특히 카테고리 임대 방식으로 접근하는 업체들이 많은데 그럴싸하게 들리지만 카테고리 하나만 빌려주는 건 블로그 전체를 빌려주는 것과 같습니다. 블로그는 카테고리마다 지수가 있는 것이 아니라 블로그 전체 지수로 운영되기 때문입니다.

3. 지인 간 계정 공유·대여

- 가족이나 친구끼리 계정을 공유하는 것도 원칙적으로는 약관 위반입니다.

- 특히 수익형 블로그 운영 시 큰 리스크가 됩니다.

[블로그 운영 시 반드시 알아야 할 팁]

1. 내 계정, 내 손으로 키워야 합니다
- 블로그는 단기간 수익보다 장기적으로 키울수록 가치가 커지는 자산입니다.

2. 불법 거래는 리스크가 크다
- 잠깐의 수익을 위해 블로그를 사고파는 것은 계정 정지, 서비스 이용 중단의 지름길입니다.

노력은 절대 배신하지 않습니다. 블로그는 투자한 시간과 정성만큼 꾸준한 방문자와 수익으로 돌아옵니다. 네이버 블로그 양도, 대여, 판매는 모두 불가능하고 명백한 정책 위반입니다. 블로그로 수익을 내고 싶다면 남의 블로그가 아니라 내 블로그를 정성껏 키우는 것이 가장 빠르고 안전한 길입니다.

Q. 087 네이버 블로그 내돈내산 기능은 뭔가요?

A. 네이버 블로그의 내돈내산 기능은 내가 직접 돈을 내고 구매하거나 이용한 상품, 서비스에 대해 작성한 진짜 후기임을 인증하는 표시 기능입니다.

블로그를 운영하다 보면 이런 고민, 한번쯤 해보셨을 겁니다. "내가 진짜 내 돈 주고 써본 솔직한 후기를 올렸는데 사람들이 광고라고 오해하면 어쩌지?" 그래서 생겨난 기능이 '내돈내산' 기능입니다. 처음엔 "굳이 이런 표시까지 해야 하나?" 싶겠지만 블로그를 운영하면서 가장 유용하게 활용하는 기능 중 하나입니다.

블로그 본문 내 '내돈내산 인증' 방문형 표시 예시

왜냐하면 내돈내산 기능을 통해 독자에게 내 글의 진정성을 한눈에 보여줄 수 있기 때문입니다. 광고성 글이 넘쳐나는 요즘 같은 시대에 순수하게 내 돈 주고 경험한 후기를 구분해주는 기능은 블로거에게도 독자에게도 꼭 필요한 도구입니다.

[내돈내산 기능의 의미와 목적]

1. 소비자 후기와 광고 콘텐츠 구분

- 내돈내산 표시는 협찬, 광고와 달리 자발적 소비 후 작성한 후기임을 명확히 보여줍니다.
- 블로그 방문자들이 광고성 글과 진짜 후기를 쉽게 구분할 수 있도록 해줍니다.

2. 네이버 정책에 따른 콘텐츠 신뢰도 강화

- 광고성 콘텐츠가 넘쳐나면서 네이버가 진짜 소비자의 목소리를 보호하기 위해 이 기능을 도입했습니다.
- 내돈내산 표시를 활용하면 알고리즘 평가의 품질 측면에서 유리할 수 있습니다.

3. 검색 노출 시 필터 기능 제공

- 사용자가 검색 시 내돈내산 필터를 선택하면 해당 표시가 있는 후기만 따로 확인할 수 있습니다.
- 광고글보다 더 신뢰할 수 있는 정보를 찾고 싶어 하는 사용자들에게 노출될

확률이 높아집니다.

[내돈내산 기능 사용 방법]

1. 블로그 글 작성 시 설정

- 글쓰기 화면에서 협찬, 광고, 대가성 콘텐츠가 아닐 경우 '내돈내산' 항목을 선택하면 됩니다.

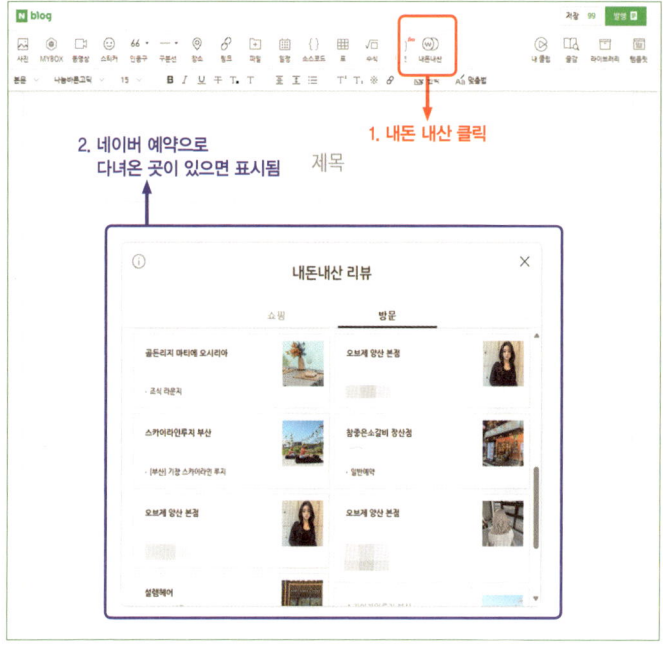

글쓰기 기능에서 간편히 설정 가능합니다

그동안 네이버 예약으로 방문을 했거나 스마트스토어에서 구매한 제품 목록이 나열됩니다. 방문은 최근 1년, 쇼핑은 6개월 간의 내역만 보여집니다.

2. 내돈내산 표시 적용

- 설정하면 포스팅 상단에 초록색 '내돈내산' 표시가 자동으로 노출됩니다.
- 검색 시에도 내돈내산 필터에 포함되어 보여집니다.

3. 작성 기준

- 상품을 직접 구매하거나 비용을 지불하고 방문한 경험을 바탕으로 작성해야 합니다.
- 무료 협찬, 체험단, 대가성 콘텐츠에는 절대 사용 불가합니다.
- 거짓 표시 시 이용 제한 등의 불이익을 받을 수 있습니다.

[인증 가능한 서비스]

- 쇼핑: 스마트스토어, 블로그 마켓, 네이버 장보기, 주문형 페이 구매 확정 내역
- 방문: 네이버 예약, 네이버 주문 이용 완료 내역
- 병의원·건강 분야, 택배 예약, 특정인만 접근 가능한 업체 등 일부 업종 및 카테고리는 연동되지 않습니다.

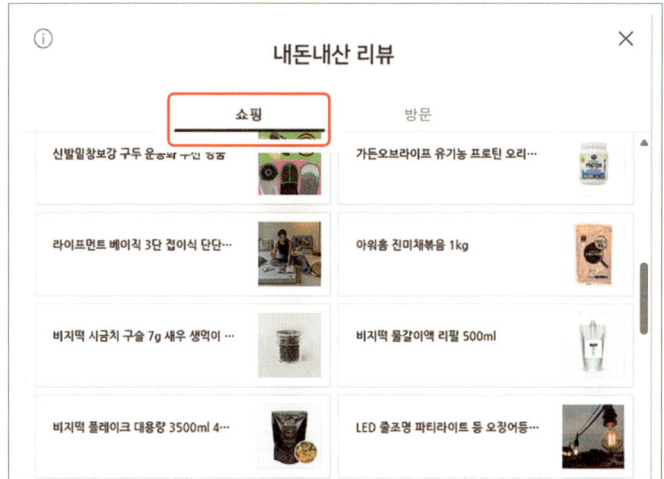

스마트스토어 구매내역 내돈내산 리뷰 선택 전 화면

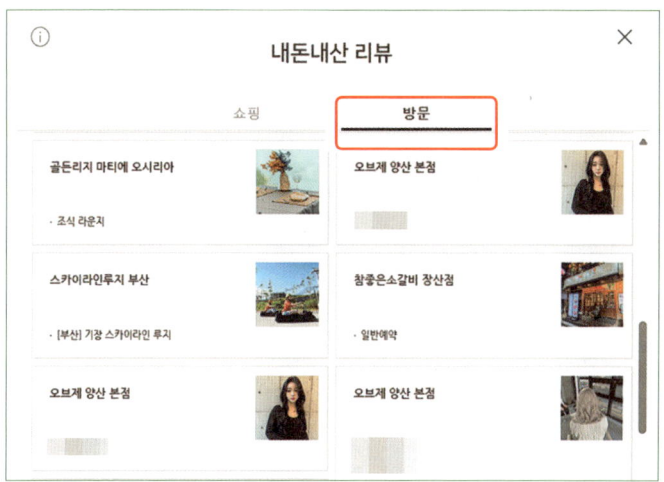

네이버 예약을 통해 다녀온 방문형 내돈내산 리뷰 선택 전 화면

[내돈내산 기능 사용 시 장점]

- 독자들에게 신뢰받을 수 있는 후기임을 보여줍니다.
- 네이버의 검색 알고리즘 평가 시 광고성 콘텐츠보다 품질점수가 높게 반영될 가능성이 있습니다.
- 꾸준히 내돈내산 후기를 쌓으면 블로그 영향력과 방문자 수 증가로 자연스러운 수익화 가능성이 높아집니다.

내돈내산 기능은 내 블로그의 진정성, 신뢰도를 높여줍니다. 사용 방법도 간단하고 장기적으로 블로그 성장에 도움이 되는 기능입니다. 만약 지금 내 블로그가 진짜 소비자 후기 중심의 신뢰받는 블로그로 성장하길 원한다면 내돈내산 기능을 적극 활용해 보세요. 처음에는 별 거 아닐 수 있지만 쌓이고 쌓이면 블로그의 신뢰도와 영향력 자체가 달라질 겁니다.

Q. 088 블로그 계정을 여러 개 만들어도 괜찮을까요?

A. 블로그 계정을 여러 개 만들어도 괜찮은지 고민하는 사람이 많은데 결론부터 말하자면 계정 여러 개 운영 자체는 전혀 문제가 되지 않습니다. 그러나 운영 목적과 관리 방식에 따라 주의해야 할 점이 분명히 있습니다. 블로그를 장기적으로 잘 키우고 싶다면 단순히 계정 수보다 아래 운영 방식에 초점을 맞춰서 운영을 해야 합니다.

1. 정책상 복수 계정 운영 가능

네이버는 한 사람이 블로그 계정을 여러 개 운영하는 것을 금지하고 있지 않습니다. 실제로 많은 체험단, 인플루언서, 기업들이 3~5개 이상의 계정을 운영하고 있습니다.

2. 주의해야 할 운영 방식

같은 내용, 같은 사진, 같은 시간대에 포스팅하는 것은 '스팸성 운영'으로 간주될 수 있습니다. 동일 키워드, 복사 글, 체험단 리뷰만 연달아 올리는 경우 검색 노출 제한 가능성이 큽니다. 동일명의 계정끼리 어뷰징 행위(글 공유)는 하면 안됩니다. 무조건 댓글과 좋아요를 남기면 안되는 건 아니지만 되도록이면 서로 소통을 하지 않는 것이 좋습니다.

3. 콘텐츠 주제를 명확히 구분하기

한 계정은 "사업 홍보용 블로그", 다른 계정은 "체험단 후기 전용" 등 주제를 다르게 설정하세요. 계정별 말투와 글쓰기 스타일을 달리하는 것도 좋은 운영 방법입니다.

4. 패턴을 다양하게 운영하기

하루에 모든 계정에서 동일한 시간대에 비슷한 포스팅은 피해야 합니다. 각 계정별 업로드 주기와 시간대를 다르게 설정하세요. 어떤 계정이든 '정보성', '경험성', '진정성'을 바탕으로 글을 작성하면 문제될 게 없고 모든 계정이 균형 있게 성장할 수 있을 겁니다.

Q. 089 내 글이 검색 결과에 노출되는 기준은 무엇인가요?

A. 네이버 검색 노출 순서는 단순히 키워드 포함 여부만으로 결정되지 않습니다. 네이버가 밝힌 기준에 따르면 여러 가지 "관련도"와 "정확도"를 종합해 순서를 결정하고 있습니다.

[네이버 블로그 검색 노출 순서 기준]

1. 키워드 포함 여부

제목, 본문, 해시태그에 검색어가 자연스럽게 포함되어야 합니다. 과도한 키워드 삽입(키워드 도배)은 오히려 검색 노출에 불리하게 작용할 수 있습니다.

2. 글의 최신성

최신 글일수록 정보 가치가 높다고 판단되어 일부 가산점이 주어집니다. 그러나 최신성보다 더 중요한 요소는 글의 '품질'과 '인기도'입니다.

3. 글의 품질

글의 정보성, 길이, 이미지 활용 여부 등 콘텐츠 완성도가 품질에 반영됩니다. 방문자의 체류 시간, 댓글, 공감, 공유 등 독자의 반응도 품질 평가에 포함됩니다.

4. 글의 인기도
많은 사람들이 검색하거나, 자주 클릭하고, 다른 곳에서 링크된 글은 상위 노출 가능성이 높습니다. 블로그 자체의 영향력(이웃 수, 방문자 수 등)도 일부 반영됩니다.

[네이버 검색 노출 알고리즘의 핵심 원칙]

1. 자동화된 시스템 운영

네이버 검색은 "사람"이 순서를 정하는 것이 아니라 "시스템"이 자동으로 판단합니다. 그렇기 때문에 특정 업체나 개인이 상위 노출을 보장할 수 없는 겁니다.

2. 관련도 기반 정렬

검색 결과는 이용자가 입력한 검색어와 글의 관련도에 따라 정렬됩니다. 단순히 최신순, 인기순으로 보여주는 것이 아니라 여러 요소를 종합해 순서를 결정합니다.

3. 검색 순위는 변동 가능

알고리즘은 수시로 업데이트되고, 경쟁 콘텐츠에 따라 내 글의 순위도 변할 수 있습니다. 글을 잘 작성해도 시간이 지나면 밀려날 수 있다는 점을 기억하세요.

[블로그 글 노출을 위한 팁]

1. 독자 입장에서 유익한 글 작성

단순히 검색어를 넣기보다는 내 글이 검색한 사람에게 도움이 되는가를 기준으로 콘텐츠를 작성하세요.

2. 품질 좋은 이미지와 상세한 설명 활용

글의 완성도를 높이면 체류 시간과 상호작용이 늘어나 검색 노출에 긍정적인 영향을 줍니다.

3. 지나친 상업성·키워드 도배는 피하기

검색 시스템은 "과도한 홍보성 글"을 자동으로 감지하고, 노출에서 제외할 수 있습니다. 정리하면 검색 순위는 '키워드 포함 여부 + 글의 품질 + 인기도 + 최신성' 등 종합적인 기준으로 결정됩니다. 단기간 꼼수로 상위 노출을 기대하기보다는 꾸준히 좋은 글을 쌓아가는 것이 가장 확실한 방법입니다.

Q. 090 블로그를 초기화하면 어떤 데이터가 사라지고 어떤 것이 유지되나요?

A. 블로그 초기화는 내 블로그의 모든 데이터를 완전히 삭제하는 작업입니다. 스마트폰 공장 초기화와 똑같다고 생각하시면 이해가 쉬워요.

[블로그 초기화 시 삭제되는 항목]

1. 게시글, 사진, 댓글, 안부글

지금까지 작성한 모든 글, 사진, 댓글, 안부글이 전부 삭제됩니다. 초기화 신청 후 대기기간 동안 새로 작성한 글도 함께 삭제됩니다.

2. 이웃 및 서로이웃 관계

지금까지 맺은 모든 이웃, 서로이웃 관계가 삭제와 함께 해제됩니다. 블로그 구독자, 이웃수 등도 모두 사라집니다.

3. 스킨, 통계, 프로필 정보

직접 만든 블로그 스킨은 삭제됩니다. (유료로 구매한 스킨, 배경음악은 유지) 블로그 방문자 수, 포스팅별 통계, 내 블로그 히스토리, 이웃 소개글 등도 전부 삭제됩니다. 프로필 정보와 블로그 소개글 역시 모두 초기화됩니다.

[초기화해도 삭제되지 않는 항목]

1. 내가 남의 블로그에 남긴 댓글, 안부글

다른 블로그에 남긴 댓글과 안부글은 삭제되지 않습니다. 다만 내가 남긴 비공개 댓글은 본인 블로그에서 더 이상 열람할 수 없습니다.

[초기화 시 주의해야 할 점]

1. 복구 불가

초기화 완료 후에는 절대 복구할 수 없습니다. 초기화 신청 후 대기기간(24시간 또는 7일) 이후에는 네이버 고객센터에서도 복구 불가입니다.

2. 대기기간 동안 새로 작성한 글도 삭제

초기화 신청 후 대기기간 중에 작성한 모든 글도 초기화 시 함께 삭제됩니다.

[초기화 전 고려할 대안]

1. 콘텐츠 정리

기존 글 중 상업성 강한 글, 체험단 글만 선별 삭제하는 방법도 있습니다.

2. 새로운 계정 개설

기존 블로그는 유지한 채, 새 계정을 만들어 새로운 방향으로 운영하는 방법도 추천합니다. 블로그 초기화는 글, 사진, 통계, 이웃 관계 등 모든 정보를 완전히 삭제하는 작업입니다. 되돌릴 수 없기 때문에 초기화 전 다시 한번 신중히 고민하고 결정해야 합니다.

Q. 091 블로그 저품질 후 초기화를 해도 저품질이 그대로 유지가 되나요?

A. 블로그가 저품질로 빠졌을 때 "초기화하면 저품질 상태가 풀릴까?"라는 기대를 많이 하는데 결론부터 얘기하자면 초기화해도 저품질 상태는 대부분 그대로 유지됩니다. 블로그 초기화는 말 그대로 글, 댓글, 통계, 이웃, 스킨 등 '콘텐츠 데이터'를 삭제하는 작업입니다. 그런데 저품질 블로그는 글이 문제가 아니라 해당 블로그 ID, 계정, 운영 이력 전체에 걸쳐 평가되기 때문입니다.

이게 무슨 말이냐면 네이버의 검색 알고리즘은 블로그 글 품질뿐 아니라 작성자 패턴, 운영 이력, 상업성 여부 등 다양한 데이터를 종합적으로 분석해 "블로그 지수"를 평가합니다. 블로그 초기화는 "껍데기"를 지우는 것이지 알고리즘에 기록된 운영 이력은 그대로 남아 있기 때문에 초기화한다고 평가 지수가 바로 리셋되지는 않습니다.

예를 들어, 무리하게 체험단 글을 몰아서 올렸거나 상업성 과다 포스팅, 유사 문서, 복붙 글 등으로 인한 저품질 상태였다면 초기화해도 그 이력은 사라지지 않습니다. 그래서 초기화 후에도 검색 반영이 안 되거나 새 글을 써도 노출이 안 되는 경우가 다시 발생하는 겁니다.

다만 가끔 일부 사례에서 운영 이력 자체가 많지 않은 초기 블로그가 저품질 판정 후 초기화를 했을 때 검색 반영이 조금 좋아지는 경우도 있습니다. 하지만 이건 정말 드문 예외일 뿐 대부분은 초기화해도 기존의 저품질 지수에서 벗어나지 못합니다.

정리하자면, '초기화 = 데이터 삭제'일 뿐, 검색 최적화 지수 초기화가 아닙니다.

초기화 후 새롭게 좋은 글을 꾸준히 쌓아 나가면 알고리즘 평가 지수가 점진적으로 회복될 가능성은 있습니다. 다만 짧은 기간에 벗어나기는 어려우므로 처음부터 초기화보다는 아이디 삭제 후 재가입을 추천합니다.

Q. 092 블로그에 악성 댓글이 달리면 어떻게 대처해야 할까요?

A. 블로그를 운영하다 보면 정말 가끔 이유 없이 악성 댓글이나 비방성 댓글이 달릴 때가 있습니다. 기분도 상하고 어떻게 대응해야 할지 막막하죠? 우선 가장 먼저 해야 할 일은 댓글을 그대로 두고 감정적으로 대응하지 않는 것입니다. 악성 댓글에 바로 반응하거나 싸우기 시작하면 끝이 없는 논쟁이 이어지게 됩니다. 악플을 다는 사람들은 이미 싸울 준비가 되어 있는 사람이라는 걸 잊지 마세요. 그럼 어떻게 해야 할까요?

1. 댓글 삭제 및 작성자 차단 기능을 활용하세요.
블로그 관리 → 스팸 차단 관리 메뉴로 들어가면 특정 작성자 차단이 가능합니다. 차단한 사용자는 공감 및 댓글, 안부글을 남길 수 없게 됩니다.

2. 키워드 차단 활용하세요.
내 글에 달리면 기분 나쁠 만한 키워드를 미리 등록해 그 해당 키워드가 작성되면 자동으로 삭제가 되게 설정해 두면 됩니다.

(예시 : 광고, 코드 등)

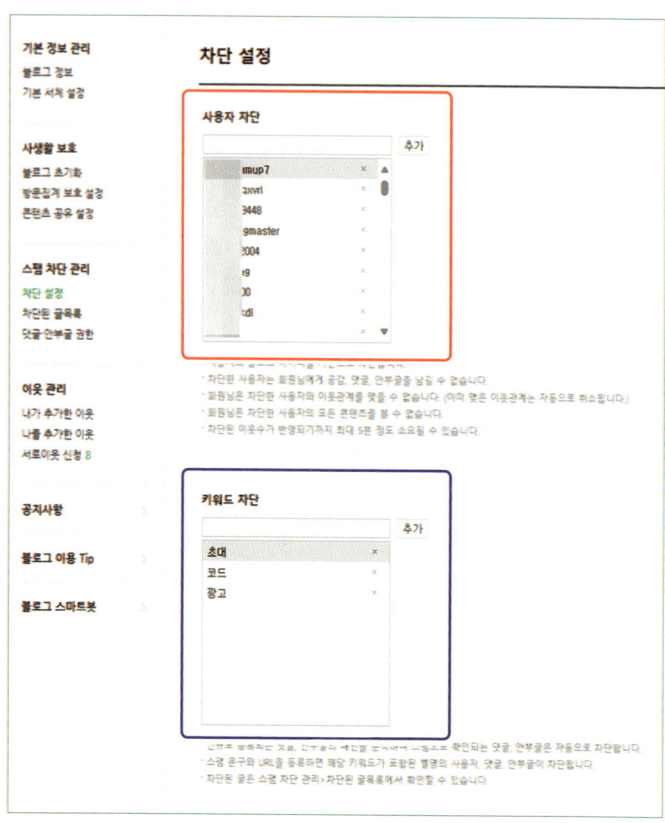

관리 → 기본정보관리 → 차단설정 | 사용자 차단과 키워드 차단 예시 화면

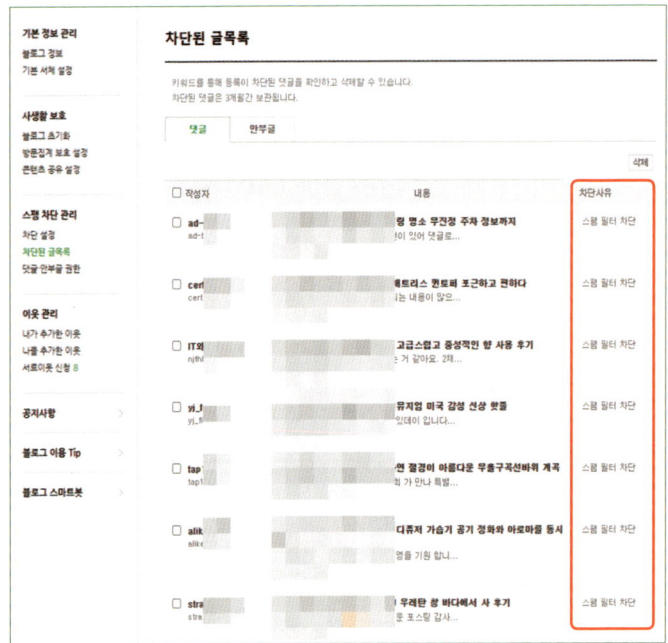

키워드로 자동 차단된 댓글목록 예시

3. 신고 기능 적극 활용하세요.

댓글에 욕설, 비방, 개인정보 노출, 허위사실 유포가 포함되어 있다면 댓글에 있는 신고 버튼을 눌러 신고할 수 있습니다.
신고 접수 후 자동으로 댓글은 삭제가 됩니다.

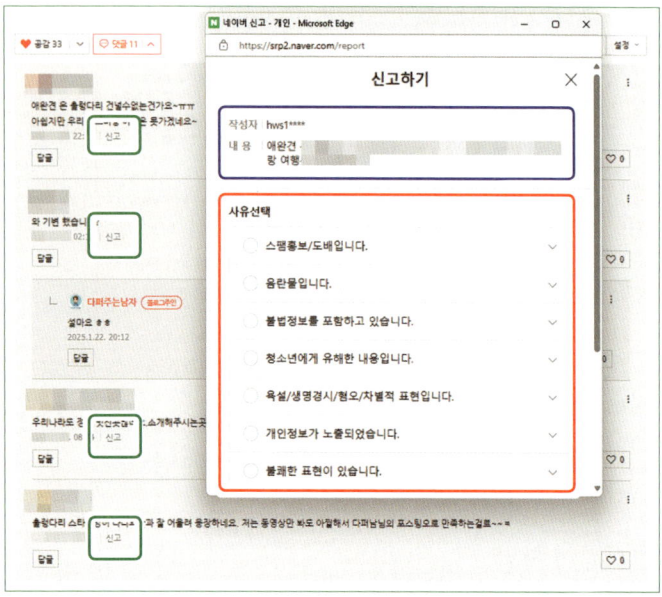

댓글에서 바로 차단할 수 있는 "신고" 기능 예시

마지막으로 가장 중요한 점! 악성 댓글에 너무 마음 쓰지 마세요. 블로그 운영하다 보면 이런 댓글 하나쯤은 누구나 겪습니다. 대부분 관심과 질투의 또 다른 표현일 가능성이 높습니다. 지금처럼 꾸준히 좋은 콘텐츠 쌓아 가시는 게 결국 가장 좋은 대응입니다.

Q. 093 블로그 계정이 해킹됐을 때 즉시 취해야 할 조치와 예방법은 무엇인가요?

A. 블로그를 운영하다 보면 가장 스트레스를 주는 상황 중 하나가 바로 계정 해킹입니다. 내 계정이 해킹당하면 블로그뿐만 아니라 네이버 서비스 전체가 위험해질 수 있기 때문에 신속하고 체계적인 대응이 필요합니다. 아래 순서대로 대응을 해보세요.

[블로그 계정 해킹 시 즉시 해야 할 조치]

1. 전체 로그아웃 진행
- 해커의 접속을 차단하기 위해 모든 기기에서 로그아웃하세요.
- PC: 네이버 로그인 → 네이버 ID → 로그인 목록 → 전체 로그아웃
- 모바일 네이버 앱: → 메뉴 → 설정(톱니바퀴) → 내 정보 보안기능 → 로그인 목록 → 전체 로그아웃

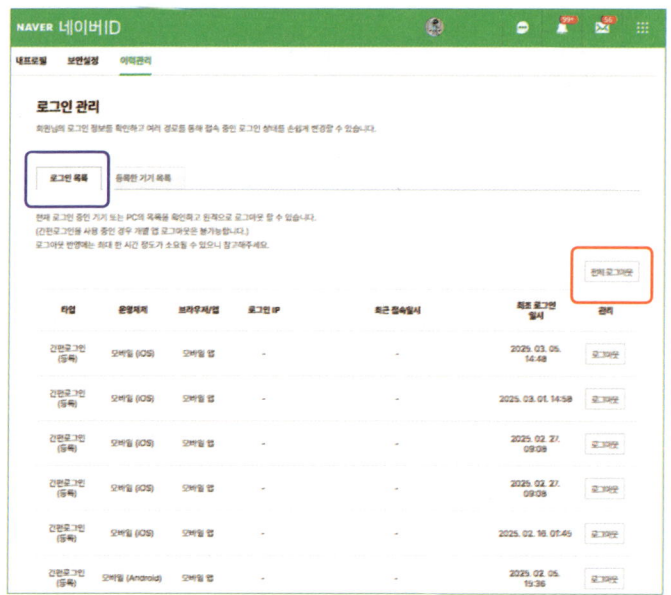

로그인 관리에서 전체로그아웃 예시 화면

등록한 기기목록 삭제 예시 화면

2. 비밀번호 변경

- 기존 비밀번호와 완전히 다른 강력한 비밀번호로 즉시 변경하세요.
- 생일, 전화번호, 연속 숫자 등 추측 가능한 비밀번호는 사용하지 마세요.
- 해커가 비밀번호를 이미 바꿔놓았다면 비밀번호 찾기 기능으로 계정부터 되찾아야 합니다.

[추가적으로 해야 할 점검]

1. 계정 내 활동 내역 확인

- 블로그, 카페, 메일, 네이버 페이 등에서 내가 작성하지 않은 게시물, 메일, 거래 내역이 있는지 확인하세요.
- 이상한 활동이 발견되면 즉시 삭제 및 신고하세요.

2. 보안 설정 강화

네이버의 다음 보안 기능을 모두 설정해 주세요.

- 2단계 인증
- 타지역 로그인 차단
- 해외 로그인 차단
- 새 기기 로그인 알림 기능

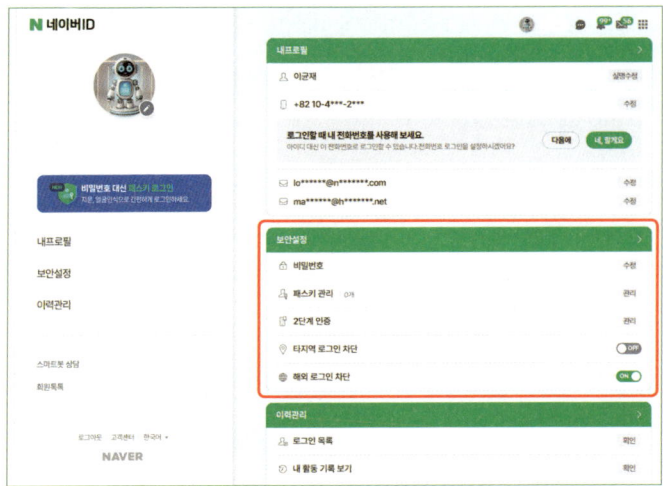

로그인 관리에서 전체 로그아웃 예시 화면

3. 악성코드, 피싱 여부 점검

- PC, 모바일, 공유기에서 백신 프로그램으로 악성코드 검사를 진행하세요.
- 최근에는 공유기 해킹으로 피싱 사이트로 유도하는 사례도 많으니 공유기 설정도 확인해 주세요.

[실제 피해 발생 시 대응]

1. 사이버수사대 신고

- 개인정보 유출, 금전적 피해 등 실질적 피해가 발생했다면 경찰청 사이버수사대에 신고하세요.
- 네이버 측에서는 수사기관 요청 시 자료 제공을 통해 협조합니다.

그리고 중요한 건 외부 사이트에 네이버 아이디·비밀번호 저장을 하지 말고 동일 비밀번호 여러 사이트 사용은 안하는 게 좋습니다. 평소에 예방 습관을 들여두는 게 가장 확실한 해킹 방지법입니다.

Q. 094 블로그 사진이 안 보일 때 해결 방법은?

A. 블로그를 운영하다 보면 포스팅 사진이 갑자기 안 보이는 경우가 종종 발생합니다. 이런 경우 대부분 원인과 해결 방법이 명확하게 있기 때문에 당황하지 않으셔도 됩니다.
가장 흔한 원인은 크게 4가지입니다.

첫째, 사진 업로드 오류 또는 파일 손상이 되었을 경우입니다.
글을 쓸 때 이미지 파일이 정상적으로 업로드되지 않았거나, 업로드 중 네트워크 오류로 손상된 경우 사진이 깨져 보이거나 아예 안 뜨게 됩니다. 이 경우는 다시 사진을 삭제 후 재업로드하면 해결되는 경우가 많습니다.

둘째, 사진 링크가 사라졌을 경우입니다.
다른 사이트에서 복사해 온 이미지나 외부 URL로 연결된 이미지 원본 링크가 사라지거나 해당 사이트가 차단될 경우 내 블로그에서도 사진이 안 보이는 문제가 발생합니다. 이런 경우에는 외부 링크 사용을 지양하고 내 블로그에 직접 이미지를 업로드하는 것이 가장 안전합니다.

셋째, 네이버 서버 일시적 오류입니다.

간혹 네이버 블로그 자체 서버 문제로 인해 일시적으로 사진이 안 뜨는 경우가 있습니다. 이 경우에는 다른 블로그들도 동일하게 이미지가 안 보이는 경우가 많고 보통 몇 시간 내 자동 복구됩니다. 그래서 이런 경우에는 조금 기다렸다가 다시 확인해 보셔야 합니다.

넷째, 브라우저 캐시 문제입니다.
브라우저 캐시나 쿠키 문제로 인해 이미지가 정상적으로 로딩되지 않는 경우도 많습니다. 이때는 브라우저 캐시 삭제 후 재접속하거나 크롬 시크릿 모드에서 확인해 보면 대부분 해결됩니다.
추가로, 사진이 깨지면 블로그 노출에도 악영향을 줄 수 있습니다. 왜냐하면 네이버 알고리즘이 불완전한 블로그 글로 판단할 가능성이 있기 때문이에요. 특히 썸네일 사진이 안 뜰 경우 클릭률이 급감하니 반드시 빠르게 조치하는게 좋습니다.

네이버에서 사진이 안 보일 때 화면 예시

CHAPTER 08

블로그 주제별 운영 전략

Q.095 맛집 블로그는 어떤 점을 신경 써야 신뢰를 얻을 수 있을까요?

A. 맛집 블로그를 운영할 때 가장 중요한 핵심 포인트는 스마트블록 노출과 신뢰도, 그리고 꾸준함입니다. 이게 무슨 말이냐면, 단순히 "오늘 뭐 먹었어요~"라는 일상 일기 같은 글보다는 방문자가 궁금해할 정보를 깔끔하게 정리한 글을 작성하는 것이 중요하다는 뜻입니다.

먼저 첫 번째, 정확한 가게 정보를 작성해야 합니다.
상호명, 위치, 영업시간, 주차 가능 여부, 대표 메뉴, 가격 정보 등은 꼭 작성하는 게 좋습니다. 이 정보는 네이버 알고리즘이 정확한 정보로 인식해 검색 상위 노출에 유리해질 수 있기 때문입니다. 즉, 검색자의 의도 중 가장 기본이 되는 정보가 될 수 있습니다.

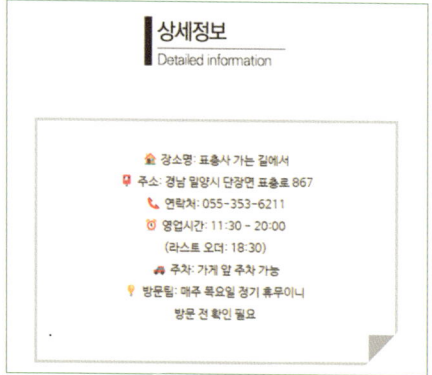

글 초반부 가게정보를 넣은 예시 화면

두 번째, 직접 방문한 솔직한 후기가 중요합니다.

단순히 "맛있어요"로 끝나는 글은 방문자들에게 신뢰를 주지 못합니다. 실제로 어떤 메뉴를 먹었고, 어떤 점이 좋았고, 아쉬운 점은 무엇이었는지 솔직하게 서술하는 것이 요즘 알고리즘에 맞는 방법입니다. 네이버도 이제 리뷰의 진정성을 굉장히 중요하게 평가합니다. 그 글이 내돈내산 글이든 체험단 글이든 최대한 경험을 자연스럽게 작성하면 됩니다.

세 번째, 사진 퀄리티와 구도가 매우 중요합니다.
맛집 블로그에서 사진은 정말 핵심입니다. 맛집이라고 소개했는데 사진이 맛없어 보인다면 검색자들이 가보고 싶은 마음이 들지 않겠죠. 음식의 특징이 잘 보이도록 밝고 선명한 사진, 다양한 각도, 음식뿐 아니라 가게 분위기까지 담은 사진을 최소 10장 이상 첨부하는 것이 좋습니다.

맛있어 보이고 먹고 싶다는 생각이 들 수 있도록 잘 찍은 사진 예시

먹고 싶은 마음이 크게 들지 않게 찍은 사진 예시

네 번째, 스마트블록 키워드 활용을 잘해야 합니다.

제목 작성 전에 반드시 '지역명 + 맛집', '지역명 + 메뉴' 등을 검색해보고 스마트블록 키워드가 있다면 적용해야 합니다. 예를 들어 "양산 서리단길 맛집", "부산 해운대 파스타 추천"처럼 '지역명 + 메뉴 + 맛집/추천/가성비' 키워드를 자연스럽게 본문에 작성하면 됩니다.

양산 맛집을 적는것 보다 "양산 서리단길 맛집"을 적는 게 경쟁도 낮아지고 "양산 맛집"에서 노출 확률은 높아지게 됩니다. 맛집에서 스마트 블록 키워드 사용은 필수입니다. 단, 키워드를 너무 많이 넣으면 안됩니다.

양산 맛집에 있는 인기주제 스마트블록 키워드 "양산 서리단길 맛집"

네이버가 상업성 과다로 판단해 노출 제한을 걸 가능성이 있기 때문입니다.

다섯 번째, 블로그 주제 관리를 잘 해야 합니다.
체험단 맛집 글만 계속 올리다 보면 네이버가 상업성 블로그로 인식할 수 있습니다. 맛집 관련 정보성 글이나 카페 같은 연관성 있는 다른 주제도 함께 올려주는 것이 매우 중요합니다. 꾸준히 다양한 글을 올리면 블로그 건강도가 올라갑니다.

마지막으로 가장 중요한 것! 꾸준히 운영하는 것입니다.
맛집 블로그는 단기간에 트래픽이 폭발하는 주제가 아닙니다. 글이 쌓이면 쌓일수록 검색에서 해당 주제의 지수를 많이 받게 되면서 점차 조회수가 늘어나는 구조입니다. 어떻게 보면 가장 쉽게 시작할 수 있고, 가장 많은 체험단을 진행할 수 있는 주제이지만 그만큼 경쟁도 치열하고 네이버에서 상업성이 가장 높다고 판단하는 주제이기에 남들과 다른 특별함을 갖추고 운영하면 발전 가능성이 무궁무진해질 것입니다.

정리하면, 맛집 블로그 성공을 위해서는

정확한 정보 제공 → 솔직한 후기 → 고퀄리티 사진 → 자연스러운 스마트블록 키워드 → 주제 최적화 관리 → 꾸준한 운영

제가 수많은 맛집 블로그를 컨설팅해본 결과 이 원칙을 지킨 분들은 대부분 성장했습니다. 꼼꼼하게 고민하면서 방향을 잡아가면 좋은 결과가 있을 겁니다.

Q. 096 여행 블로그를 다시 찾고 싶게 만드는 패턴과 전략은?

A. 여행 블로그를 운영할 때 가장 중요한 부분은 정보성, 감성, 검색 최적화(SEO) 이 세 가지의 균형이라고 할 수 있습니다. 왜냐하면 여행 콘텐츠가 단순한 후기에서 끝나면 검색 경쟁력이 떨어지고, 감성에만 치우치면 정보를 찾으러 온 방문자가 금방 이탈하기 때문입니다.

첫 번째, 가장 기본이 되는 것은 정확한 여행지 정보 제공입니다. 주소, 주차 여부, 운영 시간, 입장료, 추천 방문 시간대, 접근 방법 등 실제 방문자가 필요로 하는 정보를 빠짐없이 작성하는 것이 좋습니다. 맛집 리뷰처럼 여행지도 장소 리뷰가 대부분이기 때문에, 이런 정보는 네이버 알고리즘 상에서 기본 정보로 인식되어 검색 노출에 매우 유리해집니다.

글 초반부에 지도와 함께 넣은 관광지 기본정보 예시

두 번째, 직접 경험한 솔직한 후기와 꿀팁을 작성해야 특별한 글이 될 수 있습니다.

예를 들어 "주차장이 협소하니 오전 10시 전에 방문하는 게 좋습니다", "화장실은 입구 쪽에 하나밖에 없습니다"처럼 가본 사람만 알 수 있는 디테일한 정보를 담으면 좋습니다. 이런 내용은 방문자가 다른 블로그에서는 쉽게 찾을 수 없는 차별화된 포인트가 될 수 있습니다.

세 번째, 감성적 스토리와 사진의 조합입니다.

여행 블로그는 정보 전달만으로는 한계가 있기 때문에 내가 느낀 감정, 풍경의 아름다움, 그날의 날씨, 사람들의 분위기 같은 감성적 표현을 적절히 섞어야 독자들이 공감하고 오래 머물게 됩니다. 풍경 사진, 인물 사진, 디테일 사진 등을 다양하게 배치하면 체류 시간이 늘어나고 검색 노출에도 긍정적인 영향을 줄 수 있습니다.

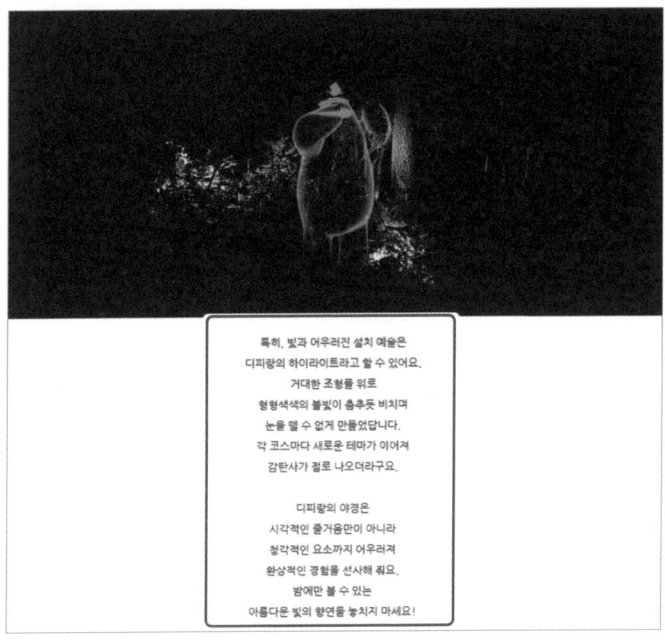

감성 스토리와 사진의 조합을 잘 나타낸 글 예시

네 번째, 스마트블록 키워드를 전략적으로 사용해야 합니다.

여행 블로그는 경쟁이 심하기 때문에 지역명 + 관광지명 + 필수 키워드(가볼만한 곳, 추천, 코스, 맛집, 카페 등)를 자연스럽게 포함시켜야 합니다. 예를 들어 "경주 가볼 만한 곳"보다는 "경주 애견동반 가볼 만한 곳", "경주 야간 가볼 만한 곳", "경주 황리단길 가볼 만한 곳"처럼 구체적인 스마트블록 키워드로 작성하는 것이 조회 수를 높이는 데 훨씬 도움이 됩니다. 다만, 키워드를 과도하게 남발하면 상업성 과다로 판단되어 노출 제한을 받을 수 있으니 주의해야 합니다.

"경주 가볼 만한 곳"을 검색 하면 나오는 "인기주제" 예시

다섯 번째, 방문 동선, 일정표, 코스 안내를 추가하면 방문자 만족도가 올라갑니다.

단순히 "여기 갔다"는 식의 글이 아니라, 어떤 순서로 다녔고 몇 시간 소요됐으며 어떤 점이 좋았는지 구체적으로 적어주면 검색에서 더 오래 노출될 가능성이 높아집니다. 이러한 직접적이고 구체적인 정보는 네이버 AI 알고리즘에도 부합합니다.

마지막으로, 지나친 광고성 표현, 사진 과장, 잘못된 정보는 지양해야 합니다.

여행 블로그에서 가장 중요한 것은 신뢰도입니다. 한 번 "광고 블로그"라는 인식이 생기면 재방문율과 댓글 소통이 줄어들고, 검색 알고리즘에서도 밀려버릴 수 있습니다. 정리하자면, 여행 블로그를 성공적으로 운영하기 위해서는

정확한 정보 제공+내 경험이 담긴 솔직 후기+감성적 스토리+검색 키워드 활용+여행 코스 안내+꾸준한 관리

이 6가지를 반드시 염두에 두고 운영하는 것이 중요합니다.

Q. 097 IT 블로그는 기술 변화에 민감한데, 어떻게 운영하면 지속 가능할까요?

A. ⎯⎯ IT 주제 블로그를 운영할 때는 다른 주제보다 신뢰성, 최신성, 전문성이 특히 더 중요합니다. 왜냐하면 IT 정보는 빠르게 바뀌고 기술적 용어가 많아 잘못된 정보가 검색자에게 혼란을 줄 수 있기 때문입니다. 물론 처음부터 전문성을 갖출 필요는 없습니다. 운영하면서 점차 알아가도 충분히 좋은 블로그를 만들 수 있습니다. 다만, 몇 가지 기본 원칙만 잘 지켜도 성공할 가능성이 높아집니다.

첫 번째, 가장 중요한 것은 정보의 정확성입니다.
IT 블로그는 사람들이 문제를 해결하거나 구매 결정을 위해 찾아오는 공간입니다. 따라서 근거 없는 추측이나 잘못된 정보를 작성하면 신뢰도가 크게 떨어집니다. 공식 자료, 제조사 정보, 검증된 뉴스, 논문, 직접 사용 경험을 바탕으로 작성하는 것이 필수입니다.

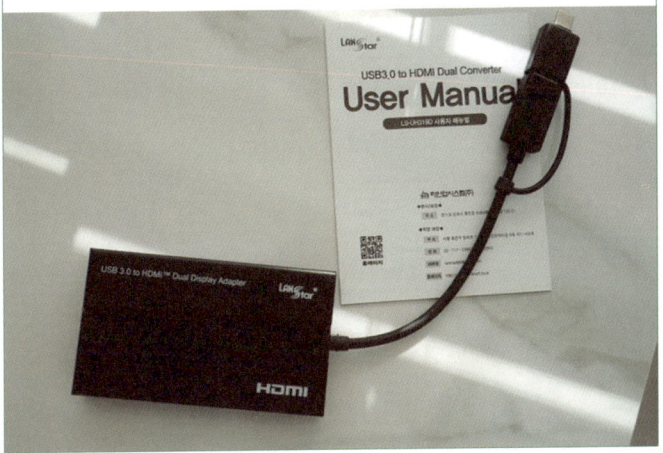

문제 제기와 제품이 필요한 이유를 정확한 정보로 설명한 예시

두 번째, 최신성 유지입니다.

IT 분야는 업데이트, 신제품, 서비스 종료 등 변화가 매우 빠릅니다. 예를 들어, 2023년 기준으로 썼던 기능 안내가 2025년에는 아예 사라질 수도 있습니다. 따라서 기존 글도 주기적으로 수정

하고, 새로운 정보는 최대한 빠르게 포스팅해야 검색 경쟁력을 확보할 수 있습니다.

세 번째, 전문 용어를 쉽게 풀어쓰는 것입니다.
IT에 익숙한 사람들에게는 당연한 용어도 초보자에게는 어렵게 느껴집니다. 예를 들어 "클라우드 기반 SaaS 서비스"보다는 "프로그램을 설치하지 않고 인터넷으로 사용하는 서비스"처럼 풀어서 써야 방문자 만족도가 올라갑니다. 방문자의 눈높이에 맞춘 친절한 설명이 장기적으로 신뢰도와 광고 협찬에서도 좋은 평가로 이어질 수 있습니다.

네 번째, 직접 사용해본 사용 후기와 문제 해결 중심의 콘텐츠 작성입니다.
예를 들어 "아이패드 초기 설정 방법", "윈도우 오류 해결법", "아이폰 숨겨진 기능", "모니터가 안 켜질 때" 등 실제 사람들이 검색할 만한 문제 해결형 글을 작성하면 검색 유입과 체류 시간이 자연스럽게 증가합니다.

다섯 번째, SEO 전략 활용입니다.
IT 분야는 검색 경쟁이 엄청 치열합니다. 제품명, 버전, 기능명, 오류 코드, 사용법, 장단점 등 구체적인 키워드를 본문과 소제목에 자연스럽게 포함해야 합니다. 조회수가 폭발적으로 늘어날 수 있는 키워드가 많기 때문에 구체적인 단어 하나만 추가해도 충분히 경쟁력이 만들어지고 조회수도 안정적으로 확보가 가능해집니다.

여섯 번째, 스크린샷, 사진, 영상 활용입니다.

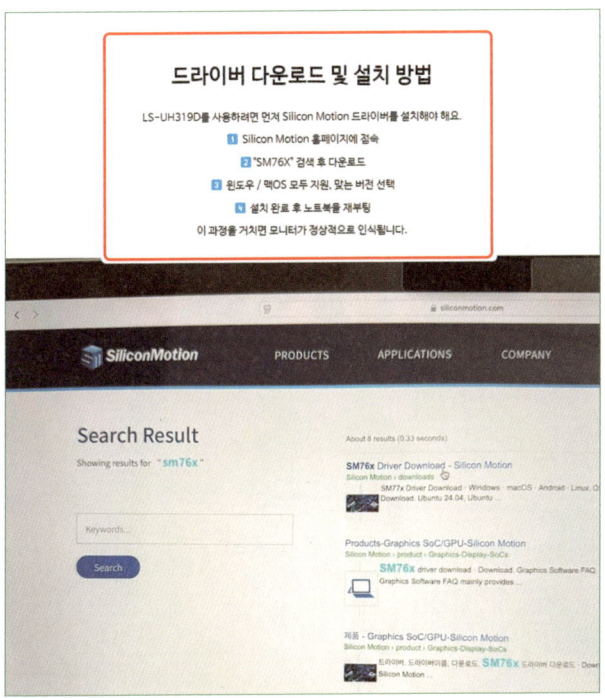

설치 방법을 아주 자세히 사진과 함께 작성한 예시

IT 주제는 글자만 많으면 가독성이 떨어지고 지루해집니다. 사용 방법, 오류 메시지, 기능 설명은 단계별로 직접 캡처한 이미지와 함께 정리해 주는 것이 좋습니다. 글자수도 중요하지만 IT만큼 이해가 쉽게 갈수 있는 디테일한 사진이 중요한 주제도 없습니다.

마지막으로, 광고성 표현 최소화입니다.
IT 블로그를 찾는 방문자는 정보를 얻기 위해 방문하는 경우가 대부분입니다. 그런데 지나치게 제품 구매를 유도하거나 홍보 링크, 협찬 냄새가 나는 글은 신뢰도가 급격히 떨어집니다. '정보 제공 → 솔직한 후기 → 광고 안내' 순서로 콘텐츠 흐름을 자연스럽게 구성하는 것이 중요합니다. 체험단이나 협찬을 하지 말라는 게 아닙니다. IT 주제는 협찬을 많이 받을 수 있지만 내용은 무조건적인 찬양이 아니라 적절한 전문성을 가지고 객관적인 내용이 주가 되어야 한다는 겁니다.

정리하면, IT 블로그를 성공적으로 운영하기 위해서는

정확한 정보+최신성 유지+쉽게 풀어 쓴 전문성+문제 해결형 콘텐츠+SEO 키워드 전략+이미지 활용+광고성 최소화

이 원칙들을 지키면 검색 유입과 신뢰도 모두 상승할 것입니다.

Q. 098 패션·뷰티 블로그는 수많은 리뷰 속에서 어떻게 차별화할 수 있을까요?

A. 패션/뷰티 블로그는 사실 다른 주제보다 '감성 + 신뢰 + 경험'이 훨씬 더 중요합니다. 왜냐하면 이 분야는 정보 전달도 중요하지만 방문자들이 "내가 써봐도 괜찮을까?", "진짜 예쁠까?" 하는 감정적 공감을 원하기 때문입니다.

첫 번째, 가장 중요한 건 직접 사용·착용한 후기와 솔직한 리뷰입니다.
단순히 제품 정보만 나열하면 네이버 알고리즘이 상업성 과다로 판단할 가능성이 높아요. 그래서 실제로 내가 입어보고, 발라보고, 사용해본 경험을 중심으로 후기형 콘텐츠를 작성해야 합니다. 예를 들면 "실제로 착용했을 때 핏이 어땠고, 색감은 사진과 얼마나 달랐는지" 구체적으로 풀어 써주는 게 좋습니다.

실제 팍용 해보고 작성한 리뷰 예시

두 번째, 사진 퀄리티입니다.

패션/뷰티 블로그는 사실상 사진 싸움이라고 해도 과언이 아닙니다. 특히 자연광, 구도, 색감, 디테일 컷까지 신경 써서 촬영해야 방문자들의 체류 시간과 클릭률이 올라갑니다. 전·후 사진, 착용샷, 발색샷 등 다양하게 준비해 주시면 좋겠죠. 패션 주제도 사진이 중요하지만 뷰티는 사진을 대부분 얼굴 위주로 촬영하고 다양한 부분을 보여 줘야 하다보니 주제 선택시 이 부분은 충분히 고려 하고 설정 해야 합니다. 무턱대고 뷰티 해보고 싶다고 덤벼 들면 도중에 포기할 확률이 상당히 높습니다. 처음엔 재미로 하다가도 계속 반복 되면 굉장히 힘들어집니다.

피부톤에 맞는 자연스러운 커버

모래모포맨 비비크림은 남성 피부에 딱 맞는 2가지 컬러가 있습니다.
라이트 베이지와 다크 베이지 둘 중 제가 사용한 색상은 라이트 베이지예요.
제가 얼굴이 밝은 편이라 딱 한 톤 더 업 시켜 주는 느낌이 나구요.
자연스럽고 티가 안 나서 연 바른 듯한 느낌이 너무 맘에 드네요.
발림성이 정말 부드러워서 손으로 펴 발라도 발라질 정도예요.
너무 밝아지는게 아니라 내 피부 톤에 맞게 밝아지는 거라 정말 자연스럽네요.
비비크림이지만 미백, 주름개선, 자외선 차단까지 동시에 할 수 있어서 괜찮은 것 같습니다.

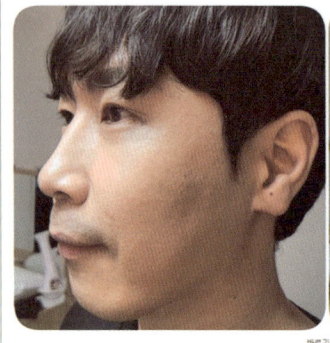 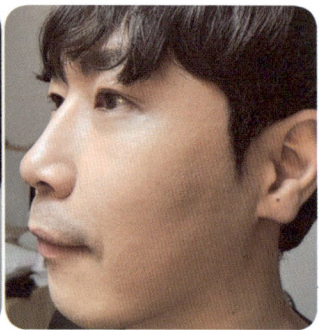

바르기전/후

전/후 사진과 발색샷을 표현한 예시

세 번째, 제품 정보의 정확성입니다.

브랜드명, 제품명, 가격, 구매처, 용량, 성분 정보 등을 작성하면 좋습니다. 특히 뷰티 제품의 경우 전성분 표기, 사용감, 피부타입 추천 여부, 제형까지 알려주시면 검색 유입에도 유리해질 수 있습니다.

네 번째, 트렌드와 시즌성 반영입니다.

패션/뷰티는 시즌, 유행, 신상 정보에 민감한 분야라서 최신 트렌드, 시즌 이슈, 한정판 제품 같은 타이밍이 중요한 주제를 선점해서 작성하는 게 굉장히 효과적입니다. 예를 들면, "00년 S/S 패션 트렌드", "봄맞이 MLBB 립 추천" 같이 트렌드와 시즌 이슈를 가져가면 관심도를 집중할 수 있습니다.

다섯 번째, 검색 키워드 전략도 중요합니다.
이때 '제품명 + 카테고리 + 상황형 키워드(추천, 후기, 비교, 솔직 후기, 발색 등)'를 자연스럽게 본문에 넣어주세요. 예를 들어, "클리오 킬커버 쿠션 솔직 후기", "여성 봄 데일리룩 추천" 이런식으로 넣어주면 됩니다. 단, 키워드 도배, 과도한 상업성 표현은 주의해야 합니다.

여섯 번째, 내 피부 타입, 체형, 스타일 정보 공개입니다.
방문자 입장에서는 리뷰하는 사람의 정보가 내 상황과 비슷한지 확인하고 싶어 합니다. "저는 지성 피부예요", "키 165cm, 마른 체형입니다"처럼 내 기준을 알려주면 신뢰도와 공감도가 훨씬 올라가고 방문자의 만족도가 상당히 높아지게 됩니다. 특히 너무 정형화된 정보 보다는 디테일한 정보를 알려 주면 좀 더 특색 있게 전문성을 가져 갈수 있을겁니다.
예를 들어 "세안 후 수분 보충을 안 하면 엄청 땅기는 극건성 피부입니다", "키 165cm, 하체보다 상체가 큰 편이고 팔이 긴 스타

일입니다" 이런식으로 더 디테일한 정보를 제공하면 방문자가 자신에게 훨씬 더 대입해 글을 읽을 수 있겠죠.

마지막으로, 광고성 리뷰라면 반드시 공정위 문구를 표기해야 합니다.
요즘 네이버는 공정위 모두 협찬·광고 미표시 글에 굉장히 민감합니다. 표시하지 않으면 노출 제한, 검색 누락, 심하면 과태료까지 부과될 수 있으니 반드시 공정위문구는 넣어 주세요.

정리하자면, 패션/뷰티 블로그를 성공적으로 운영하려면

직접 경험 중심 후기+고퀄리티 사진+정확한 제품 정보+트렌드 반영+키워드 전략+내 정보 공개+광고 표기

이 원칙을 충실히 지키는 분들은 반드시 팬층이 생기고 스마트블록 노출이나 인플루언서 키워드에서 상위노출 빈도가 높아질 겁니다.

Q. 099 건강·다이어트 블로그는 정보의 신뢰성을 어떻게 확보해야 하나요?

A. 다이어트·건강 주제 블로그를 운영할 때 가장 중요한 점은 정보의 신뢰성, 근거 제시, 그리고 과장 없는 솔직한 후기입니다. 왜냐하면 이 분야는 잘못된 정보가 건강에 직접적인 영향을 줄 수 있기 때문에 네이버 알고리즘도 상업성 과다, 허위 정보, 과대광고에 매우 민감하게 반응합니다.

첫 번째, 출처와 근거를 명확히 밝히는 것이 중요합니다.
다이어트 식품, 건강기능식품, 운동 방법 등은 반드시 의학적·과학적 근거 또는 식약처, 논문, 전문가 의견을 바탕으로 작성해야 합니다.
예를 들어, "아사이베리가 소화에 좋다"라고 쓸 때는 어떤 성분이 어떻게 작용하는지, 어떤 연구 결과가 있는지를 함께 알려주는 것이 좋습니다. 공식적으로 인정되지 않은 정보라면 효능·효과에 대한 언급은 하지 않는 것이 안전합니다.

공식적으로 인정된 정보를 인용한 글 예시

두 번째, 효과를 지나치게 강조하거나 단기간에 큰 효과를 약속하는 표현은 절대 금물입니다.

예를 들어, "일주일에 10kg 감량 보장!" 같은 문구는 허위·과장 광고로 판단되어 노출 제한, 검색 누락, 블로그 저품질로 이어질 수 있습니다. 현실적인 효과와 개인차에 따른 결과 가능성을 반드시 명시해야 합니다. "사람마다 차이는 있겠지만 저는 일주일째 먹고 있는데 몸이 가벼워진 느낌이 들긴 합니다"처럼 작성하면 문제 되지 않습니다.

세 번째, 직접 실천한 후기와 솔직한 경험을 공유하면 좋습니다. 다이어트 식단, 운동 루틴, 건강기능식품 복용 후기 등은 반드시 내가 직접 해본 솔직한 느낌, 효과, 아쉬운 점, 부작용 가능성까지 솔직하게 써주면 더 신뢰가 갈 수 있겠죠. 방문자들은 광고 문구보다 실제 경험담을 더 신뢰하기 때문입니다. 체험단으로 리뷰를 남기더라도 너무 틀에 짜여진 단순 제품 소개보다는 느낌을 많이 담아주면 좋은 글이 될 수 있습니다.

네 번째, 정보성 콘텐츠와 후기 콘텐츠의 비중을 잘 맞춰야 합니다. 후기만 연달아 올리면 상업성 과다로 오해받기 쉽기 때문에 칼로리 정보, 운동 방법, 건강 상식, 영양소 정보 등 객관적 정보 콘텐츠도 함께 운영하면 블로그 최적화 지수 관리에 효과적입니다.

다섯 번째는 자극적 사진과 문구 사용 금지입니다.
특히 Before-After 사진, 체중 공개 사진, 복부 사진 등은 최근 네이버 정책상 노출 제한, 블라인드 처리될 위험이 상당히 높습니다. 공정위에서도 다이어트 글에 대한 모니터링을 강화하고 있기 때문에 건강한 정보 중심으로 운영하셔야 합니다.

여섯 번째, 정확한 키워드 사용입니다.
예를 들어 "다이어트 도시락 추천", "체지방 감량 운동", "비타민

D 효능"처럼 '정보성 키워드 + 후기 키워드'를 적절히 조합해 제목과 본문, 소제목에 자연스럽게 배치하는 것이 검색 유입에 좋습니다. 단, 키워드 도배, 과도한 해시태그 사용은 오히려 독이 될 수 있으니 주의해야 합니다.

마지막으로, 광고성 콘텐츠는 반드시 '협찬·광고' 표시를 해야 합니다.
특히 건강기능식품, 운동기구, 식단 프로그램 등은 식약처 규제 대상이기 때문에 미표기 시 과태료 부과 또는 블로그 저품질 위험이 매우 높습니다.

정리하자면, 다이어트·건강 블로그를 운영할 때는

정보 출처 명확히 → 과장 표현 금지 → 내 경험 솔직하게 → 정보성 콘텐츠 병행 → 자극적 콘텐츠 자제 → SEO 키워드 전략 → 광고 표기 입니다.

Q. 100 연예·방송 블로그는 저작권 문제 없이 조회수를 높이는 전략이 있을까요?

A. 방송·연예인 블로그에서 가장 중요한 것은 신속성, 신뢰성, 그리고 저작권 준수입니다. 이 분야는 네이버 알고리즘과 공정위, 방송사 측의 모니터링이 매우 강력하게 이루어지고 있기 때문에 반드시 몇 가지 핵심 포인트를 지켜야 합니다.

첫 번째, 빠른 정보 전달입니다.
연예계 소식, 방송 리뷰, 프로그램 정보 등은 속보성 콘텐츠이기 때문에 누가 먼저 포스팅하느냐가 검색 상위 노출의 핵심입니다. 폭발적인 조회수가 가능한 주제라 애드포스트 수익을 많이 올릴 수 있습니다. 그러나 빠르기만 한 정보보다 정확성이 반드시 동반되어야 합니다. 확인되지 않은 루머, 출처 불명 정보, 자극적인 제목은 오히려 블로그에 악영향을 줄 수 있으며, 소송으로 이어질 위험도 있습니다. 네이버 알고리즘은 루머성 콘텐츠, 선정적 제목을 유해성 콘텐츠로 판단해 노출 제한, 검색 누락을 걸 가능성이 상당히 높습니다.

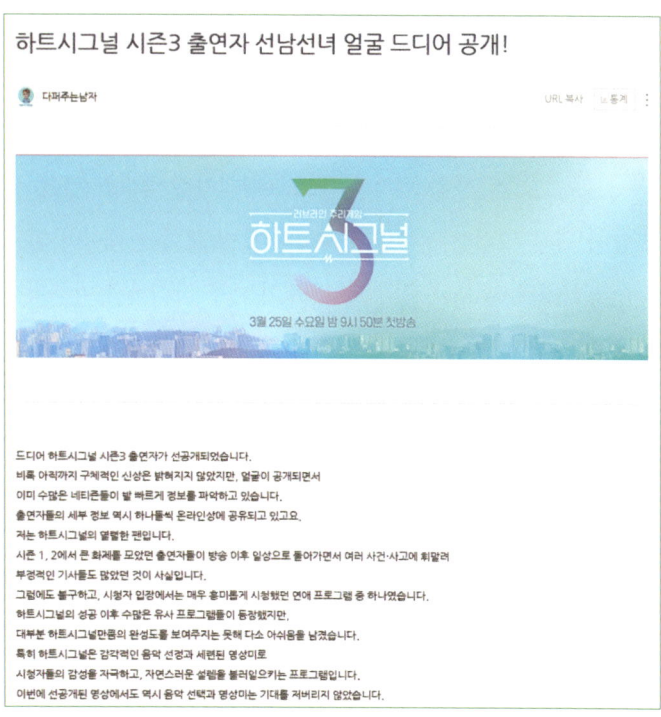

방송이 시작하기도 전 발빠르게 작성한 방송 글로 받은 조회수 예시

두 번째, 저작권 위반에 주의해야 합니다.

방송·연예인 콘텐츠의 가장 큰 리스크는 사진, 영상, 캡처 이미지 사용입니다. 방송사 이미지, 공식 포스터, 직캠 영상, 방송 캡처 등은 원칙적으로 100% 저작권 침해입니다. 가볍게 생각하고 올렸다가 경고장, 과태료, 민형사 소송으로 이어지는 사례가 많습니다. 특히 TV조선, SBS 콘텐츠는 실제로 저작권 위반으로 저작권료를 받은 사례가 많기 때문에 절대 사용하면 안 됩니다. 블로그 폐쇄 원인 중 하나가 방송사 저작권 위반이라는 점을 반드시 명심해야 합니다.

세 번째, 내 의견과 감상 중심의 글 작성입니다.

단순 뉴스 복사, 프로그램 줄거리 요약은 네이버 검색 알고리즘에서 유사 문서 처리되어 노출 자체가 어려울 수 있습니다. 대신 방송을 보고 느낀 감정, 출연진에 대한 생각, 명장면, 시청 포인트 등 나만의 시각을 담는 것이 중요합니다.

요즘 거의 매일, 하루에 한 번씩은 박혜원(HYNN)의 노래를 꼭 듣고 있습니다.

처음 알게 된 계기는 슈가맨 프로그램을 통해서였는데, 이렇게 노래를 잘하는 가수를 오랜만에 만나서인지 자꾸만 듣게 되는 것 같습니다.

박혜원의 시원한 보컬을 듣고 있으면 마치 가슴 깊숙이 풀리는 듯한 파워를 느낄 수 있습니다.
개인적으로 손승연과 박혜원(HYNN), 두 분은 정말 제가 가장 좋아하는 가수입니다.

박혜원(HYNN) 본인도 언급한 적이 있죠.
'시든 꽃에 물을 주듯'은 본인조차 부르기 어려운 곡이라고요.

그 말이 충분히 이해됩니다.
워낙 고음 파트가 많아 현존 가수들 중에서도 이 노래를 완벽하게 소화할 수 있는 사람이 많지 않기 때문입니다.

유튜브에 다양한 가수들이 '시든 꽃에 물을 주듯'을 커버한 모음 영상이 올라와 있는데,
각자 특유의 창법으로 부르긴 하지만 어디선가 답답함이 느껴졌습니다.
그러다 마지막에 박혜원(HYNN)이 직접 부른 무대가 나오는데,
확실히 클래스가 다르다는 걸 느낄 수 있었습니다.

정말 노래 하나만큼은 최고라고 자신 있게 말할 수 있습니다.

가수에 대한 개인적인 생각과 감상을 잘 표현한 예시 | 사진 출처 : 박혜원 인스타

네 번째, 자극적이고 선정적인 표현은 절대 사용하면 안됩니다. 연예인 관련 포스팅에 논란, 스캔들, 악플성 제목, 과도한 의혹 제기는 짧은 트래픽을 끌 수는 있지만 네이버가 최근 강력하게 제재하고 있습니다. 특히 공정위, 방송사 협약으로 인해 허위사실·

악성 루머 유포는 법적 책임으로 이어질 수 있으니 조회수의 괴물이 되지 마세요.

다섯 번째, 검색 키워드 사용입니다.
방송·연예인 콘텐츠는 검색어 경쟁이 치열하기 때문에 '프로그램명 + 방송일 + 연예인 이름 + 회차 정보 + 시청 포인트'를 조합해 자연스럽게 배치해야 합니다. 예를 들어, "무한도전 부활 특집 1회 시청 후기", "유재석 신곡 드디어 공개" 같이 방송 예고편을 통해 다음 주 시청 포인트를 미리 작성하면 됩니다. 최근에는 네이버 모바일 메인에 노출이 되는 경우가 많으니 오로지 메인 노출만 노린다면 제목에 꼭 키워드 넣을 필요는 없습니다. 예를들어 "최근 성형 사실 고백한 여배우는 누구?", "제니 의상 국내보다 해외에서 극찬 받은 이유" 이런식의 제목으로도 모바일 메인에 노출이 되면 폭발적인 조회수를 받아볼 수 있습니다. 틀에 짜여진 글이 아닌 누구나 궁금해 할만한 주제로 여러 개의 글을 빠르게 작성해 노출 확률을 높이는 것도 좋은 전략입니다.

마지막으로, 댓글 소통과 꾸준한 업데이트입니다.
이 분야는 팬층이 강하기 때문에 댓글 소통을 통해 방문자와 친밀도를 쌓으면 자연스럽게 재방문율이 높아지고 블로그 지수 관리에도 도움이 됩니다.

특히 이전에 작성한 다른 글의 링크를 함께 올려 방문자가 내 블로그 글을 연속적으로 보게 하는 것도 블로그 지수를 높이는 전략 중 하나입니다.

정리하자면, 방송·연예인 블로그 운영 시

신속성 → 정확성 → 저작권 철저히 준수 → 내 감상 중심 후기 → 자극적 콘텐츠 금지 → 키워드 전략 → 댓글 소통

특히 저작권 문제는 단 한 번이라도 걸리면 복구가 불가능할 수 있으니 반드시 주의해야 합니다.

Q. 101 문학·책 블로그는 작가의 마음을 잘 전달하는 서평을 어떻게 써야 하나요?

A. 문학/책 주제를 블로그로 운영할 때는 진정성, 깊이 있는 감상, 그리고 독자와의 공감이 가장 중요합니다. 이 주제는 단순한 정보 전달보다 감정과 생각을 나누는 콘텐츠가 더 큰 영향력을 가지기 때문입니다.

우선 첫 번째 중요한 건 내 감상과 생각 중심의 콘텐츠가 필요합니다.
책 소개나 줄거리 요약만으로 포스팅을 채우면 네이버 알고리즘에서 유사 문서로 판단되어 품질 평가가 낮아질 가능성이 있습니다. 내가 읽고 느낀 점, 공감한 문장, 책을 통해 얻은 생각들을 나만의 서사로 풀어내는 것이 핵심입니다.

두 번째, 책 정보 제공은 필수입니다.
책 제목, 저자, 출판사, 출간일, 페이지 수, 장르, 가격 등 기본 정보는 정리해 주시는 것이 좋아요. 방문자 입장에서는 내가 읽을 만한 책인지 구매할 때 필요한 정보가 있는지 확인하기 때문입니다. 이러한 정보 제공은 네이버 알고리즘에서 퀄리티 있는 정보로 인식되어 검색 노출에 유리해질 수 있습니다.

세 번째, 스포일러를 조심해야 합니다.
특히 소설, 추리물, 에세이 리뷰를 쓸 때 결말, 주요 반전, 핵심 사건을 노출하면 독자들이 거부감을 느낄 수 있습니다. 만약 스포일러가 불가피하다면 글 서두에 반드시 안내 문구를 넣어 주세요.

네 번째, 감성적인 문장과 사진 구성입니다.
문학/책 블로그는 정보성 콘텐츠보다 느낌과 분위기가 중요합니다. 내가 밑줄 그은 문장, 책을 읽는 공간, 커피 한 잔과 함께한 독서 시간 같은 감성적인 사진과 자연스러운 문장 흐름은 방문자의 체류 시간을 늘리고 공감 댓글을 유도하는 데 효과적입니다.

다섯 번째, 검색 키워드입니다.
예를 들면 "20대 에세이 추천", "베스트셀러 에세이", "자기계발서 베스트셀러", "시집 베스트셀러 추천"처럼 '장르 + 추천/후기/감상문/베스트셀러' 키워드를 자연스럽게 포함해주시면 검색 유입에 도움이 됩니다. 반드시 작성 전 "시집", "에세이", "자기계발서"를 먼저 검색해 보고 나오는 "인기주제" 선택은 꼭 하세요.

여섯 번째, 독자와의 소통입니다.
문학·책 블로그를 방문하는 독자들은 대부분 책을 좋아하는 사람들입니다. 댓글 소통, 공감 댓글, 이웃 관리를 꾸준히 하면 독서 커뮤니티가 형성되고, 블로그 지수 관리에도 큰 도움이 됩니다. 독서 모임으로 확장해 수익으로 연결될 가능성도 있습니다.

마지막으로 중요한 점! 저작권에 주의해야 합니다.
다른 사람의 창작물을 리뷰하는 것이기 때문에 반드시 저작권을 지켜야 합니다. 원칙적으로 책 내용을 작가의 동의 없이 소개하는것도 저작권 위반 행위가 될 수 있습니다. 하지만 작가 입장에서 자신의 책을 소개해주는 리뷰를 법적으로 신고하진 않겠죠. 하지만 책의 내용을 지나치게 요약하거나 분석하여 책을 읽지 않아도 내용을 알 수 있도록 시리즈화하는 것은 금지해야 합니다. 독자로 하여금 책을 직접 읽고 싶게 만드는 서평이 가장 좋은 방향입니다. 이러한 콘텐츠가 쌓이면 체험단, 출판사 협찬도 꾸준히 들어오게 될 것입니다.

정리하자면, 문학/책 블로그 운영의 핵심은

내 감상 중심 → 책 정보 제공 → 스포일러 주의 → 감성적 구성 → 검색 키워드 활용 → 독자 소통 → 저작권 주의

이 원칙을 충실히 지키는 분들은 독서 팬층과 검색 유입 모두 꾸준히 상승하게 될 겁니다.

저의 이름 "이균재"로 검색 하면 나오는 서평 리뷰가 많지만 저작권보다는 오히려 고마운 마음이 먼저 들게 됩니다

Q.102 육아 블로그는 부모들의 공감을 얻으려면 어떤 컨셉이 좋을까요?

A. ──── 육아 블로그를 운영할 때 가장 중요한 점은 공감, 솔직함, 그리고 정보성 콘텐츠의 균형입니다. 왜냐하면 육아 블로그를 찾는 방문자들은 대부분 같은 고민, 같은 어려움, 그리고 실질적인 해결책을 원하기 때문이에요.

먼저 첫 번째로 중요한 건 내 경험 기반의 솔직한 이야기입니다. 육아 정보는 어디서나 얻을 수 있지만 내가 실제로 겪은 시행착오, 아이와의 에피소드, 감정 변화는 나만 쓸 수 있는 콘텐츠입니다. 예를 들어, "우리 아이 이유식 먹일 때 이런 시행착오가 있었어요", "첫 예방접종 때 이렇게 대처했어요"처럼 내 상황에 기반한 리얼 스토리가 방문자들에게 공감과 신뢰를 줍니다.

두 번째, 정보성 콘텐츠와 후기 콘텐츠의 균형입니다.
예를 들면 육아템 리뷰, 장난감 후기, 교육법, 건강 정보 같은 정보형 콘텐츠와 일상 에피소드, 감정 공유 같은 후기형 콘텐츠를 적절히 섞어주는 것이 좋습니다. 방문자들은 실용 정보도 원하지만 육아로 지친 마음을 공감받고 싶어하기 때문입니다.

세 번째, 사진과 글의 조화입니다.

특히 육아 블로그에서는 아이 사진, 육아템 사진, 상황 사진이 자연스럽게 포함되어야 방문자들이 내용을 쉽게 이해하고 몰입할 수 있습니다. 단, 아이 얼굴 공개는 반드시 신중하게 판단하셔야 합니다. 요즘은 초상권, 사생활 침해 문제로 인해 아이 얼굴 모자이크 처리하는 분들도 많습니다. 그리고 아이가 성장했을 때 본인 얼굴이 온라인상에 노출되어 있는 걸 싫어할 수도 있습니다.

아이 얼굴을 공개하지 않아도 리뷰는 충분히 할 수 있습니다

네 번째, 자극적인 제목과 과장 표현 절대 금물입니다.

육아 블로그도 네이버 알고리즘이 상업성 과다, 자극성 콘텐츠로 판단하면 노출 제한, 검색 누락될 수 있습니다. 예를 들어 "이것만 먹이면 키 10cm 자랍니다!", "○○ 장난감으로 IQ가 높아졌어요!" 같은 표현은 절대 사용하지 마세요. 육아 콘텐츠는 무엇보다 신뢰가 가장 중요합니다.

다섯 번째, 키워드 전략입니다.

"육아템 추천", "아기 이유식 후기", "두 돌 아기 장난감", "아이 예방접종 정보"처럼 검색자가 실제로 찾는 키워드를 자연스럽게 본문, 소제목, 제목에 배치해야 합니다. 육아 쪽 키워드는 다양한 유입 경로로 들어오기 때문에 되도록 세부적인 단어 한두 개 정도는 첨부하는 것이 좋습니다. 정보성, 체험형 후기를 적절히 조합해서 글을 작성하면 작은 조회라도 조합을 통해 유입이 되면서 점차적으로 방문자 수를 늘릴 수 있을 것입니다.

여섯 번째, 댓글 소통과 커뮤니티 운영입니다.

육아 블로그 방문자들은 대부분 같은 고민을 가진 부모님들입니다. 댓글로 경험을 나누고 서로 응원하며 정보를 공유하는 구조가 되면 자연스럽게 재방문율, 이웃 소통, 블로그 지수가 올라갑니다.

마지막으로, 광고성 콘텐츠 운영 시 철저한 표기입니다.
특히 육아 용품, 아기 식품 등은 광고 표기 의무가 매우 강화되었습니다. 협찬, 체험단 콘텐츠는 반드시 [광고], [협찬] 표기를 해야 합니다. 적발시 공정위 과태료를 받을 수도 있습니다.

정리하자면, 육아 블로그 운영의 핵심은

내 경험 중심 → 정보성과 후기 콘텐츠 균형 → 아이 사진 신중 사용 → 과장 없는 솔직한 표현 → 키워드 전략 → 댓글 소통 → 광고 표기 입니다.

Q. 103 요리·레시피 블로그는 사진과 설명을 어떤 비율로 구성하면 좋을까요?

A. 요리·레시피 주제를 블로그로 운영할 때 가장 중요한 점은 친절한 정보 제공, 과정의 구체성, 그리고 사진·영상의 시각적 완성도입니다. 왜냐하면 요리 블로그를 찾는 방문자들은 대부분 직접 따라 해보고 싶거나 레시피 정보를 얻기 위해 검색하기 때문입니다.

우선 첫 번째로 중요한 건 정확한 재료와 계량 정보 제공입니다. 대충 "간장 조금, 설탕 약간" 이런 식으로 적으면 방문자 입장에서는 따라하기 어렵고 실패 확률이 높습니다. 반드시 g, ml, 큰술, 작은술 등 정확한 계량 단위와 정보를 표기해 주셔야 합니다.

두 번째, 조리 과정 사진과 구체적인 설명을 잘 해야 합니다.
요리 초보들도 쉽게 따라 할 수 있도록 재료 손질부터 조리 과정, 불 세기, 시간, 주의할 점까지 단계별로 상세히 작성해 주는 것이 좋습니다. 네이버 알고리즘에서도 이런 '정보성 콘텐츠'를 양질의 콘텐츠로 인식해 검색 노출에 유리하게 적용할 수 있습니다.

> 장어탕을 만들 때 장어를 통째로 넣어도 좋지만
> 먹기 편하게 즐기시려면 적당한 크기로 썰어 넣는 것이 좋습니다.
> 장어 크기가 워낙 크기 때문에 한 번에 넣기보다는 큼직하게 토막 내어 준비해 주세요.
> 썰어서 넣더라도 장어 특유의 고소한 맛과 깊은 풍미는 그대로 살아 있으니 걱정하지 않으셔도 됩니다.

손질 과정과 구체적인 설명을 포함한 예시

세 번째, 완성 사진 외에도 조리 중 사진, 디테일 컷을 충분히 제공하는 것이 중요합니다.

왜냐하면 방문자들은 과정 속에서 내 요리가 제대로 되고 있는지 비교하고 싶어하기 때문입니다. 특히 불 조절, 양념 상태, 익힘 정도는 사진으로 보여줘야 합니다.

네 번째, 내가 실제로 먹어본 후기와 솔직한 평가도 추가해 주어야 합니다.

예를 들어, "생각보다 짜서 다음에는 간장 양을 줄이면 좋겠어요", "아이들이 좋아해서 자주 해 먹게 될 것 같아요"처럼 내가 직접 해본 사람으로서 느낀 점을 쓰게 되면 방문자들에게 신뢰를 줄 수 있습니다.

다섯 번째, 검색 키워드 전략입니다.
"백종원 제육볶음 레시피", "다이어트 도시락 만들기", "초간단 계란찜 방법"처럼 '요리명 + 레시피 + 상황형' 키워드를 자연스럽게 제목, 소제목, 본문에 넣어주면 검색 유입에 효과적입니다. 요리/레시피 주제에서 스마트블록 키워드 활용은 필수입니다.

여섯 번째, 자극적인 표현, 과장된 제목 사용 금지입니다.
예를 들어 "이 레시피 하나면 살이 쏙쏙 빠집니다!!", "먹기만 하면 피부가 좋아지는 마법의 음식!", "전국 요리 고수들도 무릎 꿇은 초간단 비법!" 같은 제목은 네이버 알고리즘에서 상업성 과다, 자극성 콘텐츠로 판단해 노출 제한될 수 있습니다.

마지막으로, 블로그 최적화 관리도 중요합니다.
요리 블로그는 장기적으로 운영하면 검색 유입이 꾸준히 발생하는 주제이기 때문에 레시피 글 외에 일상 콘텐츠, 음식 관련 정보 글도 함께 운영해 주시면 최적화 지수 관리에 효과적입니다.

정리하자면, 요리·레시피 블로그 운영은

정확한 재료 정보 → 과정 사진과 설명 구체성 → 솔직한 후기 → 고퀄리티 사진 → 키워드 전략 → 과장 없는 표현 → 다양한 콘텐츠 운영

이 7가지는 되도록이면 지키면서 운영하세요.

Q. 104 게임 블로그는 유저 충성도를 높이려면 어떤 정보 제공 방식이 효과적인가요?

A. 게임 블로그를 운영할 때 가장 중요한 점은 정보성, 최신성, 공감 콘텐츠, 그리고 저작권 주의라고 할 수 있습니다. 왜냐하면 게임 주제는 게임 유저들이 실시간으로 정보를 찾고 공략을 원하며 트렌드 변화가 빠른 분야이기 때문입니다.

첫 번째로 중요한 건 정보성 콘텐츠의 퀄리티입니다.
게임 블로그를 찾는 방문자들은 대부분 게임 공략, 팁, 업데이트 정보 등을 알아보기 위해 방문합니다. 단순히 플레이 일기 수준의 포스팅은 검색에서 상위 노출되기 어렵고 방문자 체류 시간도 짧습니다. 정보를 얻기 위해 들어왔는데 일기 같은 글이라면 바로 나가버리겠죠. 예를 들어, "디아블로4 초반 육성 추천 공략", "롤 시즌13 신규 아이템 총정리"처럼 정확하고 체계적인 정보를 제공해야 합니다.

두 번째, 최신성 유지입니다.
게임은 패치, 시즌 변경, 신규 콘텐츠 출시 등 변화가 매우 빠릅니다. 예전에 쓴 공략이나 팁이 지금은 통하지 않을 가능성이 매우 높습니다. 그래서 최소 주 1~2회 이상 업데이트 패치 후에는 즉시 최신 정보를 반영해 주는 것이 검색 경쟁력을 확보하는 비결입니다. 만약 작성해둔 글이 노출에서 밀려 있다면 업데이트 대신 새로운 글을 작성하는 게 더 좋은 방법입니다.

세 번째, 내 경험과 플레이 기반 후기 작성을 해야 합니다.
단순 정보 나열보다는 내가 직접 플레이하며 겪은 상황, 꿀팁, 시행착오, 공감할 만한 에피소드를 함께 풀어야 방문자들이 머무릅니다. 예를 들어, "이 던전 초반에 이런 함정이 있어서 3번 죽었어요"처럼 진짜 플레이어만 알 수 있는 솔직 후기가 공감 포인트입니다.

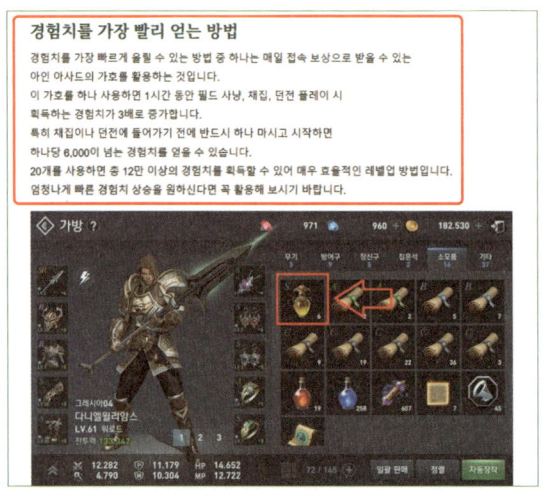

게임 플레이를 해야만 알 수 있는 정보를 제공하는 예시

네 번째, 스크린샷·영상 자료의 저작권 주의입니다.
게임 스크린샷, 공식 트레일러, 캐릭터 이미지 등은 대부분 게임사 저작권 소유입니다. 최근 네이버 및 게임회사에서 무단 사용에 대해 모니터링을 강화하고 있기 때문에 게임회사에서 제공한 공식 팬 키트 이용 허락 범위 내의 이미지 사용 또는 내 플레이 영상·캡처만 사용하는 것이 안전합니다.

다섯 번째, 검색 키워드 전략입니다.
"게임명 + 공략, 후기, 팁, 업데이트, 시즌, 직업 추천" 등 유저들이 자주 검색하는 키워드를 제목과 소제목, 본문에 자연스럽게 포함해야 검색 노출에 유리합니다. 해당 게임명을 네이버에 검색하면 나오는 자동완성이나 스마트블록 "인기 주제" 키워드를 적절히 활용하고 단어 2~3개 정도를 조합해 검색 범위를 확장하세요. 단, 제목 낚시는 오히려 상업성 과다 판단으로 노출 제한될 수 있으니 주의하세요.

여섯 번째, 댓글 소통을 중요하게 생각해야 합니다.
게임 블로그는 특히 유저들과의 소통이 중요합니다. 댓글에서 게임 정보, 플레이 경험, 공략 논의 등을 자연스럽게 이어가면 충성도 높은 방문자층이 형성되고 블로그 지수 관리에도 큰 도움이 될 겁니다. 향후 게임사와 직접 장기 계약을 맺어 캐릭터 생성 과정을 다루는 콘텐츠를 제작하게 되면 새롭게 출시되는 게임마다 가장 먼저 섭외를 받을 수 있을 겁니다.

마지막으로, 광고성 협찬은 받으면 안 됩니다.
게임 아이템 거래 사이트, 대리 플레이 홍보, 불법 프로그램 광고 등은 네이버에서 불법·유해성 콘텐츠로 간주해 블로그 검색 누락, 노출 제한, 심하면 블로그 폐쇄로 이어질 수 있습니다. 게임 블로그는 정보 전달 중심으로 운영해야 합니다.

정리하자면, 게임 블로그 운영 시에는

정보성 콘텐츠 → 최신 정보 유지 → 내 경험 중심 후기 → 저작권 철저 준수 → 키워드 전략 → 댓글 소통 → 광고성 콘텐츠 제작 주의

이 원칙을 충실히 지키면 검색 유입과 팬층, 커뮤니티 활성화까지 자연스럽게 따라오게 됩니다.

Q.105 경제·비즈니스 블로그의 전문성을 높이기 위한 데이터 활용법은?

A. 비즈니스·경제 주제 블로그를 운영할 때 가장 중요한 점은 신뢰성, 데이터 기반 정보, 그리고 균형 잡힌 관점이라고 할 수 있습니다. 왜냐하면 이 분야는 정보의 정확성, 근거, 객관성이 무엇보다 중요하고, 잘못된 정보가 방문자의 금전적 판단에 영향을 줄 수 있기 때문입니다.

첫 번째로 중요한 건 출처와 근거를 정확히 밝혀야 합니다.
경제 뉴스, 기업 정보, 주식·부동산·투자 관련 콘텐츠를 다룰 때는 반드시 공식 통계, 신뢰할 수 있는 기사, 금융감독원, 공공기관, 기업 IR 자료 등 객관적이고 검증된 정보를 바탕으로 포스팅해야 합니다. 출처 없이 개인 의견이나 루머를 기반으로 콘텐츠를 작성하면 네이버 알고리즘에서 유해성 콘텐츠, 허위정보로 판단될 가능성이 매우 높습니다.

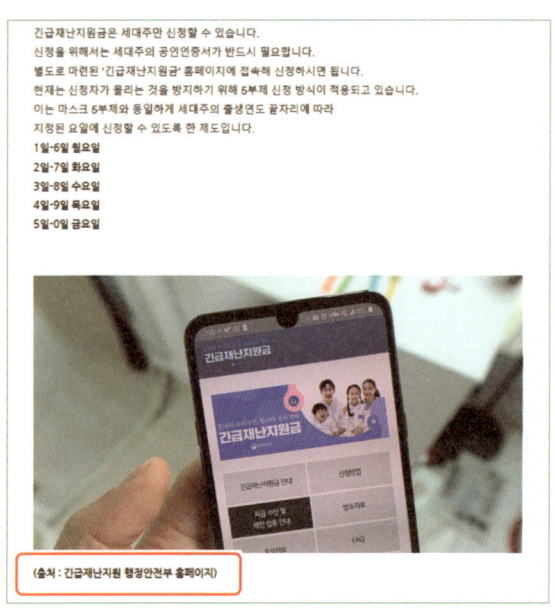

정보제공에 대한 출처를 정확히 밝힌 예시

두 번째, 데이터와 수치 제공을 확실히 해야 합니다.

비즈니스·경제 콘텐츠에서는 수치, 그래프, 표가 매우 중요합니다. 예를 들어 "00년 한국 GDP 2.3% 증가 전망", "삼성전자 주가 60,000원 돌파"처럼 객관적 수치와 데이터를 포함시키면 더 좋은 글이 될 수 있습니다. 방문자들은 정확한 숫자와 근거가 있는 콘텐츠에 더 큰 신뢰를 갖습니다.

세 번째, 객관적인 관점을 유지해야 합니다.

특정 기업, 종목, 경제 이슈에 대해 과도하게 긍정적, 부정적으로 치우친 콘텐츠는 상업성 과다, 선동성 콘텐츠로 오해받기 쉽고, 네이버 알고리즘도 이런 콘텐츠를 품질이 떨어진 글로 인식할 수 있습니다. 반드시 장단점, 리스크, 변동 가능성을 함께 서술하는 게 좋습니다.

네 번째, 전문 용어보다는 쉬운 용어로 풀어쓰기입니다.
비즈니스·경제 주제는 어렵고 딱딱한 용어가 많기 때문에, 초보자들도 이해할 수 있도록 쉽게 풀어서 설명하는 것이 중요합니다. 예를 들어 "금리 인상으로 인해 소비가 감소합니다"라고만 쓰기보다, "금리가 올라가면 대출 이자 부담이 커지기 때문에 사람들이 돈을 아끼고 소비를 줄이게 됩니다"처럼 풀어 쓰는 게 좋겠죠. 내가 이해하고 있다고 다른 사람도 이해할 거라는 생각을 버려야 합니다.

다섯 번째, 정보성 글과 의견이 들어간 글의 분리가 필요합니다.
기업 뉴스, 정부 정책, 경제 지표 등 객관적 정보 제공 콘텐츠와 내 생각, 투자 관점, 경제 이슈 해석 등 주관적 의견이 들어간 글이 명확히 구분되어야 합니다. 정보 글을 가장 먼저 작성하고 의견이 들어간 글을 그 뒤에 배치하면 검색 노출에도 유리하고 방문자들도 읽기 편합니다.

팩트를 기반으로 한 정보 글에 내 생각을 같이 섞게 되면 방문자들에게 혼란을 줄 수 있습니다. 명확한 구분을 해서 좀 더 쉽게 이해할 수 있는 글 스타일이 좋습니다.

여섯 번째, 검색 키워드 전략입니다.
"삼성전자 주가 전망", "00년 경제 전망", "소상공인 지원금 신청 방법"처럼 실제로 사람들이 검색할 만한 키워드를 제목, 소제목, 본문에 자연스럽게 포함하면 검색 유입에 더 좋은 영향을 받을 수 있습니다. 단, 키워드 남발, 낚시성 제목은 절대 금물입니다.

마지막으로, 상업성 글로 보이지 않도록 하는 게 중요합니다.
특정 기업 홍보, 투자 유도, 금융상품 광고성 콘텐츠를 쓸 때는 반드시 [광고], [협찬] 표시를 해야 하고, 투자 권유성 표현은 금융감독원 규제 대상이 될 수 있습니다. 협찬·광고임을 숨기고 포스팅할 경우 노출 제한, 과태료, 블로그 저품질로 이어질 수 있으니 반드시 주의해야 합니다.

정리하자면, 비즈니스·경제 블로그 운영 시

출처 명시 → 데이터 제공 → 균형 잡힌 관점 → 쉬운 용어 사용 → 정보·의견 콘텐츠 구분 → 키워드 전략 → 상업성 콘텐츠 표기 철저

이 원칙을 지킨 블로그는 검색 유입과 전문 독자층이 꾸준히 늘어날 수 있을 겁니다.

Q. 106 반려동물 블로그가 집사들의 공감과 클릭을 부르는 콘텐츠 전략은?

A. 반려동물 주제를 블로그로 운영할 때 가장 중요한 점은 진정성, 정보성, 그리고 책임감이라고 할 수 있습니다. 왜냐하면 이 주제는 단순한 정보 전달을 넘어 사람과 반려동물의 삶에 직접적인 영향을 주는 주제이기 때문입니다.

첫 번째로 중요한 건 내 반려동물과의 진짜 이야기, 경험 중심 콘텐츠입니다.
단순히 "강아지 귀여워요", "고양이 사진 올려요" 수준의 글은 검색 경쟁력이 떨어지고 방문자들도 오래 머무르지 않습니다. 대신 내가 키우는 반려동물의 성격, 먹는 사료, 산책 루틴, 병원 경험, 훈련 방법 등 실제 생활 속 정보와 에피소드를 솔직하게 풀어주는 것이 가장 좋습니다. 방문자들은 실제 반려인 경험담에 공감하고 댓글 소통도 활발하게 이루어집니다.

두 번째, 정보성 콘텐츠와 일상 콘텐츠의 비중을 잘 조절해야 합니다.
예를 들면, 강아지 피부병 증상, 고양이 사료 추천, 반려동물 보험 정보, 훈련 팁 같은 실질적 도움이 되는 정보형 콘텐츠와 반려동물 일상 브이로그, 산책 후기, 귀여운 순간들 같은 감성 콘텐츠를 함께 운영해야 방문자의 체류 시간과 검색 유입이 모두 올라갑니다. 단, 일상 글을 작성할 때도 일기 같은 의미 없는 글을 작성하는 것이 아니라 정확한 정보를 포함한 글을 작성해야 합니다. 예를 들어 강아지와 가벼운 동네 산책을 하면서도 그 속에 있는 스토리를 풀어서 정보를 전달하는 방식으로 글을 작성하면 됩니다. "강아지 산책에 좋은 하네스 ○○으로 집 앞 산책 다녀왔어요" 처럼 키워드를 확실히 넣어서 조회가 일어나게 만들면 됩니다.

세 번째, 정확한 정보 제공과 과장 없는 표현입니다.
특히 사료, 간식, 영양제, 미용 제품 등을 리뷰할 때 효과를 지나치게 과장하거나 부작용 가능성을 숨기면 안 됩니다. 네이버 알고리즘과 공정위는 반려동물 관련 콘텐츠의 허위·과장 표현에 굉장히 민감합니다. 반드시 내가 사용해본 경험과 솔직한 의견을 바탕으로 콘텐츠를 작성해 주세요. 체험단이나 협찬을 통한 강아지 용품 및 간식을 리뷰할 때는 책임감을 가지고 리뷰를 해야 합니다. 마음에 들지 않는다고 단점을 부각시키는 것은 상도에 어긋나는 행위이니 너무 과한 극찬은 피하고 중립적인 입장에서 단점 언급보다는 장점을 찾아 작성하면 됩니다.

> 이 제품은 특히 좋은 점이 하나 있습니다.
> 바로 냄새가 거의 없다는 것이에요.
> 손으로 만져도 특유의 간식 냄새가 손에 남지 않아서 급여할 때 부담이 없습니다.
> 게다가 농림축산식품부의 HACCP 인증을 받은 제품이라 위생적으로도 믿고 먹일 수 있는 간식입니다.
> 알 크기도 부담 없어요.
> 제가 직접 확인해 보니 약 12mm 정도 크기라서 소형견도 충분히 먹을 수 있는 사이즈입니다.
> 만약 강아지가 크기 때문에 잘 못 먹는다면 손가락으로 살짝 부셔주시면 됩니다.
> 부드럽게 잘 부서지기 때문에 사료 위에 부셔서 토핑처럼 주거나, 그냥 하나씩 간식으로 줘도 좋아요.
> 특히 우리 집 강아지는 뚜껑 여는 소리만 나면 달려올 정도로 좋아합니다!
> 그만큼 향이나 식감이 강아지 입맛에 딱 맞는 간식이라는 거죠.

반려견 사료 협찬 글 장점 예시 / 공식정보와 직접 경험에서 나온 팁을 조합

네 번째, 사진과 영상의 퀄리티입니다.

반려동물 콘텐츠는 시각적 요소가 굉장히 중요합니다. 귀여운 모습, 산책 사진, 먹방 영상 등은 방문자의 체류 시간을 높이는 핵심 요소가 될 수 있겠죠. 단, 지나치게 자극적인 사진이나 위험한 장면 노출은 방문자들에게 불편함을 줄 수 있습니다.

다섯 번째, 검색 키워드 전략과 확실한 컨셉입니다.

"강아지 배변 훈련 방법", "고양이 사료 추천", "반려동물 여행 준비물"처럼 실제로 검색자가 자주 찾는 키워드를 사용하면 됩니다. 다른 주제보다는 경쟁이 덜한 곳이라 조금만 신경 써도 충분히 경쟁력을 가질 수 있습니다. 그리고 반려동물의 특징을 잘 살려 컨셉을 정확히 정하고 운영하면 많은 협찬도 가능한 주제이니 밋밋한 컨셉으로 운영하는 것보다는 확실한 컨셉을 가지고 운영하세요. 예를 들어 "1인칭 강아지 시점" 컨셉을 잡아보는 겁니다. "오늘은 내가 제일 좋아하는 간식을 소개할게요~ 우리 집사(주인)는 모르겠지만 이거 먹으면 진짜 기절하는 맛이에요!" 이렇게 강아지 시점이 되는 겁니다. 귀여운 말투 + 전문 정보를 같이 제공(예: 사료 성분, 행동 심리, 산책 코스 등). 중간중간 견주 꿀팁, 제품 후기, 강아지 건강 상식을 섞어서 정보 + 재미 + 공감 모두 잡으면 컨셉 확실한 반려동물 블로그가 될 수 있겠죠.

여섯 번째, 상업성 콘텐츠 표기 준수입니다.
특히 사료, 간식, 용품 협찬이나 체험단 콘텐츠를 운영할 때는 반드시 [협찬], [광고] 표시를 해야 합니다. 네이버와 공정위에서 반려동물 콘텐츠의 광고성 표시 위반을 엄격히 관리하고 있습니다.

마지막으로, 동물 보호법과 윤리적 책임 의식을 가져야 합니다.
반려동물 콘텐츠는 사람들이 따라할 가능성이 높기 때문에 위험하거나 잘못된 사육 방법, 동물 학대 오해를 살 만한 콘텐츠는 절대 올리시면 안 됩니다. 콘텐츠 작성 시 항상 내 글과 사진을 본 사람들이 어떻게 받아들일지 한번 더 생각하면서 운영하세요.

정리하자면, 반려동물 블로그 운영 시

내 경험 중심 → 정보성+일상 콘텐츠 균형 → 정확하고 과장 없는 표현 → 고퀄리티 사진·영상 → 키워드 전략과 컨셉 → 광고 표기 준수 → 동물 보호 윤리 준수

이 원칙을 지킨 분들은 꾸준히 팬층이 생기고 검색 유입도 안정적으로 증가하게 될 겁니다.

Q. 107 가구·인테리어 블로그는 시각적 매력과 실용성을 함께 전달하려면 어떻게 해야 하나요?

A. 가구·인테리어 주제를 블로그로 운영할 때 가장 중요한 점은 시각적 정보의 퀄리티, 실용적인 정보 제공, 그리고 솔직한 후기입니다. 왜냐하면 이 분야는 방문자들이 실제 구매나 인테리어 시 참고하려고 검색하는 경우가 많기 때문입니다. 즉, 단순한 홍보성 콘텐츠가 아니라 내가 직접 사용해 보고 느낀 점, 공간 활용 아이디어, 가격 정보 등을 구체적으로 제공해야 신뢰를 얻을 수 있습니다.

먼저 첫 번째로 중요한 건 사진과 영상의 퀄리티입니다.
가구·인테리어 블로그는 어떤 주제보다도 시각적 정보가 중요합니다. 제품 단독 사진뿐만 아니라 공간 속에서 어떻게 배치되었는지, 사용 전·후 변화, 디테일 컷까지 다양하게 담아야 합니다. 그리고 밝기, 색감, 구도에 특히 신경 써야 합니다. 방문자들은 내 방, 내 거실에 두었을 때 어떤 느낌일지 이미지를 통해 판단하기 때문입니다. 또한 가구·인테리어 주제는 협찬 비용이 다른 주제보다 크기 때문에 특히 더 전문성 있어 보이기 위해 사진에 신경 써야 합니다.

변화가 확실히 느껴질수 있는 설치 전·후 사진 예시

두 번째, 정보성 콘텐츠와 사용 후기를 적절히 조합해야 합니다. 예를 들면 "원목 식탁 추천", "거실 인테리어 꿀팁", "좁은 방 공간 활용 방법" 같은 정보성 콘텐츠와 "실제로 구매해서 사용해본 후기", "34평 우리 집 아파트 인테리어 전·후 비교", "한 달 써본 소파 내구성"같은 실제 후기 콘텐츠를 적절히 섞어야 방문자의 체류 시간과 검색 유입이 모두 올라갈 수 있습니다. 검색자들이 궁금해할 수 있는 부분을 제목에 잘 작성하는 것이 포인트입니다.

세 번째, 정확한 제품 정보를 제공해야 합니다.
브랜드명, 제품명, 사이즈, 소재, 가격, 구매처, 배송 기간 등 방문자가 구매를 결정할 때 필요한 정보를 빠짐없이 써야 합니다.

네 번째, 솔직한 장단점 서술입니다.
가구나 인테리어 제품은 금액대가 크기 때문에 방문자들은 장점뿐 아니라 단점, 아쉬운 점까지 알고 싶어 합니다. 예를 들어 "디자인은 예쁜데 쿠션감이 아쉬워요", "조립이 어렵지만 설치하면 튼튼해요" 같은 솔직한 리뷰가 방문자 신뢰도를 높입니다.

다섯 번째, 실제 사용 중심 콘텐츠 작성입니다.
단순히 제품 설명만 적는 것보다 우리 집 구조에서 어떻게 배치했는지, 공간 활용 팁, 사용하면서 생긴 문제점을 구체적으로 적어 주면 방문자들이 자기 집에 적용했을 때를 상상하면서 글을 읽게 됩니다. 당연히 체류 시간이 늘어날 수 있는 요소가 될 수 있겠죠.

여섯 번째, 검색 키워드 전략입니다.
"24평 아파트 거실 인테리어 팁", "원룸 자취생 수납장 추천", "신혼부부 가구 트렌드"처럼 실제로 사람들이 검색할 만한 키워드를 사용하면 좋습니다.

마지막으로, 상업성 콘텐츠 표기를 준수해야 합니다.
가구 협찬, 인테리어 업체 체험단 등 광고성 콘텐츠 작성 시 [협찬], [광고] 표기는 필수입니다. 가구·인테리어 글은 광고 표기 위반을 집중 모니터링하고 있기 때문에 미표기 시 노출 제한, 검색 누락, 과태료로 이어질 수 있습니다.

정리하자면, 가구·인테리어 블로그 운영 시

고퀄리티 사진 → 정보성+후기 콘텐츠 균형 → 정확한 제품 정보 → 솔직한 장단점 → 실제 사용 사례 중심 → 키워드 전략 → 광고 표기 철저

이 7가지를 반드시 지켜서 운영하세요.

CHAPTER 09

블로거들이 가장 많이 하는 실전 질문 BEST

Q. 108 사업용 블로그인데 홍보성 글만 누락됩니다. 이유와 해결 방법은 무엇인가요?

A. 네이버의 블로그 정책과 알고리즘 특성에 의한 가능성이 높습니다. 이게 무슨 말이냐면, 네이버는 사업용 블로그를 특정 키워드 기반으로 '상업성 과다'로 판단해 노출을 제한하는 경우가 많습니다. 예를 들면 "양산 석산 미용실" 같이 미용실을 운영한다고 계속해서 키워드를 반복해서 글을 발행하면 이 블로그를 상업성이 짙은 블로그로 판단을 한다는 거죠.

상업성이 아니라고 생각해도, 네이버 알고리즘이 자동으로 판단하는 거라 미세한 부분도 영향을 줄 수 있는 겁니다. 타 업체가 잘되는 이유는 홍보와 정보의 비중을 잘 맞추고, 네이버 알고리즘의 특성을 정확히 파악해 글을 작성했기 때문일 가능성이 큽니다.

앞으로 하셔야 할 운영 방법은 가게와 관련된 이야기를 일상 컨셉으로 전환해 보세요. 예를 들어, 단순히 "우리 가게 이런 서비스 있어요" 보다는, "요즘 이런 서비스를 찾는 분들이 많아서 우리도 이런 걸 준비했어요"처럼 자연스럽게 이야기를 풀어보세요. 그리고 사진과 텍스트 비율도 중요합니다. 홍보성 글은 보통 사진과 텍스트 양이 적으면 누락될 가능성이 큽니다. 텍스트 양을 충분히 늘리고, 설명이 자세히 들어간 글을 작성하면 훨씬 안정적으로 노출될 수 있습니다. 기본적으로 1,000자 이상 유지와 사진 10장 이상 업로드를 추천 드립니다.

마지막으로 메인 키워드를 자연스럽게 활용해야 합니다. 제목과 본문에 키워드를 너무 반복하거나 억지스럽게 사용하면 오히려 누락될 가능성이 큽니다. 대신, 메인 키워드는 자연스럽게 한두 번만 포함하고, 서브 키워드(연관키워드)로 다양한 표현을 사용하는 게 좋습니다. 계속해서 이런일이 반복된다면 상업성을 벗어나기 힘든 블로그가 될 수 있으니 블로그를 옮기는 것도 하나의 방법이 될 수 있습니다.

Q.109 내 블로그 글 링크를 다른 글에 삽입해도 괜찮을까요?

A. 내 블로그 글 링크를 다른 게시글에 삽입하는 건 문제되지 않습니다. 링크를 판단하는 기준은 내부링크와 외부 링크가 있습니다. 이 중 내부링크는 네이버와 관련이 있는 링크 즉, 스마트스토어 링크, 내 게시글 링크 등이 될 수 있습니다. 외부 링크는 네이버와 관련 없는 쿠팡이나 업체 홈페이지 같은 링크가 외부 링크입니다. 두 가지 링크 방식 모두 블로그 내에 사용해도 문제될 건 없습니다.

내 블로그 글을 연결하는 건 내부 링크인데, 이건 블로그 운영에 있어 자연스럽게 활용하면 좋은 전략이 될 수 있습니다. 다만, 네이버는 대량으로 뭔가를 하는 걸 강력히 처벌합니다. 내부 링크 역시 대량으로 삽입되면 안 좋은 영향을 줄 수 있으니 너무 많이 넣거나 글의 내용과 전혀 관련 없는 링크를 삽입은 안하는게 좋습니다. 예를 들어, "부산 맛집"을 소개하는 글이라면 부산 맛집 관련 다른 글을 링크로 연결하는 게 가장 효과적인 방법이 될 수 있겠죠. 이렇게 하면 독자에게 더 유용한 정보를 제공하면서 블로그 체류 시간도 늘릴 수 있을 겁니다. 자연스럽고 유용한 방향으로 링크를 활용하시면 도움이 많이 될 수 있을 겁니다.

외부 링크인 업체 홈페이지 링크를 게시글에
넣은 예시

내부 링크인 다른 게시글 링크를 블로그에
2개 넣은 예시

Q. 110 예전에 올린 글의 주제 설정 (예: 일상,생각)을 바꾸면(예: 맛집) 검색에 영향을 줄 수 있을까요?

A. 기존 글의 주제를 수정하는 것은 가급적 피하시는 것이 좋습니다. 왜냐하면 지나간 글 주제를 바꾼다고 해도 큰 의미가 없기 때문입니다. 블로그에서 이상 현상이 발생하는 경우는 대부분 노출 후 수정 작업을 진행하면서 생깁니다. 수정하지 않으면 아무 일도 일어나질 않겠죠. 불필요한 작업은 하지 않는 것이 안전합니다.

물론, 꼭 필요한 경우라면 신중하게 진행해야 하지만, 그렇지 않다면 기존 글을 그대로 두고 앞으로 작성하는 글의 품질과 주제에 더 집중하는 것이 더 나은 방법입니다. 특히 지나간 글을 수정해도 내가 의도한 대로 변화가 생기질 않으니 안하는 게 베스트입니다. 새롭게 발행하는 글을 잘 준비하면서 블로그의 방향성을 점차 맞춰가는 걸 추천합니다.

Q. 111 AI로 생성한 이미지를 사용하면 검색에서 누락되는 이유가 뭘까요?

A. AI 이미지가 블로그에서 누락되는 이유는 네이버가 AI 이미지를 따로 필터링한다는 공식적인 발표는 없지만, 특정 패턴이나 이미지 특성 때문에 누락될 가능성은 있습니다.

[AI 이미지가 누락될 수 있는 이유]

1. AI 이미지만 따로 감지해서 걸러낸다는 것은 정확한 사실이 아니며, '카더라'일 가능성이 큽니다.

하지만 특정 패턴(너무 뚜렷한 그래픽, 비현실적인 색감, 특정 스타일의 압축 방식 등)으로 인해 AI 이미지가 걸러질 가능성은 존재합니다. 이는 AI 이미지뿐만 아니라, 일반 이미지도 동일하게 적용될 수 있는 문제입니다.

2. 이미지 파일 형식 & 압축 방식 문제

AI로 생성된 이미지는 특수한 압축 방식을 사용하는 경우가 많아 네이버 시스템에서 정상적으로 인식하지 못할 가능성이 있습니다. 이런 경우, 저장 방식을 PNG나 JPG로 변경하면 문제가 해결될 수 있습니다. 또는 AI 이미지를 캡처한 후, 새 파일로 저장해서 업로드하는 방법도 효과적입니다.

3. 네이버의 이미지 노출 기준: 키워드와의 연관성

AI 이미지이기 때문에 무조건 누락되는 것이 아니라, 블로그 글의 키워드와 이미지의 연관성이 낮을 경우 노출되지 않는 경우가 많습니다. 예를 들어, "해운대 바다"에 대한 글을 썼는데, AI로 만든 비현실적인 바닷가 이미지를 사용하면 노출이 어려울 가능성이 높습니다. 결론은 AI 이미지가 문제가 되는 것이 아니라 해당 키워드와의 연관성이 부족하기 때문에 누락되는 경우가 대부분입니다.

[AI 이미지 누락을 방지하는 방법]

- PNG나 JPG 형식으로 저장 후 업로드하기
- AI 이미지를 캡처해서 새로운 이미지로 저장하기
- 블로그 글의 키워드와 연관성이 높은 이미지 사용하기
- AI 이미지 사용 시 현실감 있는 스타일로 만들기

AI 이미지가 너무 인위적이거나 비현실적인 느낌이라면 네이버의 이미지 검색에서 배제될 가능성이 높습니다. 실제 사진과 유사한 스타일로 생성된 AI 이미지를 사용하면 검색 노출에 좀 더 유리할 수 있습니다.

AI로 만든 해운대 바다 사진 : 누락될 확률이 상당히 높음

Q. 112 네이버 플레이스를 통해 예전 글에 방문자가 급증했는데 괜찮은 현상일까요?

A. 방문자 수가 갑자기 급증하거나 급감하는 현상이 있어도 블로그나 검색 결과에 영향을 미치지 않으니 너무 걱정하지 않으셔도 됩니다. 실제로 비정상적인 방법으로 블로그에 접속하려는 사례가 드물게 있지만, 이런 경우에도 네이버에서는 이미 이를 막기 위한 안전장치를 마련해 두었어요. 그래서 비정상적인 트래픽이 블로그에 나쁜 영향을 줄 가능성은 거의 없습니다. 종종 이런 현상이 발생하면 많은 분들이 특정 검색어로 접속하거나 과도한 트래픽이 블로그를 해칠까 걱정하시지만, 다행히도 네이버 통계 데이터는 단순히 수치로 보여지는 정보일 뿐 검색 결과와는 직접적인 연관이 없어요.

다시 말해, 방문자 수의 변동이 블로그의 순위나 노출에 나쁜 영향을 끼치지 않는다는 겁니다. 방문자 증감은 블로그 운영 중 자연스러운 일이고, 만약 비정상적인 방법으로 유입이 되더라도 블로그에 별다른 문제가 생기지 않도록 이미 잘 관리되고 있으니 안심하세요. 오히려 이러한 상황을 긍정적으로 활용해서 방문자들이 자주 찾을 수 있는 좋은 콘텐츠를 더 준비해 보는 것도 좋은 방법이 될 겁니다.

Q. 113 이웃 관리를 대행사에 맡겨도 될까요? 효과와 위험성은 어떤가요?

A. 블로그를 대행사에 맡기는 것은 가능하지만, 이웃 관리 측면에서 몇 가지 중요한 점을 꼭 고려해야 합니다.

[블로그 대행사를 맡기면 생길 수 있는 문제]

대행사를 이용하면 내가 직접 활동하는 것이 아니기 때문에, 내가 남기는 댓글이 '의미 없는 댓글'로 인식될 확률이 높아집니다. 특히, 네이버 알고리즘은 자연스럽지 않은 활동을 감지하는 기능이 있기 때문에 주의가 필요합니다. 이웃 관리에 신경 쓰지 않고, 단순히 숫자만 늘릴 목적이라면 대행을 맡겨도 괜찮습니다. 하지만 이웃들과 진짜 소통하고, 신뢰도를 높이는 것이 목표라면 직접 관리하는 것이 더 효과적입니다.

[대행사 이용 시 주의할 점]

대부분의 대행사는 자동 프로그램을 사용해 작업을 진행합니다. 따라서, 서로이웃 신청 메시지가 반복적이고 기계적으로 보일 수 있습니다. 이를 방지하려면 서로이웃 신청 메시지를 다양하게 만들어 전달하는 것이 좋습니다. 예를 들어,

1. "안녕하세요! 블로그 글 너무 유익하게 잘 봤어요. 관심 있는 주제라 자주 방문하고 싶어서 이웃 신청 드립니다. 함께 소통할 수 있으면 좋겠어요!"
2. "좋은 정보 공유해주셔서 감사합니다! 저도 비슷한 분야에 관심이 많아서 글이 너무 흥미로웠어요. 혹시 괜찮으시면 서로이웃 맺고 소통할 수 있을까요?"
3. "안녕하세요! 블로그 글 보면서 많은 도움이 됐어요. 앞으로도 좋은 글 기대하며 이웃 신청 남깁니다. 소통하며 지내면 좋겠어요!"
4. "블로그 글 재미있게 읽었습니다! 비슷한 관심사를 가지고 있어서 자주 방문하고 싶어요. 괜찮으시면 서로이웃 신청 받아주시면 감사하겠습니다~!"
5. "안녕하세요! 너무 좋은 글이 많아서 이웃 신청 드리고 가요. 앞으로도 자주 소통하며 좋은 정보 나눌 수 있으면 좋겠습니다!"

이런 식으로 다양한 버전의 메시지를 사용하면 자연스럽게 보일 수 있겠죠.

[블로그 운영에서 가급적 직접 해야 하는 3가지]

네이버 블로그를 오래 운영하고, 검색 노출을 잘 유지하려면 최소한 이 3가지는 직접 하는 것이 가장 좋습니다.

1. 글 작성: 대행사를 이용하면 글이 기계적으로 작성될 가능성이 높아집니다. 직접 작성하면 내 스타일이 반영되고, 블로그 신뢰도가 높아집니다.
2. 이웃 관리: 이웃과의 소통은 블로그 성장에서 중요한 요소입니다. 자동화된

작업보다 내가 직접 댓글을 남기고, 진짜 소통하는 것이 장기적으로 훨씬 효과적입니다.

3. 직접 찍은 사진 사용: 대행사는 주로 인터넷에서 가져온 사진을 사용하는데, 이는 검색 노출에 불리할 수 있습니다. 내가 직접 찍은 사진을 사용하면 네이버가 원본 콘텐츠로 인식하여 검색 노출에 유리합니다.

[요약]

- 단순히 이웃 수를 늘리는 것이 목표라면 대행사를 이용해도 괜찮습니다.
- 하지만 블로그 신뢰도를 높이고, 검색 노출을 잘 유지하려면 직접 관리하는 것이 가장 좋습니다.
- 대행을 이용할 경우 반복적인 패턴이 보이지 않도록 서로이웃 신청 메시지를 다양하게 작성하는 것이 중요합니다.
- 특히 글 작성, 이웃 관리, 사진 촬영은 직접 하는 것이 장기적으로 블로그 성장에 큰 도움이 됩니다.

이렇게 운영하면 블로그를 더 안정적이고 건강하게 키울 수 있을 겁니다.

Q. 114 업체 블로그를 맡았을 때 월 20회 발행, 100만 원은 적정 금액일까요?

A. 건당 5만 원에 월 20회 발행, 그리고 월 100만 원은 합리적인 선으로 보이긴 하지만 몇 가지 고려할 점이 있습니다. 이 금액에 포함된 작업 범위와 소통의 강도를 정확히 따져 보는 게 중요합니다. 건당 5만 원이면 글 작성 퀄리티와 소요 시간 대비 괜찮은 편이에요. 특히 업체 블로그의 경우 키워드 분석, 검색엔진최적화(SEO), 퀄리티가 높은 글 구성 등이 필수라 작업 시간이 꽤 들어가게 됩니다.

만약 한 건당 2~3시간 정도 작업한다고 보면 시간당 1.5만~2만 원 선으로 계산되니 업계 평균에 비해 나쁘지 않은 수준입니다. 이웃 소통이 포함되어 있다면 작업량이 더 늘어날 수 있는데, 이웃 소통의 강도에 따라 생각이 달라질 수 있어요. 단순히 댓글 몇 개 달고 반응 정도를 체크하는 수준이라면 추가 금액 없이도 가능할 수 있지만, 매일 정기적으로 시간 투자해서 댓글, 메시지, 팔로우 관리까지 포함된다면 그 자체로도 최소 하루 1~2시간 정도가 들어갑니다. 이 경우에는 시간 대비 적정 금액인지 다시 계산해볼 필요가 있습니다.

글의 퀄리티를 높게 유지하고 간단한 소통을 꾸준히 진행하려면 월 100만 원이 적당한 수준일 수 있지만, 소통과 글 작성 모두 높은 강도로 요구된다면 다소 저렴하게 책정된 느낌도 있어요. 작업량과 기대치를 명확히 정리해보시면 훨씬 더 합리적인 판단을 내리실 수 있을 거예요. 지금처럼 꼼꼼하게 고민하며 방향을 잡아가시면 좋은 결과가 있을 겁니다. 답변은 업계 평균을 기준으로 말씀드린 것이라 직접 기준선을 가지고 선택하시면 됩니다. 이 분야는 금액이 정해진 게 없습니다. 참고하세요.

Q. 115 체험단 진행 시 업체와 계약서를 꼭 써야 하나요?

A. 체험단 업체를 직접 운영하게 되면 여러가지를 고려해야 합니다.

[계약서, 꼭 작성해야 할까?]

솔직히 말하면, 체험단 운영 시 계약서 없이 진행하는 경우도 많습니다. 특히 개인 블로거와 소규모 업체 간 협업에서는 단순 구두 합의나 카톡 메시지로 정리하는 경우도 많죠. 하지만 안전하게 진행하려면 계약서를 작성하는 것이 가장 확실한 방법입니다.

[계약서 없이 진행하면 생길 수 있는 문제]

- 업체가 약속한 비용을 지급하지 않는 경우
- 콘텐츠 수정 요구가 계속 늘어나 부담이 커지는 경우
- 업체가 당초 합의한 조건을 바꾸는 경우 (예: 원래 없던 추가 작업 요구)

[해결 방법]

- 정식 계약서를 작성하면 분쟁 발생 시 명확한 증거가 남아 대응이 쉬워집니다.
- 계약서를 작성하기 어렵다면, 최소한 이메일, 문자, 카톡으로 계약 내용을 남겨두세요!

[계약서에 포함해야 할 기본 내용]

- **업무 범위** (콘텐츠 종류, 촬영 방식, 제공할 혜택 등)
- **콘텐츠 제작 일정**
- **비용 지급 방식** (언제, 어떻게 받을 것인지)
- **저작권 및 수정 가능 여부** (업체가 수정 요청할 수 있는 한도)
- **계약 해지 조건** (일방적인 취소 방지를 위한 조항)

위와 같이 계약서를 만들면 추후 생길 수 있는 문제를 해결할 수 있습니다.

Q. 116 체험단 업체 운영 시 세금 문제로 사업자 등록은 꼭 해야 하나요?

A. 사업자등록증은 필수가 아니지만 없으면 불편한점이 많습니다.

[사업자 등록을 하지 않았다면, 세금 납부는?]

현재 사업자 등록을 하지 않은 상태라면, 원칙적으로 부가세(10%)를 따로 납부할 필요는 없습니다. 하지만, 업체에서 세금계산서를 요구할 수도 있기 때문에 사전에 협의가 필요합니다.

[사업자 없이 진행할 경우]

- 개인 소득으로 신고 가능 (연간 일정 금액 이상이면 종합소득세 신고 필요)
- 업체가 원할 경우 원천징수(3.3%) 후 지급하는 방식으로 진행 가능
- 부가세(10%)를 별도로 내지 않아도 되지만, 거래 신뢰도는 상대적으로 낮아질 수 있음

[사업자를 등록하면?]

- 세금계산서 발행이 가능해 업체와의 협업이 원활해짐
- 부가세(10%) 신고 의무 발생
- 소득세 신고를 체계적으로 관리 가능

업체들이 사업자가 없는 경우 신뢰를 가지기 어려워하는 경우가 많습니다. 장기적으로 체험단 업체를 제대로 운영하려면, 사업자 등록을 내고 운영하는 것이 유리할 수 있습니다.

Q. 117 홍보성 내용을 이미지로만 담으면 네이버가 감지할 수 있나요? 저품질 위험은 없을까요?

A. 네이버는 이미지 속 홍보성 글도 감지하므로 지속되면 저품질 위험이 있습니다. 네이버는 OCR(광학 문자 인식) 기술을 활용해 이미지 안의 텍스트까지 분석합니다. 즉, 이미지 한 장에 홍보성 문구를 잔뜩 넣는 방식은 네이버 검색 로직에서 일반 텍스트와 동일하게 감지될 가능성이 높습니다.

[이미지 홍보 방식, 왜 위험할까?]

1. 네이버는 상업적 내용을 지속적으로 감지한다

네이버는 광고성 콘텐츠를 제한하는 방향으로 알고리즘을 강화하고 있습니다. 블로그 글이 아닌 이미지 속에 홍보 문구를 잔뜩 넣는다고 해도, 네이버는 이를 분석하고 검색 노출에서 불이익을 줄 가능성이 큽니다.

2. 단기적으로 효과적일 수 있지만, 장기적으로 리스크가 큼

초반에는 검색 노출이 될 수도 있지만, 지속적으로 같은 패턴을 반복하면 네이버가 해당 블로그를 '홍보 블로그'로 인식할 가능성이 커집니다. 특히 네이버 알고리즘 업데이트가 있을 때마다 이런 방식은 점점 더 위험해질 수 있습니다.

3. 블로그 품질 점수 하락 가능성

네이버는 사용자들에게 신뢰할 수 있는 정보를 제공하는 블로그를 선호합니다. 하지만 상업적인 요소가 강한 이미지가 반복되면 블로그의 전체적인 신뢰도가 낮아질 수 있습니다. 결국, 검색 노출이 줄어들고 최악의 경우 저품질 블로그로 판정받을 수도 있습니다.

4. 최적화 블로그(최적블)도 안전하지 않음

최적블에 의뢰해 '건 바이 건'으로 이런 방식의 글을 많이 발행하는 경우, 초반에는 검색에 노출될 수 있지만, 장기적으로는 저품질 블로그 판정을 받을 확률이 높습니다. 네이버는 블로그 전체의 운영 패턴을 감지하기 때문에, 반복적인 홍보성 게시물은 리스크가 큽니다.

[한장의 이미지에 홍보성 문구를 잔뜩 넣어 발행하면]

일반 텍스트로 작성된 글과 동일하게 네이버 알고리즘에 감지될 가능성이 높아요. 특히, 광고성 문구나 과도한 상업적 표현이 많다면 네이버가 이를 저품질 콘텐츠로 판단할 수 있는겁니다. 통 이미지 방식은 단기적으로는 효과적일 수 있지만, 장기적으로는

이미지에 글자를 과도하게 많이 넣은 예시

리스크가 큽니다. 네이버는 사용자들에게 유용하고 신뢰할 수 있는 정보를 제공하는 데 초점을 맞추기 때문에, 너무 상업적인 내용이 반복되면 결국 블로그의 전체 신뢰도와 품질 점수에 악영향을 미칠 가능성이 높습니다. 최적화 블로그가 이런 방식을 반복하면 초반에는 성과를 낼 수 있을지 몰라도, 네이버 알고리즘 업데이트나 사용자 신고로 인해 갑작스럽게 저품질 판정을 받을 수 있는거죠. 통 이미지만 넣는 것보다는 텍스트와 이미지를 조화롭게 배치하면 네이버 검색 로직에서 유리합니다.

예를 들어, 이미지는 강조하고 싶은 부분에 보조적으로 활용하고, 홍보 내용은 본문과 적절히 조화롭게 배치하는 것이 가장 안전한 방법입니다!

Q. 118 웨어이즈포스트에선 'BAD'라고 뜨는데 실제 검색창에선 잘 노출됩니다. 어떤 게 맞는 걸까요?

A. 웨어이즈포스트는 사설 사이트이기 때문에 100% 정확하다고 볼 수는 없습니다. 하지만 빠르게 누락된 글을 확인하는 데 유용한 도구로 활용할 수 있죠!

웨어이즈의 역할은 빠른 노출 확인 도구라고 생각 하면 됩니다. 글을 하나하나 네이버에서 직접 검색해 보는 것은 시간이 오래 걸리기 때문에, 웨어이즈포스트를 활용하면 누락된 글을 빠르게 찾아볼 수 있는 거죠.

다만 'BAD' 표시가 나왔다고 해서 반드시 네이버 검색에서 완전히 누락된 것은 아닙니다. 제목속에 괄호나 구두점(마침표, 쉼표), 특수문자가 있는 경우 'BAD'로 표시될 수 있습니다.

'BAD'가 나온 게시글은 반드시 네이버에 직접 검색이 필요합니다. 네이버 검색 창에서 직접 확인했을 때 글이 노출된다면, 정상적으로 반영된 것이므로 걱정하지 않으셔도 됩니다.

[어떻게 하면 정확하게 판단할 수 있을까?]

'BAD' 표시가 나온 글은 반드시 네이버에서 직접 검색해보세요!

- 검색 노출이 되면 → 문제 없음!
- 검색해도 나오지 않으면 → 실제로 누락된 글일 가능성이 큼

즉, 웨어이즈포스트는 빠른 확인용으로 활용하고, 최종적으로는 직접 검색하거나 네이버 공식 도구를 이용해 판단하는 것이 가장 정확한 방법입니다!

웨어이즈포스트
바로가기

Q. 119 이웃 소통은 답방만 해도 되나요? 효과적인 소통 범위는 어느 정도인가요?

A. 현재 먼저 연락 주신 분들에게 답방하는 방식으로 운영 중이시군요! 이 방식도 괜찮지만, 조금 더 적극적으로 이웃을 찾아가 소통하면 블로그 활성화에 더욱 도움이 됩니다.

[효과적인 이웃 소통 방법!]

1. 하루 10개(본인선택) 블로그 찾아가기

하루에 10개 블로그를 목표로 설정하고, 비슷한 주제를 다루거나 관심 있는 서로이웃 블로그를 찾아 진심을 담아 댓글을 남겨보세요. 단순한 댓글이 아니라, 글의 내용을 언급하며 공감하는 댓글이 효과적입니다.

2. 꾸준한 방문 & 지속적인 소통이 핵심!

이웃 소통의 효과를 극대화하려면 꾸준함이 가장 중요합니다. 매일 조금씩이라도 방문하고 소통하면, 자연스럽게 서로 관심을 가지게 되는 선순환이 만들어집니다.

3. 이웃을 내 블로그로 초대하기

단순히 방문하는 것뿐만 아니라, 내 블로그에도 관심을 가지도록 유도하는 것이 중요합니다. 예를 들어, "저도 비슷한 내용을 다룬 글이 있는데, 한번 놀러 와 주세요!" 같은 자연스러운 초대 문구를 활용하면 좋습니다.

4. 소통이 활발한 블로그부터 공략하기

댓글이 많이 달리는 블로그는 소통을 활발히 하는 블로거일 가능성이 큽니다. 이런 블로그에 먼저 방문하고 소통하면 더 빠르게 이웃을 늘릴 수 있습니다.

이런 방식으로 꾸준히 소통하면, 자연스럽게 이웃도 늘고 블로그 조회수도 함께 상승할 거예요!

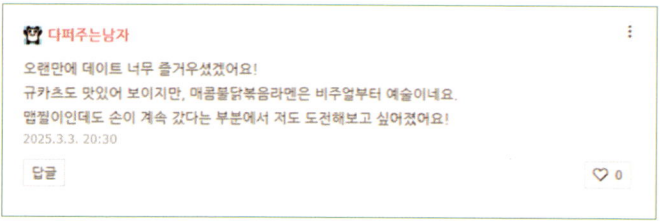

상대방의 내용을 파악 후 남긴 찐 소통 방식 예시

Q.120 선구매 후 주문번호 제공 시 수고비 준다는 제안, 신뢰해도 될까요?

A. 일반적인 페이백은 구매 후 리뷰를 남기고, 구매 비용을 돌려받는 방식입니다. 하지만 이 제안은 리뷰나 콘텐츠 제작 없이 단순히 제품을 구매하고 주문번호만 제출하면 금액을 돌려준다는 제안이네요. 판매량 조작이 목적일 가능성이 매우 큽니다. 쇼핑몰에서는 특정 판매자의 판매량을 늘리기 위해 주문번호를 요구하는 경우가 많습니다. 하지만 이 주문번호는 불법적인 행위(리뷰 조작, 환불 사기, 재판매 등)에 악용될 수 있습니다.

주문번호를 제공한 후 판매자가 주문을 '환불 처리'하면서도 판매 기록은 남기는 방식으로 쇼핑몰 알고리즘을 조작할 수 있습니다. 일부 사기꾼은 주문번호를 이용해 구매한 제품을 취소하거나 환불받고, 구매 기록만 유지하는 방식으로 부정거래를 합니다. 만약 쇼핑몰 측에서 조작 행위를 적발하면, 구매한 본인도 문제에 연루될 가능성이 있습니다. 최악의 경우 돈을 돌려받지 못하거나 법적 문제에 휘말릴 수 있습니다. 초반에는 정상적으로 페이백을 해주는 것처럼 보일 수 있지만, 일정 시점 이후 돈을 지급하지 않고 사라지는 사례가 많습니다.

또한, 해당 거래가 불법 행위로 간주될 경우, 구매자인 본인도 법적 책임을 질 수 있으니 처음부터 이런 제안은 절대 응하지 마세요.

Q. 121 광고재단에서 시정 요청 메일을 받았는데 어떻게 대응해야 하나요?

"안녕하십니까 한국인터넷광고재단입니다. 우리 재단에서 귀하에게 시정 요청 드린 게시물에 대하여 별도의 시정이나 회신이 확인되지 아니하여 네이버를 통하여 게시물에 대한 조치가 이루어졌으며, 조치 완료된 게시물은 ○○년 ○월 ○일 자동 삭제될 예정입니다. 게시물에 대한 차단 해제를 원하시는 경우, 본인 계정 내 다른 게시물의 위반 여부를 스스로 점검하신 후, 광고재단의 시정 요청 게시물 1개 당 5개를 추가로 시정하신 후 해제 요청하는 게시물의 url과 추가 시정한 게시물의 url을 한국인터넷광고재단(cleancontent@kiaf.kr)로 ○○년 ○월 ○일까지 회신해 주시면 확인하여 네이버에 요청하여 차단을 해제해 드릴 예정입니다."
게시물 1개당 5개를 시정하라는 게 무슨 말일까요?

A. ─── 결론부터 말씀드리면, 이미 해당 게시물을 삭제하셨다면 추가 조치를 할 필요가 없습니다.

[메일 내용 해석]

1. "네이버를 통해 게시물 조치가 이루어졌으며, 2025년 1월 12일 자동 삭제될 예정입니다."

→ 이미 해당 게시물이 네이버에서 차단되었으며, 별도로 해제 요청을 하지 않으면 1월 12일에 자동 삭제된다는 의미입니다.

2. "게시물 차단 해제를 원하면, 위반된 게시물 1개당 추가로 5개를 시정한 후 요청해 달라."

→ 만약 해당 게시물의 차단을 해제하고 싶다면, 기존 위반 게시물 1개당 내가 작성한 게시물중 추가로 5개의 게시물을 더 시정하여 수정한 후, 해당 URL을 함께 제출해야 한다는 뜻입니다.

→ 이는 단순히 1개 게시물만 수정한다고 차단 해제가 되는 것이 아니라, 추가적인 시정 조치(셀프 검열)를 해야 네이버에 요청을 넣을 수 있다는 의미입니다.

[내가 해야 할 조치는?]

이미 해당 게시물을 삭제했으므로 추가적으로 시정 요청을 보낼 필요 없으며, 메일 내용은 '게시물 차단 해제'를 원하는 사람을 위한 안내이므로, 삭제했다면 신경 쓰지 않아도 됩니다. 즉, 이미 삭제했다면 더 이상 조치할 필요 없고 그냥 넘어가셔도 됩니다!

Q.122 오래된 글을 수정해도 검색 노출에는 문제가 없을까요?

A. ───── 오래 전에 작성한 글 중 삭제할 수는 없지만 일부 수정을 꼭 해야 하는 경우, 너무 잦거나 과도한 수정은 검색 지수에 영향을 줄 수 있기 때문에 주의가 필요합니다.

블로그 글 수정 시 고려해야 할 점

1. 유입이 없는 글은 수정해도 괜찮음

현재 검색 유입이 거의 없는 글이라면, 수정을 해도 검색 노출에 큰 영향을 주지 않습니다.

2. 지나친 수정은 검색 지수에 영향을 줄 수 있음

네이버는 블로그의 지나치게 잦은 수정을 비정상적인 활동으로 감지할 수 있습니다. 따라서, 수정 빈도를 조절하는 것이 중요합니다. 너무 많은 글을 한꺼번에 수정하는 것은 피하는 것이 좋습니다.

3. 기존 유입 키워드를 유지하는 것이 중요

수정할 때 기존에 유입되던 키워드가 사라지지 않도록 주의하세요. 만약 검색 유입이 있던 글이라면, 기본적인 키워드 구조는 유지하면서 내용만 자연스럽게 보완하는 것이 안전합니다.

4. 수정하는 방법:

- 전체적인 개편보다는 부분 수정이 안전
- 제목을 변경은 키워드를 제외한 나머지 내용을 수정하는것이 안전
- 본문 내용에서 정보를 업데이트하는 정도로 수정하는 것이 안전
- 기존 글의 문체나 핵심 키워드는 최대한 유지하는 것이 좋음

이렇게 조절하면서 수정하면 검색 지수를 유지하면서 블로그 글을 최신화할 수 있습니다!

Q.123 글을 삭제한 후 사진만 재업로드하면 유사문서로 감지될 수 있나요?

A. 기존에 올렸던 글이 네이버에 노출 반영된 상태였다면, 같은 사진을 그대로 재업로드하는 것은 조심하는 것이 좋습니다.

왜냐하면, 네이버는 중복 콘텐츠 감지 기능이 있기 때문에 동일한 이미지가 반복적으로 업로드될 경우 네이버가 이를 중복 콘텐츠로 인식할 가능성이 있기 때문입니다.

특히, 이전 글이 검색 반영이 되었다가 삭제된 경우라면, 기존 이미지 데이터가 네이버 시스템에 남아있을 가능성이 큽니다.

기존 글에서 사진과 관련된 오류가 발생했다면, 동일한 이미지를 다시 업로드할 경우 같은 오류가 반복될 가능성이 있습니다.

그래서 재업로드 시에는 기존 사진을 그대로 올리는 대신 캡처하면 파일 정보가 달라지므로 캡처를 하거나 크기를 살짝 조절, 필터를 추가하는 방식으로 변형하면 중복 감지를 피할 수 있습니다.

Q.124 1년 동안 쉬었던 블로그 지수가 준5인데 검색 노출이 안 되는 원인은 무엇인가요?

A. 1년 전 작성한 글 지수가 준최5라고 하더라도 최근 지수에는 똑같이 반영이 안될 수 있습니다. 1년 동안 블로그 운영을 하지 않았다면, 네이버가 '활동성이 낮은 블로그'로 인식할 가능성이 있습니다. 즉 휴면 블로그로 볼 수 있는 겁니다.
단기간에 다시 활성화한다고 바로 상위 노출되는 것이 아니라, 검색 로직에서 다시 정상적으로 반영되기까지 일정 시간이 필요하므로 꾸준히 글을 발행하며 신뢰도를 회복해야 합니다. 저품질 블로그가 아니라면 노출이 다시 천천히 이루어질 겁니다.

Q.125 비밀 댓글로 온 체험단 제안, 신뢰해도 될까요?

A. 체험단은 정말 다양한 종류가 있습니다. 광고주의 요청에 따라 진행 방식이 달라지며, 때로는 처음 접하는 형식도 있을 수 있습니다. 내용이 괜찮아 보이고 큰 문제가 없다고 판단된다면 부담 없이 진행하셔도 좋습니다.

보통 정상적인 체험단, 협찬이라면 무엇을 제공할지 정확히 명시되어 제안이 옵니다. 즉, 내가 승낙하면 바로 체험을 할 수 있게 되는 거죠.

그게 아닌 불명확한 제안이라면 무시하는 게 좋습니다. 예를 들어, "뷰티, 맛집 등 다양한 걸 제공합니다." 이렇게 불명확한 내용은 무시하세요. 그 외 불법적인 요청이 아니라면 크게 걱정하지 않고 유연하게 참여하셔도 괜찮습니다.

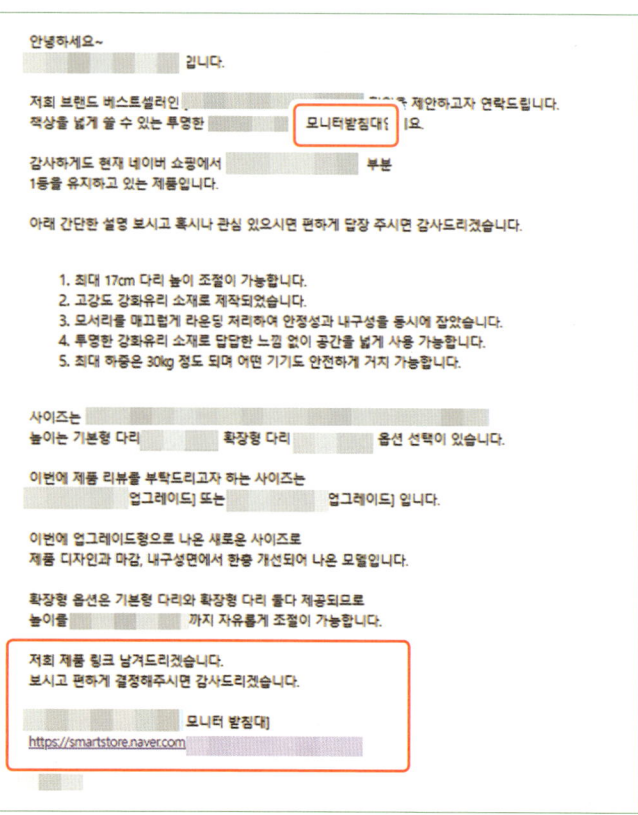

협찬 제안으로 온 내용 예시 / 정확한 제공 상품 명시

Q. 126 하나의 IP에서 여러 블로그로 자기 글에 댓글을 달면 어뷰징으로 걸릴 수 있나요?

A. 같은 IP에서 여러 계정을 운영하는 건 전혀 문제될 게 없습니다. 다만 같은 IP에서 여러 계정으로 댓글과 스크랩(공유)작업 시 순위 조작을 위한 어뷰징으로 판단될 수 있습니다.

[어뷰징으로 간주될 가능성은?]

1. 같은 IP에서 반복적인 댓글 = 비정상적인 패턴으로 감지될 가능성 높음.

네이버는 IP 주소, 로그인 패턴, 활동 빈도 등을 기반으로 비정상적인 행위를 감지하는 알고리즘을 운영하고 있습니다. 같은 사람이 매일 동일한 IP에서 여러 개의 계정을 사용해 반복적으로 댓글을 작성한다면, 네이버 검색 알고리즘이 이를 '비정상 패턴(어뷰징)'으로 인식할 가능성이 높습니다.

2. 자연스러운 댓글 소통이 아닌, 인위적인 유입 증가 시도

블로그 활성화를 위해 본인이 직접 여러 개의 계정으로 댓글을 다는 것은 '자연스러운 소통'이 아닌 '인위적인 트래픽 조작'으로 간주될 수 있습니다. 네이버는 어뷰징 방지를 위해 '자연스러운 유입'과 '의도적인 활동'을 구별하는 로직을 강화하고 있습니다.

특히, 댓글 패턴이 단조롭거나 반복적인 경우, 검색 반영에서 불이익을 받을 가능성이 있습니다.

3. 가끔씩 활용하는 것은 괜찮지만, 매일 반복하면 리스크 커짐

일정 간격을 두고 가끔씩 활용하는 것은 문제가 되지 않을 가능성이 큽니다. 하지만 매일 같은 방식으로 반복하면, 네이버가 어뷰징 행위로 인식할 확률이 높아집니다. 결국, 블로그 지수(검색 신뢰도)가 하락하거나, 특정 글이 노출 제한(누락)될 가능성이 커질 수 있습니다.

결론은 단기적으로는 효과가 있을 수 있지만, 장기적으로는 블로그 지수를 떨어뜨릴 수 있는 리스크가 크기 때문에 자연스러운 운영 방식을 추천합니다.

Q. 127 네이버 검색광고 키워드 조회 시 경쟁 정도는 어디를 기준으로 판단해야 하나요?

A. 검색광고 키워드 경쟁률 판단 기준은 아래와 같습니다.

- 월간 검색수 vs. 광고 경쟁 정도 → 함께 고려해야 정확한 판단 가능!
- 월간 검색수 = 사람들이 해당 키워드를 얼마나 많이 검색하는지 보여주는 지표
- 경쟁 정도(파워링크 경쟁률) = 광고주들이 해당 키워드에 얼마나 많은 광고를 집행하고 있는지 나타내는 값.

즉, 경쟁 정도는 네이버 블로그에 글 작성을 하는 블로거에게 필요한 데이터는 아니지만 경쟁 정도가 높다는 건 그만큼 조회수가 어느 정도 확보가 된 키워드라고 볼 수 있습니다. 광고주 경쟁이 심하다는 건 블로그 경쟁도 심할 경우가 대부분입니다. 검색수가 많고, 경쟁이 낮은 키워드가 가장 좋습니다.

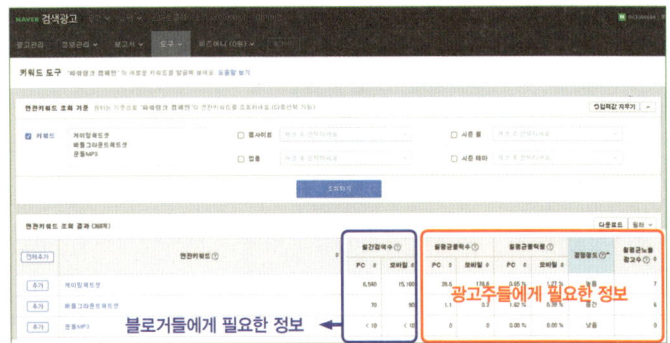

네이버 검색광고는 비용을 지불하고 광고를 올리고 싶은 광고주들을 위한 사이트입니다.
블로거들은 월간 검색 수만 확인하면 됩니다.

네이버 검색광고
바로가기

Q.128 제목에 같은 키워드를 두 번 반복해도 괜찮을까요?

A. 예전에는 제목에 같은 키워드를 두 번 이상 쓰는 게 검색엔진 최적화(SEO)에서 불리하다는 얘기가 많았지만, 요즘은 그렇게 단순하게 적용되지 않습니다. 중요한 건 자연스러움과 가독성이에요.

예를 들어 "제주도 풀빌라 추천 가성비 좋은 풀빌라 BEST 5 소개" 이런 식으로 하면 전혀 문제되지 않습니다. 오히려 검색할 때 "제주도 풀빌라"나 "제주 풀빌라" 둘 다 노출될 가능성이 커지죠. 하지만 "제주 풀빌라 제주 풀빌라 추천 BEST 5 리뷰"처럼 어색하게 반복하면 과한 최적화로 인식될 수 있어요. 그러니까 제목에 키워드를 두 번 넣어도 되지만, 자연스럽게 배치하는 게 핵심입니다!

검색 의도를 고려하면서 사람들이 클릭하고 싶게 만드는 게 중요한거죠. 제목을 만들 때 "이걸 보면 사람들이 궁금해서 클릭할까?" 한번 더 생각해보면서 제목 작성하시면 됩니다.

Q.129 기존 블로그가 저품질이라 새 블로그로 옮기고 싶은데, 유사문서 문제는 없을까요?

A. 기존 블로그가 저품질 판정을 받아서 새 블로그로 옮기려는 상황이라면, 검색 누락된 글을 그대로 가져와도 유사문서로 잡힐 가능성이 상당히 높습니다.

네이버 알고리즘이 단순히 "공개된 글"만 감지하는 게 아니라 이미 데이터베이스에 존재하는 글도 유사문서로 인식할 수 있기 때문이죠.

특히 체험단 글이라면 리뷰 내용이 비슷하거나 키워드가 중복될 확률이 높아서 더 주의해야 합니다.

[안전하게 옮기는 방법]

1. 글을 일부 수정해서 재작성

완전히 새 글처럼 보이도록 문장을 다듬고, 본문 흐름을 바꾸거나 일부 내용을 추가하는 게 좋아요. 예를 들어 단순 후기 형식이었다면, "내가 이걸 선택한 이유", "비슷한 제품과 비교" 같은 내용을 추가하는 식으로 변화를 주는 거죠.

2. 사진 변경 및 EXIF 데이터 삭제

같은 사진을 그대로 올리면 네이버가 동일한 콘텐츠로 판단할 수도 있어요. 가능하면 새로운 사진을 찍어서 올리거나, 기존 사진의 크기 조정, 필터 적용 등을 해서 변화를 주고 EXIF(메타데이터)도 삭제하는 게 좋습니다. 캡쳐를 하면 기존 이미지와 메타값이 달라지니 캡쳐를 해도 됩니다.

3. 게시 날짜 변경

기존 블로그에서 글을 삭제하고 새 블로그에 올리더라도, 네이버가 기존 데이터를 기억하고 있을 가능성이 있어요. 따라서 한 번에 여러 개를 옮기기보다는 시간 간격을 두고 하나씩 올리는 게 더 안전합니다.

4. URL과 제목도 바꾸기

기존 글의 제목과 URL이 그대로 유지되면 유사문서로 인식될 확률이 올라갑니다. 제목을 다르게 구성하고, URL도 URL 단축 사이트(Vo.la)에서 변환해서 올리는 게 안전합니다.

[체험단 유지기간이 지나기 전이라면?]

체험단 유지기간이 남아 있다면 원칙적으로는 해당 글을 그대로 유지해야 하지만, 검색 누락된 글이라면 체험단 측에서도 크게 문제 삼지 않을 가능성이 높아요. 그래도 안전하게 가려면 기존 글은 유지하면서, 새로운 블로그에 변형된 버전의 글을 작성하는 방법이 가장 무난합니다.

Q.130 캘리그라피 블로그인데 체험단 신청 시 연관 없는 제품도 괜찮을까요? 카테고리는 어떻게 설정해야 할까요?

A. 체험단 신청할 때 꼭 블로그 주제와 100% 일치하지 않아도 괜찮습니다. 요즘은 다양한 카테고리에서 활동하는 블로거도 많고, 검색 노출을 고려하면 폭넓게 운영하는 것도 좋은 전략이 될 수 있습니다. 예를 들어, 캘리그라피 블로그라도 체험단을 활용할 수 있는 방법이 많아요.

- 캘리그라피와 어울리는 제품 체험 (다이어리, 노트, 펜, 감성 소품)
- 작업 공간 꾸미기 & 인테리어 (책상, 조명, 미니 화분 등)
- 카페 체험 & 감성 공간 방문기 (캘리그라피 작품 촬영 장소 추천)
- SNS 활용법 & 블로그 성장 관련 체험 (스마트폰, 앱, 마케팅 도구)

즉, 완전히 무관한 체험단보다는 캘리그라피와 살짝 연관지을 수 있는 제품을 선택하면 더욱 자연스럽게 블로그를 운영할 수 있겠죠.

[세컨 계정이 필요할까요?]

필수는 아니지만, 완전히 다른 주제(예: 맛집, 여행, IT 리뷰 등)로 활동하고 싶다면 세컨 계정을 만드는 것도 방법이에요. 다만, 한 블로그를 제대로 키우는 게 더 효과적이므로 처음부터 여러 개 운영하는 건 부담이 될 수도 있습니다. 개인적으로 추천 드리는 방식은 아닙니다. 캘리그라피 블로그를 유지하면서 체험단 콘텐츠를 자연스럽게 추가하려면 카테고리를 새롭게 정리하면 됩니다.

예를 들어, 이렇게 하면 캘리그라피 블로그의 정체성은 유지하면서도 체험단 콘텐츠도 자연스럽게 녹여 넣을 수 있겠죠.

체험단을 신청할 때도 블로그의 전반적인 분위기와 잘 맞는 제품을 선택하면 방문자들에게도 이질감 없이 자연스럽게 콘텐츠를 소비할 수 있도록 만들 수 있을겁니다.

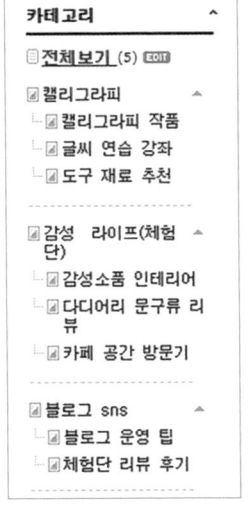

Q. 131 연예 방송 리뷰에 쓰는 사진은 어디서 구하나요? 저작권 문제는 없을까요?

A. 연예방송에 있는 사진은 해당 방송 홈페이지 예고편 영상이나 공식 제공 사진을 활용, 유튜브에 올라온 해당 방송 영상을 캡처해서 사용할 수 있습니다. 하지만 TV조선 채널 같은 경우는 저작권 이슈가 항상 있어 왔기 때문에 절대 다루지 않는 게 좋습니다. 사진 한 장당 몇 십만 원씩 요구합니다. 재수 없이 걸리게 되면 포스팅 하나에 몇 백만 원을 저작권료로 날려 버릴 수 있습니다. 단순히 방문자 욕심에 '괜찮겠지'라는 생각하지 마세요. TV조선은 정말 다루면 안 됩니다! 포스팅을 어떻게 작성해야 할지 모르겠다면, 해당 연예인을 검색해서 블로그에 작성된 글들을 참고하는 것도 좋은 방법이에요. 다른 블로거들이 어떤 방식으로 글을 구성하고, 어떤 키워드를 활용하는지 살펴보면서 감을 잡을 수 있겠죠.

간단히 정리해 드릴 테니 참고하세요.

[연예 예능 프로그램 포스팅 내용 구성법]

1. 화제성 포인트 정리

이슈가 된 장면, 가장 핫한 출연자, 네티즌 반응을 정리하세요. 예를 들어 '맥심통통녀'가 왜 화제가 됐는지, 시청자들의 반응이 어떤지 등 트렌드를 짚어주면 좋습니다!

2. 출연진 캐릭터 분석 & 매력 포인트

각 출연자의 특징을 정리하고, 이들이 방송에서 어떤 역할을 하는지 설명을 하거나 '이 사람은 왜 인기가 많을까?', '이 장면에서 왜 이슈가 됐을까?' 등의 분석적 접근을 해도 좋습니다. 그렇다고 너무 나의 생각을 많이 작성하진 마세요. 한쪽으로 치우친 정보가 될 수 있고 그렇게 되면 의도치 않은 악플을 받을 수 있습니다.

3. 될 수 있으면 안 좋은 이슈로 인한 논란은 다루지 마세요.

연예인, 출연자의 논란이나 부정적인 이슈를 다루면 법적 문제 발생 가능성이 있습니다. 기사를 참고해 글을 작성하더라도, 연예인 소속사에서 소송을 제기할 가능성이 존재하니 되도록이면 긍정적인 이슈, 트렌드 중심으로 콘텐츠를 구성하는 것이 안전합니다.

Q. 132 협찬 제안이 왔는데 사기인지 어떻게 구별할 수 있을까요?

A. 이런 댓글은 사기 가능성이 매우 높습니다.

[의심해야 하는 이유]

협찬을 받을 수 있다며 유혹하고 협찬이나 무료 선물을 미끼로 사람들을 유인하는 방식은 흔한 사기 수법입니다. 댓글에서 특정 카카오톡 아이디를 추가하라고 하는데, 이 과정에서 개인정보를 요구하거나 금전적인 요구를 할 가능성이 높아요.

"스타벅스 쿠폰 무료 지급"을 강조하는데, 정상적인 협찬은 공개적으로 이루어지지, 개별 카톡으로 진행되지 않습니다. 과도한 이모티콘, 비정상적인 띄어쓰기, 지나치게 친근한 어투 등은 사기 글에서 자주 보이는 특징입니다.

[어떻게 해야 할까요?]

- 카카오톡 친구 추가 금지!
- 댓글 무시 & 신고 (해당 플랫폼에서 사기성 댓글로 신고 가능)

혹시라도 추가적인 개인정보를 요구하거나 돈을 요구하는 경우가 있으면 절대 응하지 마세요! 이런 유형의 사기가 많으니 조심하시고, 의심스러운 댓글은 항상 경계하는 것이 좋습니다.

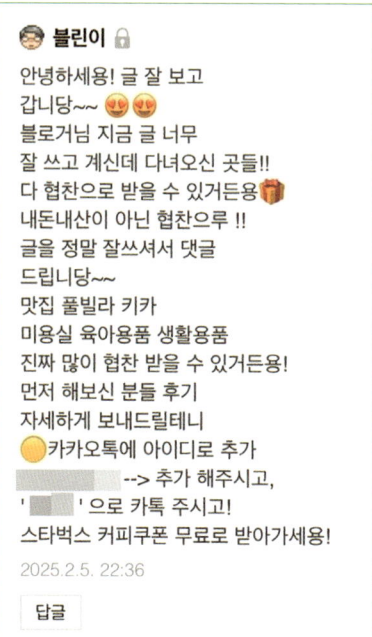

사기 확률이 높은 비밀 댓글 협찬 예시

Q.133 지방분해 주사 체험단 진행 시 주의할 점은 무엇인가요?

A. 지방분해 주사는 의료쪽이니 조심해서 리뷰를 하셔야 합니다. 절대 병원명이 나오면 안 되고요. 비포 애프터 역시 너무 과장되게 작성하면 안됩니다. 자연스럽게 "나는 이렇게 변화되는 것 같다"는 식으로 작성해야 의료법 위반이 안 되니 꼭 주의해서 작성하세요.

[의료법 위반이 될 수 있는 경우]

1. 의료 행위를 광고하는 표현

- "이 병원에서 맞았는데 효과가 대박이에요!"
- "이 주사 맞고 지방이 확 줄었어요!"
- "여기가 제일 잘 놔줘요, 강력 추천!"

→ 특정 병원/시술을 광고하는 표현은 의료법 위반 가능성이 높습니다.

2. 비교/과장 표현 금지

- "이 시술이 제일 효과 좋아요!"
- "다른 지방분해 주사보다 훨씬 강력해요!"

→ 객관적인 근거 없이 비교하는 내용은 문제될 수 있습니다.

3. 전·후 사진 사용 주의

특히 병원에서 직접 찍어준 전·후 사진을 올리면 100% 의료법 위반이 되고 개인적으로 찍은 사진도 효과를 강조하는 식이면 문제될 가능성이 있습니다.

[안전하게 리뷰하는 방법]

솔직한 경험 중심으로 작성

- "개인적으로 맞아본 경험을 공유하는 글이에요."
- "이런 느낌이었고, 맞을 때 이런 점이 궁금했어요."

→ 주관적인 '경험' 공유는 OK!

병원·의료진 추천 금지

- "이 병원 최고예요!" → ✕
- "병원명은 밝히지 않을게요." → ○

객관적인 정보만 제공

- "지방분해 주사는 보통 이런 원리로 작용한다고 해요."
- "부작용으로 멍이 들 수 있다고 설명을 들었어요."

→ '내가 들은 정보' 정도는 괜찮음

시술 결과를 단정 짓지 않기

- "맞고 나서 몸이 가벼운 느낌이 들었어요." → ○

- "지방이 100% 사라졌어요!" → ✕

전·후 사진을 사용하더라도 객관적으로
- "시술 후 개인적인 느낌을 기록한 사진입니다."
- "이건 제 경험이므로 참고만 해주세요."

[핵심 요약]

개인의 솔직한 경험을 공유하는 건 가능하지만, 광고처럼 보이면 의료법 위반 가능성 있습니다. 병원명·의료진 추천, 전·후 사진 강조, 효과 단정 짓는 표현은 피하고, '내가 직접 경험한 후기'로 작성하면 문제될 가능성이 낮습니다.

Q. 134 여러 블로그 계정 중 하나가 저품질이 되면 다른 계정에도 영향이 있나요?

A. 네이버 블로그 계정을 여러 개 운영하면서, 한 계정이 저품질로 판정되더라도 다른 계정에는 직접적인 영향이 없습니다. 네이버는 개별 계정의 활동과 콘텐츠를 기준으로 저품질 여부를 판단하므로, 한 계정이 저품질이 되었다고 해서 같은 IP를 사용하거나 동일한 운영자가 다른 계정을 사용하더라도 나머지 계정들이 저품질로 자동 연결되는 것은 아닙니다.
다만, 주의해야 할 몇 가지 요소가 있습니다.

[중복 콘텐츠 문제]

동일하거나 매우 유사한 콘텐츠를 여러 계정에 반복해서 올리면, 이로 인해 여러 계정이 저품질로 판단될 수 있습니다. 각 계정마다 독창적인 콘텐츠를 작성하는 것이 중요합니다.

[비정상적인 활동 감시]

네이버는 비정상적인 트래픽 증가나 자동화된 도구 사용에 민감하게 반응합니다. 만약 여러 계정을 동시에 운영하면서 비정상적인 활동이 감지되면, 네이버는 전체 계정에 대해 조사할 가능성이 있습니다.

[IP 및 기기 사용]

여러 계정을 운영할 때 동일한 IP나 기기를 사용하더라도, 이는 큰 문제가 되지 않습니다. 중요한 것은 정상적인 활동을 하는지 여부입니다. 계정마다 콘텐츠가 독립적으로 운영되고, 불법적인 활동이 없으면 IP 공유가 저품질과 직접적으로 연결되지 않습니다.

결론적으로, 계정 세 개를 운영하면서 한 계정이 저품질 판정을 받더라도 나머지 계정들은 문제없이 운영할 수 있습니다. 다만, 중복된 콘텐츠나 비정상적인 활동은 주의해야 합니다.

Q. 135 관심 분야가 없고 얼굴 노출도 어려운데, 어떤 주제로 블로그를 시작하면 좋을까요?

A. 　　　　글 작성하는 게 어려운 이유는 간단합니다. 작성하기 전부터 너무 스스로 진입장벽을 높여둬서 그런 겁니다. 누구나 처음이라는 게 있습니다. 당연히 처음엔 그 누구도 퀄리티 높은 글을 작성하긴 힘들죠.

정말 가벼운 마음으로 시작해보세요. 주제를 당장 설정할 필요도 이유도 없습니다. 정말 작성할 게 없다면 집에 있는 그 어떤 제품이라도 좋으니 사진을 먼저 찍어 보고 그걸 토대로 글을 하나 적어보세요. 키워드도 힘들게 찾지 말고 그 제품이 선풍기면 선풍기를 넣어서 작성해 보세요. 그렇게 하나씩 작성해 봐야 다음 단계가 보이는 겁니다. 게임도 처음 시작할 때는 뭐부터 해야 할지 모르잖아요.

그래도 하다 보면 익숙해지고 더 업그레이드 되듯이 블로그도 그렇게 됩니다. 처음부터 잘하는 사람 없습니다. 그러니 용기를 가지세요. 시작도 안 하고 계속 고민만 하는 게 오히려 스트레스가 될 겁니다.

Q. 136 골프, 캠핑, 여행, 육아 등 다양한 주제로 쓰고 있는데 블로그를 분리하는 게 좋을까요?

A. 블로그를 여러 개 운영하게 되면 오히려 글 작성 빈도가 떨어지게 되므로 한 곳에서 연계성을 두고 함께 운영하는 것이 가장 베스트입니다.

1. 블로그 주제(카테고리)가 너무 다양하면 불리할까?

블로그에서 전문성이 중요한 시대이긴 하지만, 다양한 주제를 다룬다고 해서 무조건 불리한 것은 아닙니다. 하지만 주제 간 연결성이 없으면 전문성이 떨어져 보이고 인플루언서 선정에 불리 해질 수 있겠죠. 현재 주력으로 다루는 주제가 '골프'라면, 다른 주제들과의 연관성을 고려해야 하는게 좋습니다.

2. 주제별 연관성 분석해 보기

골프, 캠핑, 국내여행, 해외여행, 맛집, 카페 → 여행과 레저로 연결 가능

육아교육 → 기존 주제들과 연결성이 다소 낮음

이런 방식으로 정리 가능합니다.

① 골프＋여행(국내/해외)＋캠핑＋맛집/카페 → 레저·여행 블로그

② 육아·교육 → 별도 블로그 운영 고려

3. 블로그를 나누는 것이 좋은 경우

완전히 다른 성격의 주제(예: 골프 vs. 육아)를 다루면 검색 로직이 헷갈릴 가능성이 있습니다. 수익화를 고려하는 경우 → 골프, 여행 등은 광고 수익 및 제휴 마케팅에 유리할 수 있습니다.

방문자 타겟층이 완전히 다른 경우 → 예를 들어, 골프를 찾는 사람과 육아 정보를 찾는 사람이 다르므로 블로그를 분리하면 집중도가 높아집니다.

4. 블로그를 나누지 않고 운영하는 방법

메인 주제(골프)를 중심으로, 관련된 부주제를 자연스럽게 확장하는 방식으로 운영하세요. 카테고리를 활용해 '골프 & 레저' 블로그 느낌을 유지하면서 다양한 콘텐츠를 운영하면 됩니다. 블로그 닉네임, 소개글을 주제와 맞게 설정하여 방문자에게 일관된 인상을 주는 것이 중요합니다.

결론은 골프 비중을 높여 메인 주제의 틀을 크게 벗어나지 않는 선에서 다양한 부주제를 확장해 하나의 블로그에 집중하는 게

자주 글을 작성할 수 있어 활동성에서 더 좋을 수 있습니다. 만약 두 개의 블로그 모두 자주 글 작성을 할 수 있다면 큰 틀에서 나누는 게 베스트입니다.

Q. 137 CPA, CPC, CPS의 차이점은 무엇인가요?

A. 차이점은 아래와 같습니다.

1. CPA (Cost Per Action) - 행동당 비용

광고를 통해 특정 행동(Action)이 발생할 때 광고비가 지불되는 방식을 말하며, 여기서 행동(Action)은 가입, 앱 설치, 설문 작성, 견적 문의 등 다양합니다.
예) "이 링크를 통해 회원가입하면 3,000원 지급" 같은 형태.

CPA는 효율적인 비용 운영이 가능하지만, 사용자의 행동이 필요해서 전환율이 중요합니다.

2. CPC (Cost Per Click) - 클릭당 비용

광고를 클릭할 때마다 광고비가 발생하는 방식으로 네이버 키워드 광고, 구글 애즈(Google Ads) 같은 광고가 대표적이에요.
예) 블로그에 CPC 광고(예: 애드센스)를 달면, 방문자가 광고를 클릭할 때마다 일정 금액을 받을 수 있습니다.

클릭당 비용이라 노출이 많아도 클릭이 적으면 비용이 덜 들지만, 반대로 클릭이 많으면 광고비가 많이 나갈 수도 있습니다.

3. CPS (Cost Per Sale) - 판매당 비용

상품이 실제로 판매될 때 광고비가 지출되는 방식이며 제휴 마케팅(애플리케이션, 블로그, 인플루언서 마케팅 등)에서 많이 활용돼요.
예) "이 링크를 통해 제품이 판매되면 수익의 10% 지급"

광고주 입장에서는 실제 매출이 발생해야 광고비를 지불하므로 리스크가 적고 수익률이 확실한 방식이에요.

정리하면 아래와 같습니다.

- CPA → 사용자가 특정 행동(가입, 앱 설치 등)을 해야 광고비 발생
- CPC → 사용자가 광고를 클릭하면 광고비 발생
- CPS → 사용자가 실제로 구매해야 광고비 발생

Q. 138 체험단 위주로 하다 보니 블로그가 잡블로그처럼 변하는데 어떻게 해야 할까요?

A. ─── 블로그 방향성, 이렇게 잡아보세요.

1. 체험단을 하면서도 "나만의 색"을 넣기

체험단을 하다 보면 여러 카테고리를 다루게 되는데, 내가 가장 재미있게 쓸 수 있는 분야를 찾아보세요! 예를 들어 "나는 글 쓸 때 피부 관련 제품이 제일 재밌다" 하면 맛집 빈도를 줄이고 뷰티 쪽 체험단을 집중 공략하는 거죠. 꼭 한 가지 주제로 좁힐 필요는 없지만, 비슷한 카테고리로 묶이면 블로그 색깔이 분명히 잡힙니다.

2. 체험단으로 받은 제품을 "정보형 포스팅"으로 발전시키기

그냥 사용 후기+느낌을 쓰는 게 아니라 팁+정보+비교 같은 요소를 넣어보세요. 제품을 받았으니 사진은 얼마든지 찍을수 있겠죠.

예) "건성 피부를 위한 BEST 수분크림 비교"

이렇게 하면 광고 느낌이 줄어들고, 신뢰도 높은 블로그로 성장할 수 있습니다.

3. 체험단을 하지 않고 현금성 수익을 위한 방법은 초기에는 없다고 보면 됩니다.

그러니 체험단을 재미 없다 생각 하지 말고 가장 빠르게 현금화를 할 수 있는 방법이라 생각하세요. 체험단을 안 하고 내 주제에 대한 포스팅을 대가 없이 해보면 답이 나옵니다. 더 하기 싫어질겁니다. 체험단을 하면서도 블로그 색을 잡고, 체험단만으로 끝내지 않고 검색 유입될 글도 함께 써주면서 운영하세요.

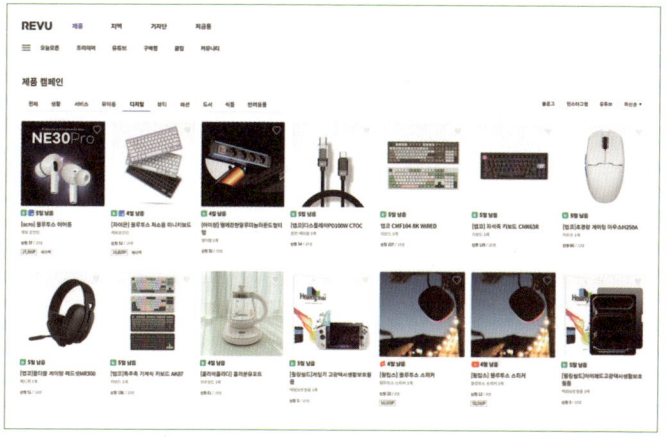

대표적인 체험단 사이트 레뷰

레뷰 바로가기

Q.139 실수로 글을 발행했다가 비공개로 돌리고 여러 번 수정해도 문제 없을까요?

A. 비공개 상태에서 수정을 반복하는 건 큰 문제가 되진 않습니다. 얼마든지 수정을 거쳐 발행을 하면 됩니다. 다만 비공개 발행도 발행이 되는 거라 날짜와 시간이 정해집니다. 그렇기 때문에 오랜 시간을 수정하고 발행을 할경우 오늘 발행이 아닌 지나간 글을 발행하는 게 되어 버립니다.

당연히 검색 반영에 좋을 수 없는 겁니다. 그러니 비공개 발행 후 빠르게 공개로 돌리지 않을 거라면 차라리 비공개 글을 복사 붙여 넣기 해서 새로 작성 후 발행하는 걸 추천합니다.

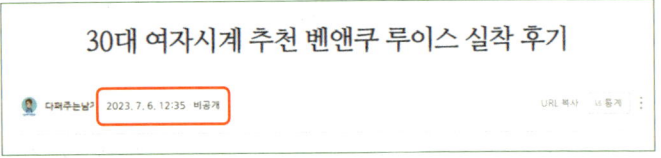

비공개 발행도 날짜와 시간이 정해지기 때문에 빠르게 공개로 바꿔야 노출 반영이 됩니다

Q. 140 지역명 키워드를 반복해서 써도 괜찮은가요? (예: 천안맛집, 천안미용실 등)

A. 천안에서 체험단 활동을 많이 하다 보니 제목에 "천안맛집", "천안미용실" 같은 키워드가 자주 들어갈 수밖에 없죠. 반복적으로 같은 지역명을 넣으면 SEO(검색엔진 최적화) 측면에서는 지역 검색에 유리할 수 있습니다.

하지만 너무 과하면 중복 패널티를 받을 가능성도 있습니다. 그래서 연관검색어나 지역 세분화를 하시는 게 좋습니다. 예를 들면 "천안에서 꼭 가봐야 할 감성 맛집", "천안 두정동 여자 펌 미용실 실제 후기" 이렇게 자연스럽게 넣어주면 더 효과적이에요.

중요한 건 제목뿐만 아니라 본문에서도 자연스럽게 해당 내용을 첨부해야 합니다.

Q. 141 애드포스트 수익이 날마다 다르게 들어오는 이유는 무엇인가요?

A. 처음 수익이 들쭉날쭉하면 당황스러울 수 있는데, 이건 정상적인 현상입니다. 애드포스트 수익이 차이가 나는 이유는 여러 가지가 있는데 하나씩 살펴볼게요.

[애드포스트 수익 차이가 나는 이유]

방문자가 많아질수록 광고 노출이 늘어나면서 수익도 올라갑니다. 특히 검색 유입 방문자가 많으면 광고를 클릭할 가능성이 더 높아지죠. 반대로 방문자가 적으면 당연히 광고 노출이 줄면서 수익이 떨어질 수밖에 없는겁니다. 애드포스트 수익의 가장 핵심은 방문자입니다. 방문자가 많아야 클릭률도 높아지고 수익이 늘어나는 사이클이 완성되는 겁니다.

애드포스트는 단순한 광고 노출(노출형 수익)과 광고 클릭(클릭형 수익) 두 가지로 수익이 발생하는데, 같은 방문자 수여도 클릭이 많을 때 수익이 급격히 오를 수 있습니다. 어떤 날은 사람들이 광고를 많이 클릭하고, 어떤 날은 클릭이 거의 없을 수도 있죠. 그래서 차이가 더 많이 날 수 있는 겁니다.

단가는 네이버가 자동으로 조정하는데, 특정 키워드나 카테고리는 광고 단가가 높고, 어떤 건 상대적으로 낮습니다.

노출이 되는 광고에 따라서 수익이 달라질 수 있는 겁니다.

Q.142 같은 글을 블로그와 카페에 함께 올려도 괜찮을까요?

A. 블로그와 카페에 같은 글을 그대로 올리는 건 검색엔진에서 중복 콘텐츠로 인식될 가능성이 높습니다. 특히 네이버는 동일한 글이 여러 곳에 올라오면 검색 노출에서 불이익을 줄 수 있죠. 단순 복사보다는 살짝 변형하는 게 좋습니다.
그럼 어떻게 해야 할까요?

글 재작성: 전체적인 내용은 같더라도 문장을 바꾸고 표현 방식을 다르게 써보세요. 예를 들어 블로그에서는 자세한 후기 스타일로, 카페에서는 핵심만 정리한 간략한 느낌으로 써보는 거죠.

사진 변경: 같은 사진을 쓰더라도 순서를 바꾸거나, 일부 사진은 제외하고 다른 구도로 찍은 사진을 추가하는 것도 방법입니다. 워터마크나 필터를 다르게 적용하는 것도 좋습니다.

제목 & 키워드 변경: 제목을 다르게 설정하고, 키워드도 조금씩 변형해 보세요. 예를 들어 블로그에서는 "강남 핫플 카페 리뷰"라고 했다면, 카페에는 "강남 카페 추천! 여기 분위기 대박"이런 식으로 변형하는 거죠.

본문 스타일 차별화: 블로그에는 '상세한 후기 + 개인적인 감상'을 넣고, 카페에는 질문 형식으로 "여기 다녀온 분 계신가요?" 같은 문장을 추가해서 자연스럽게 다른 느낌을 주는 겁니다.

마지막으로 네이버 블로그에서는 게시글을 작성할 때 "본문 허용" 설정을 활성화하면, 카페에 공유했을 때 링크 형식이지만 본문 내용도 함께 포함되어 보이게 됩니다.

이렇게 하면 중복 콘텐츠 문제도 피하면서, 블로그 방문 유입도 늘릴 수 있는 장점이 있죠! 사람들이 굳이 블로그로 이동하지 않아도 카페에서 내용을 바로 확인할 수 있어서 클릭 부담이 줄어들고, 자연스럽게 더 많은 사람들이 보게 되는 겁니다. 즉, 블로그에 올린 글을 그대로 복사해서 카페에 붙여넣는 것보다 훨씬 스마트한 방법이에요! 이렇게 하면 중복 콘텐츠 리스크도 없고, 블로그와 카페 트래픽을 동시에 잡을 수 있는 최적의 전략이 될 수 있습니다.

발행전 블로그/카페공유 본문허용 적용 예시

발행전 블로그/카페공유 본문허용 적용 예시

카페 본문 허용 게시물 예시 보러 가기

Q. 143 부동산 키워드로 하루에 여러 개의 글을 올려도 될까요? 시간 간격을 두는 게 좋을까요?

N 연관 키워드				
인덱스	키워드◆	PC 검색량◆	모바일 검색량◆	블로그 수◆
1	군산한라비발디더프라임	240	970	2706
2	군산한라비발디	420	2950	11351
3	군산지곡동한라비발디	60	310	1445

A. 키워드 발행과 검색 노출 전략, 신중하게 접근해야 하는 중요한 부분입니다.

현재 키워드 3개 모두 "군산한라비발디"가 포함되어 있지만, 이를 제외하면 각각 미묘하게 다른 키워드로 인식될 수 있습니다. 따라서 기본적으로는 한꺼번에 발행해도 큰 문제는 없지만, 검색 노출 전략을 고려하면 조절이 필요합니다.

1. "군산한라비발디" 키워드 노출을 목적으로 글 3개를 발행한다면?

"군산한라비발디"라는 키워드를 포함한 글이 3개 발행되더라도 실제 검색 노출에서는 1개만 반영됩니다. 즉, 같은 날 3개를 올려도 결국 하나만 검색 결과에 노출되는 겁니다. 따라서, 3개의 키워드 모두 '군산한라비발디'라는 단어로 노출되길 원한다면 한꺼번에 발행하지 않는 것이 더 효과적입니다.

하지만 각 키워드가 다른 검색 의도를 가지고 3개의 키워드에서 노출을 원한다면, 3개 모두 발행해도 문제될 건 없습니다.

2. 중복 콘텐츠 주의

"군산한라비발디더프라임", "군산한라비발디", "군산지곡동한라비발디" 키워드로 글을 3개 발행하더라도 내용이 비슷하면 네이버가 중복 콘텐츠로 인식할 가능성이 높습니다. 따라서 같은 정보를 다루더라도 문장 구조, 서술 방식, 초점을 다르게 구성해야 합니다.

예를 들면, 이렇게 차별화할 수 있습니다.

- 군산한라비발디더프라임 → 단지 특장점과 설계, 입주 혜택 중심
- 군산한라비발디 → 브랜드 가치 및 군산 내 인지도 중심
- 군산지곡동한라비발디 → 입지 분석, 교통, 생활 인프라 중심

이렇게 작성하면 같은 키워드라도 검색 반영에서 긍정적인 영향을 받을 가능성이 높아집니다. 가장 중요한 포인트는 이미지는 모두 글마다 다르게 적용이 되어야 한다는 것입니다.

3. 네이버 검색 알고리즘(네이버 봇) 주의 사항

이 방식이 가능하다고 해서 모든 키워드가 검색 노출되는 것은

아닙니다. 또한, 같은 방식으로 지속적으로 발행하면 네이버 알고리즘이 "홍보 블로그"로 판단할 수 있기 때문에 주의해야 합니다. 상업적인 글이 반복적으로 발행되면 검색 누락될 가능성이 커지므로, 발행 주기를 조절하는 것이 중요합니다.

4. 발행 시간 조절 방법

하루에 3개를 한꺼번에 올리는 것보다는, 시간차를 두고 발행하는 것이 더 유리합니다. 예를 들어, 첫 번째 글을 발행한 후, 검색 노출 여부를 확인한 다음 두 번째 글을 발행하는 방식이 안정적입니다. 이유는 블로그 글 노출이 안 된 상태에서 연속 발행하면 이미 발행했던 글에 문제가 생길 경우 나중에 작성한 글 역시 동일한 문제가 생길 수 있기 때문입니다.

[추천하는 발행 전략]

- 3개의 키워드가 모두 "군산한라비발디"로 노출되길 원한다면, 한꺼번에 발행하지 않는 것이 좋습니다.
- 각 키워드에 맞게 내용 차별화 필수 (같은 내용 복사 금지)
- 지속적인 반복 발행은 홍보 블로그로 인식될 위험이 있음 (발행 간격 조절 필수)
- 한꺼번에 올리기보다는 시간 차이를 두고 순차적으로 발행하는 것이 유리
- 첫 번째 글이 검색 반영된 후, 다음 글을 발행하는 방식이 가장 안전함

이런 방식으로 운영하면 검색 노출 최적화, 블로그 지수 유지, 홍보 블로그 리스크 방지까지 모두 고려할 수 있을 겁니다.

질문에 있는 키워드 조회 사이트
키자드 바로가기

Q.144 글을 발행했는데 이미지가 누락되는 현상이 반복됩니다. 이유는 뭔가요?

A. 네이버에서 블로그 글을 발행하면 이미지 일부가 누락되는 현상이 발생하는 이유는 네이버의 이미지 검색 및 노출 알고리즘이 변화했기 때문입니다.

[네이버가 이미지 누락을 판단하는 이유]

과거에는 블로그에 올린 이미지가 거의 모든 검색 결과에 노출되었지만, 최근에는 네이버의 이미지 분석 기능이 더욱 정교해지면서 특정 이미지만 선택적으로 노출되는 방식으로 바뀌었습니다. 예를 들어, "포항 호미곶" 키워드로 검색했을 때, 해당 블로그의 모든 이미지가 노출되는 것이 아니라, 호미곶을 대표하는 '손 조형물' 같은 주요 이미지가 우선적으로 노출되는 방식입니다.
즉, 네이버는 사용자가 검색한 키워드와 가장 관련성이 높은 이미지만 선택해서 보여주는 방식으로 운영되고 있습니다.

[이미지 노출이 제한되는 이유]

1. 대표 이미지 우선 노출

특정 키워드(예: 포항 호미곶)에는 이미 네이버가 대표 이미지(손 조형물 등)를 학습해 놓았기 때문입니다.

따라서, 동일한 장소를 찍었더라도 네이버가 판단하기에 대표성이 낮다고 생각되면 이미지가 노출되지 않을 가능성이 높습니다.

2. 이미지 검색 최적화 변화

예전에는 단순히 블로그 글에 포함된 모든 이미지가 노출되었지만, 이제는 사용자가 검색한 키워드와 이미지의 연관성이 높아야 노출되는 방식으로 바뀌었습니다. 예를 들어, "포항 호미곶 해돋이 축제"로 검색하면 축제 관련 이미지가 노출되고, "포항 호미곶 손"으로 검색하면 손 조형물 이미지가 노출되는 식입니다.

3. 네이버 AI 이미지 분석 기능 강화

네이버는 AI 기반의 이미지 분석 시스템을 점점 발전시키고 있습니다. 이제는 단순히 '블로그에 포함된 이미지'라는 이유만으로 검색 노출되지 않고, 검색 의도에 맞는 이미지만 노출되는 방식으로 변화하고 있습니다.

이미지 검색 노출을 늘리려면?

1. 검색 키워드와 이미지의 연관성 높이기

블로그 본문 내 이미지와 키워드의 연관성을 명확하게 만들어야 합니다. 예를 들어, "포항 호미곶 해돋이"에 대한 글을 쓴다면, "호미곶에서 직접 찍은 해돋이 사진"을 올리는 것이 중요합니다.

2. 이미지 파일명 최적화

이미지 파일명을 "포항_호미곶_해돋이.jpg" 같은 설명을 추가하면 AI가 이미지 내용을 더 정확하게 인식할 수 있습니다.

3. 대표성이 강한 이미지 활용

네이버는 대표성이 있는 이미지를 선호하는 경향이 있습니다. 같은 장소의 일반적인 사진보다는 사용자가 보고 싶어 할 만한 대표적인 구도의 이미지(예: 호미곶 손 조형물 + 일출 장면 등)를 활용하는 것이 검색 노출에 유리할 수 있습니다.

4. 동일한 키워드로 다양한 이미지 조합하기

하나의 키워드에 대해 비슷한 이미지만 여러 장 올리기보다는, 다양한 구도와 장면을 조합하는 것이 좋습니다. 예를 들어, 호미곶 손 조형물뿐만 아니라 주변 풍경, 해돋이, 방문객이 있는 장면 등 다양한 요소를 함께 넣으면 검색 반영 확률이 높아질 수 있습니다. 이제 블로그에 이미지를 올릴 때 키워드와의 연관성을 좀 더 신경 써서 운영하면 검색 노출에 더욱 유리한 결과를 얻을 수 있을 겁니다. 그리고 누락이 발생하더라도 문제될 게 없습니다.

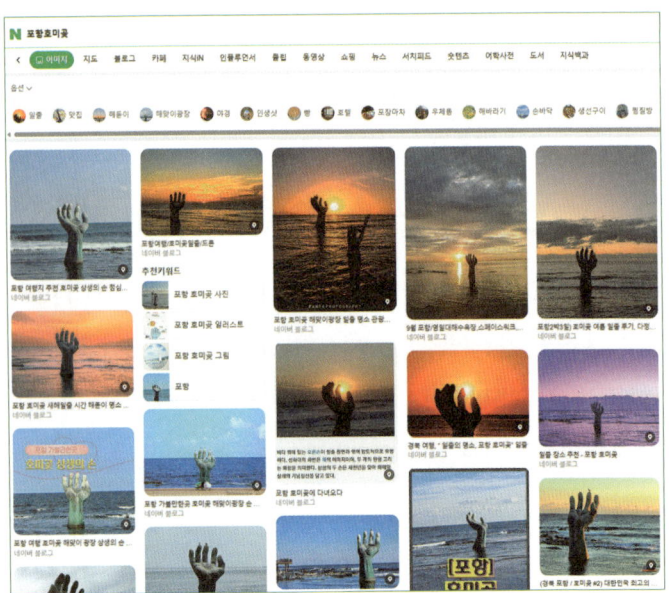

포항 호미곶 검색 시 노출된 이미지 예시 : 90% 이상 손 조형물 노출

포항 호미곶 해돋이 축제 검색 시 축제 분위기 이미지 노출

Q. 145 8~9개월동안 준최5에 머물러 있는데 어떻게 지수를 높일 수 있을까요?

A. 지금 네이버 로직에서는 준최5에서 더 올라가기는 어려운 상황입니다. 최적화 블로그가 더 이상 나오지 않는 구조이기 때문에, 사실 지수 자체가 큰 의미는 없어요. 하지만 숫자로 보이는 수치다 보니 신경이 쓰일 수 있죠.

네이버는 현재 지수 개념을 점차 없애는 방향으로 가고 있기 때문에, 앞으로는 지수보다 다른 요소들이 더 중요해질 가능성이 큽니다. 특히 앞으로 네이버에서 가장 크게 인정받는 건 인플루언서가 될 겁니다. 그리고 네이버 모바일 메인에 자주 노출되는 블로그가 될 거예요.

그러니 지수에 너무 연연하기보다는, 블로그의 전문성을 키우는 방향으로 전략을 바꾸는게 좋습니다. 장기적으로 보면, 전문성을 강화하는 것이 블로그를 성장시키는 가장 좋은 방법이 될 겁니다.

Q.146 기자단으로 외부 원고를 받아 복붙해서 글을 올려도 괜찮을까요? 저품질 위험은 없을까요?

A. 저는 실제로 이 작업을 하다가 저품질을 경험한 사람입니다. 물론 저품질이 올 걸 알면서도, 글 하나당 60만 원씩 지급했기 때문에 돈을 보고 진행했었어요.

처음에는 별다른 문제가 없어 보일 수 있지만, 장기적으로 블로그 운영에 영향을 줄 가능성이 있습니다. 이런 기자단 방식은 주어진 키워드로 글을 작성하고, 상위노출이 되질 않으면 이후 키워드 수정 요청이 들어올 수 있습니다.

초반에는 블로그에 큰 변화가 없기 때문에 안전하다고 착각할 수 있지만, 지속적으로 수정과 조정을 반복하면 검색 노출에 영향을 줄 수 있습니다.

특히, 특정 업체들은 네이버 검색 알고리즘의 빈틈을 찾아 단기적인 효과를 얻으려 하지만, 이러한 방식이 블로그의 신뢰도를 높이는 데 도움이 되는 것은 아닙니다. 결국 어떤 방식으로 진행하든 수정 작업을 반복하게 되면 결과는 비슷합니다.

그러므로 잘 생각하고 진행하세요. 만약 단기적인 수익을 목표로 한다면 감수할 부분도 있을 수 있지만, 블로그를 장기적으로 운영할 계획이라면 신중한 접근이 필요합니다.

어떤 키워드인지 모르겠지만, 네이버에서 자격이 없는 개인 블로그에 제한하는 키워드(예: 불법, 병원, 성형, 보험, 대출 관련 키워드)는 주의해야 합니다. 단기적으로는 괜찮아 보일 수 있지만, 결국 블로그 신뢰도를 깎아먹는 작업이라는 걸 꼭 기억하세요.

Q.147 블로그 글자 수가 4,000자 이상이면 저품질 판정을 받을 수 있나요?

A. 블로그 글 수가 많다고 해서 저품질이 되는 건 아니에요! 하지만 글자 수가 많다고 무조건 좋은 것도 아니죠. 중요한 건 "글의 퀄리티와 가독성"입니다. 글이 길어질수록 내 생각이 많이 들어가고, 굳이 안 해도 될 말을 덧붙이게 되는 경우가 많아요. 그러다 보면 글이 지루해지고, 네이버가 요구하는 정확도와 연관성이 떨어질 수 있습니다. 물론 4,000~5,000자라도 내용이 풍부하고 읽기 편하며 유용하다면 오히려 노출이 더 잘 될 수도 있습니다. 하지만 글이 길어질수록 중복된 내용이 많아지고, 핵심 없이 늘어질 확률이 높아지는 게 문제입니다. 나도 모르게 키워드를 과다 반복하게 될 가능성도 커지고요. 그래서 보통 1,500자 정도가 가장 적절한 길이라고 하는 겁니다. 너무 길게 적는 것보다는 1,500자 선에서 핵심만 깔끔하게 정리하는 연습을 해보세요. 블로그는 꾸준한 운영이 중요하니까 길게 보고 효율적으로 운영하시길 바랍니다.

Q. 148 하루만 쉬어도 이웃 새글이 300개 넘게 쌓이는데, 모두 소통해야 하나요?

A. 이 글을 보니 처음 블로그를 시작했을 때가 떠오르네요. 저도 하루에 300개씩 댓글을 달면서 모든 이웃과 소통하느라 하루 4시간 이상을 이웃 관리에 쏟았어요. 일하면서도 틈날 때마다 댓글을 확인하고 답글을 달러 가고 그렇게 하다 보니 점점 블로그 운영이 부담스러워졌고, 결국 글을 쓰는 것 자체가 두려워지더라고요. 새 글을 올리면 또 댓글이 달리고, 답글을 달아야 하고 이게 반복되다 보니 블로그를 운영하는 게 점점 힘들어졌어요. 그래서 이웃 관리는 전략적으로 하는 게 정말 중요합니다.

- 의미 없는 댓글을 반복적으로 다는 분들은 적당히 거르는 게 좋아요.
- 진심으로 소통하고 싶은 이웃들과 교류하면서 점차 부담을 줄여가야 합니다.

하루 10명만 찐으로 소통해도 최소 30분의 시간이 필요합니다. 이 정도 관리가 블로그에도 좋은 영향을 미칠 수 있으니 권장합니다. 그리고 일 방문자를 늘리기 위해서 서로이웃에게만 의존하는 것 보다 적절한 키워드 활용으로 방문자를 늘려 나가는 게 베스트입니다. 무리하지 않고, 꾸준히, 전략적으로 블로그를 운영하세요.

Q. 149 클립 영상은 조회수가 많은데, 애드포스트 수익은 왜 그대로인가요?

A. 클립은 네이버가 밀고 있는 대표 콘텐츠이긴 하지만, 애드포스트 수익에는 직접적인 영향을 주지 않습니다. 왜냐하면 애드포스트는 '텍스트 중심의 포스팅 본문'에 삽입된 광고를 클릭했을 때만 수익이 발생하는 구조이기 때문이죠.

- 클립 조회수 증가 → 블로그 방문자 수에는 기여
- 하지만 광고 클릭은 발생하지 않기 때문에 수익 증가로는 연결되지 않음

실제로 네이버도 클립 콘텐츠에는 애드포스트가 적용되지 않는 다고 공식 명시하고 있습니다. 그러면 클립 콘텐츠는 블로그 지수나 검색 노출에 전혀 도움이 안 될까요? 전혀 그렇지 않습니다. 오히려 '간접적인 지수 상승' 효과를 기대할 수 있습니다.
클립은 광고 수익에는 직접 연결되진 않지만, 블로그의 총 방문자 수를 늘려주는 데에는 확실히 도움을 줍니다. 특히 클립이 네이버 메인에 노출되면 수천 명 단위 유입이 발생할 수 있는데, 이런 유입은 블로그 전체 체급(신뢰도, 활동성, 영향력)에 긍정적인 시그널로 작용할 가능성이 있는 겁니다. 그래서 실제로 체험단 선정이나 협찬 제안 시에는 '클립이 노출된 블로그'가 유리하게 평

가되기도 합니다. 그렇다면 클립 영상으로 애드포스트 수익을 발생시키는 불가능할까요? 아닙니다.

클립 영상에 블로그 글 링크를 삽입해 영상을 본 사람들이 더 많은 정보를 보기 위해 블로그 글로 연결될 수 있게 만들어 두면 애드포스트 수익을 늘리는 데 크진 않지만 어느 정도 도움은 될 수 있습니다. 클립 영상 제작 전에 해당 관련 블로그 글을 미리 작성해 두었다면 영상 제작 시에 바로 링크를 걸어둘 수 있습니다. 만약 영상이 먼저 만들어지고 블로그 글이 나중에 작성되었다면, 영상을 수정해서 링크를 다시 입력하는 방식을 사용하면 됩니다. 그리고 영상 본문 내용에 "이 영상의 자세한 정보는 블로그 글 링크에 정리되어 있어요", "제품 사용 후기나 꿀팁이 궁금하시면 블로그 글 링크에서 확인해보세요" 같은 문구를 삽입해 좀 더 블로그 글 링크를 클릭하게 유도하면 애드포스트 수익을 발생시킬 수 있는거죠.

정리하자면, 클립에 노출되었다고 해서 블로그 자체의 일반적인 검색 노출이나 최적화 지수에 악영향을 주는 건 전혀 아닙니다. 오히려 방문자 수 자체는 늘어나게 되니까 협찬 제안이나 체험단 선정에는 긍정적인 효과가 있을 가능성이 큽니다. 클립 영상이 바로 수익화와 연결되진 않지만 블로그 방문자를 급속도로 높이는 데 가장 좋은 방법 중 하나임에는 분명합니다.

실제 클립 영상에 삽입된 블로그 글 링크와 유도 문구

Q. 150 서로이웃 신청이 들어오는데 내 주제와 전혀 관련 없는 홍보성 블로그입니다. 가리지 않고 서로이웃을 다 수락하는 게 좋을까요?

A. ─── 블로그에 단순 서로이웃 맺기 자체만으로 네이버 알고리즘에서 직접적인 불이익이 생기거나 패널티가 주어진다는 공식적인 근거는 없습니다. 네이버도 "이웃 수락했다고 해서 노출이 줄어듭니다"라고 말하지는 않습니다.

하지만 이 부분은 조금 더 심층적으로 이해할 필요가 있습니다. 단순히 "영향 없다"고 보기엔 최근 검색 알고리즘의 변화 흐름과 스팸 계정 대응 방식을 함께 고려해야 하기 때문입니다. 이게 무슨 말이냐면, 이웃 기능 자체가 문제라기보다는 '누구와 연결되어 있느냐'가 문제가 될 수 있는 여지가 있기 때문입니다.

네이버는 2023년부터 스팸형 상업 블로그, 유사문서, 자동화된 작업성 블로그에 대한 감시를 강화하고 있습니다. 이런 계정들과 너무 많이 연결되어 있으면 간접적으로 '비정상 운영 블로그와 관련된 계정'으로 의심받을 가능성이 생깁니다. 특히 이런 블로그들의 공통점은 이웃이 수천 명인데 활동은 거의 없고, 특정 키워드로 리뷰 작업만 반복하거나 도배형 댓글만 남기는 경우가 많습니다. 즉 작업 블로그라는 거죠.

이런 블로그와 연결이 많아지면 댓글창에 의미 없는 광고성 댓글만 많아지게 되고요.

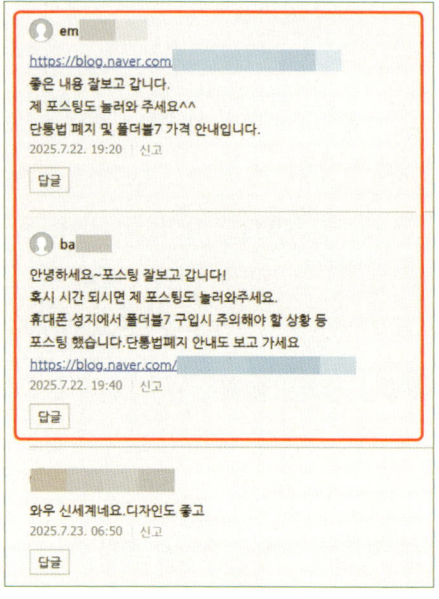

실제 서로이웃을 맺은 작업 홍보성 블로그가 남기는 댓글 유형

여기서 중요한 건 이런 이웃이 전체 서로이웃 비중의 대부분을 차지할 때를 말하는 겁니다. 무조건 맺으면 안되는 게 아니라는 거죠. 어느 정도 비중을 생각하면서 관리를 할 필요가 있는 겁니다. 물론 절대적인 기준은 아닙니다.

대출 전문 블로그든 휴대폰 판매 블로그든 주제 자체는 큰 문제가 되지 않습니다. 하지만 그 블로그가 전체적으로 상업성 목적이 강하고, 포스팅이 거의 없는데도 이웃이 수천 명이며 글 대부분이 일방적인 광고 형식이라면, 그런 블로그는 '작업형 계정' 혹은 '상업성 과다 블로그'로 분류될 가능성이 높다는 겁니다.

반대로 예를 들어, 인테리어 홍보 블로그라도 실제 현장을 소개하고 실사용 후기를 쓰며, 방문자와 꾸준히 소통하고 진정성 있게 운영하는 블로그라면 전혀 문제가 되지 않습니다. 오히려 그런 블로그와의 이웃은 긍정적인 시너지로 작용할 수도 있습니다. 그래서 이웃 수락 여부를 판단하실 땐 단순히 "이 블로그 주제가 나랑 맞는가?"보다는

- "이 블로그의 활동량과 소통은 어떤가?"
- "너무 상업적이지는 않은가?"
- "이웃 수와 포스팅 수의 비율이 지나치게 이상하지는 않은가?"

이런 기준으로 판단하는 게 블로그의 건강에도, 향후 노출 안정성에도 더 효과적인 운영이 될 겁니다. 서로이웃은 가려가면서 받는 게 베스트입니다. 불필요한 서로이웃 신청은 거절하면 자동으로 '나를 이웃한 블로그'로 남기 때문에 나의 이웃 수는 늘어나는 효과가 있어 내 블로그 체급 성장에 오히려 더 좋은 영향을 줄 수 있을 겁니다.

나를 추가한 이웃

| | | | | 오늘 0명 | 전체 16479명 | ▼서로이웃 1844명 |

서로이웃신청 이웃추가 차단

	나를 이웃으로 추가한 사람 전체 ▼	이웃추가	추가일
☐	ks　　　의블로그	서로이웃신청 이웃추가	25.07.23.
☐	서　　　uggle	서로이웃신청 이웃추가	25.07.22.
☐	선　　　Sean &	서로이웃신청 이웃추가	25.07.22.
☐	천　　　집	서로이웃신청 이웃추가	25.07.21.
☐	디　　　날고픈 여우	서로이웃신청 이웃추가	25.07.19.
☐	수　　　프	서로이웃신청 이웃추가	25.07.17.
☐	서　　　CMT	서로이웃신청 이웃추가	25.07.14.
☐	항　　　전문　이가는	서로이웃신청 이웃추가	25.07.14.
☐	빅	서로이웃신청 이웃추가	25.07.14.
☐	원　　　ndrew Kim 심기일전	서로이웃신청 이웃추가	25.07.14.
☐	항　　　노자의 일상♥♥♥	서로이웃신청 이웃추가	25.07.14.
☐	그　　　그물언니	서로이웃신청 이웃추가	25.07.14.
☐	미　　　티 `고객만족`　　　크 [신축대응,품질,A/	서로이웃신청 이웃추가	25.07.14.
☐	힌　　　소 한국	서로이웃신청 이웃추가	25.07.14.
☐	오　　　?늘의 ?	서로이웃신청 이웃추가	25.07.14.
☐	홍　　　일상 틈새에서	서로이웃신청 이웃추가	25.07.14.

서로이웃을 거절하는 순간 나를 추가한 이웃으로 내 전체 이웃 수가 늘어나는 효과

30일 만에
무조건 첫 수익 내는
블로그 전략 150

초판 1쇄 발행 2025년 8월 31일

지은이 | 이균재
발행인 | 홍경숙
발행처 | 위너스북

경영총괄 | 안경찬
기획편집 | 이다현, 김서희
마케팅 | 박미애

출판등록 | 2008년 5월 2일 제2008-000221호
주소 | 서울 마포구 토정로 222, 201호(한국출판콘텐츠센터)
주문전화 | 02-325-8901
팩스 | 02-325-8902

표지 디자인 | 김종민
본문 디자인 | 최치영
지업사 | 한서지업
인쇄 | 영신문화사

ISBN 979-11-89352-96-7 (03320)

- 책값은 뒤표지에 있습니다.
- 잘못된 책이나 파손된 책은 구입하신 서점에서 교환해 드립니다.
- 위너스북에서는 출판을 원하시는 분, 좋은 출판 아이디어를 갖고 계신 분들의 문의를 기다리고 있습니다.
  winnersbook@naver.com | Tel 02) 325-8901